OPPOSITIONS
FORMELLES
ENTRE S. AVGVSTIN
EVESQVE D'HYPPONE,

ET L'AVGVSTIN
DE
IANSENIVS
EVESQVE D'IPRE.

AVEC D'AVTRES OPPOSITIONS
FORMELLES,
ENTRE LA PENITENCE
DE S. AVGVSTIN.
ET CELLE
DE M^r. ARNAVLD,

A L'OCCASION DE SA SECONDE
Lettre, qui eſt refutée en quelques
points conſiderables.

Par I. *SALABERT* Preſtre *Agenois.*

SECONDE EDITION,

❧

A PARIS,

Chez Lovys Bovlanger, ruë S. Iacques, à l'Image
S. Louys.　　M. DC. LVI.

AVEC PERMISSION.

A VN AMY
DOCTEVR
EN
MEDECINE,

QVI PAR VN ZELE EXTRAORDINAIRE
a obligé l'Auteur d'écrire sur les Questions
du Temps.

ONSIEVR,

Cet abregé de toute la doctrine de Iansenius, que i'apelle l'Augustin d'Ipre, opposée au veritable sentiment de l'Augustin d'Hyppone, n'auoit esté fait que pour contenter vôtre desir particulier; mais puisque vous me pressez de passer outre, & de le communiquer au public, ie me sens obligé par vne demande animée d'vn zele tout à fait extraordinaire de forcer ma propre inclination, & de faire voir à ceux qui se lais-

ā

EPISTRE.

sent corrompre par ces nouuelles opinions, la differance qui se trouue entre le vray Augustin, & celuy qui n'est que contrefait.

I'auoüe, MONSIEVR, *que i'ay fait pendant quelque temps de la resistance à vostre desir, ne pouuant me resoudre dans le silence des deux partis, d'entreprendre vn trauail dont le succez me paroissait fort sterile, & me laissant emporter au sentiment de quelques personnes d'honneur qui commançoient à se lasser de toutes ces contestations ennuyeuses. Mais voyant que Monsieur Arnauld, & quelques autres disciples de Iansenius, ne cessent de semer leur mauuaise doctrine, soit en particulier par des Conferances sur ces matieres, soit en public par des libelles reiterez, qui n'auancent que ce qui a esté dit & redit mille fois par leur Patriarche, ou par des Predications surprenantes contre la doctrine commune touchant l'Attrition, ou enfin par des Lettres si amples & si publiques, qu'elles ne souffrent point le cachet, voyant, dis-je, qu'ils crient par tout* VICTOIRE, *parce qu'ils parlent, ou qu'ils écriuent de la Grace* VICTORIEVSE, *ie me suis*

EPISTRE.

senty piqué du mesme Zele qui m'auoit autrefois mis la main à la plume pour com-
battre selon mon petit pouuoir ces nouuelles
erreurs, & i'ay crû qu'il estoit temps de
rompre ce silence religieux, auquel ie m'é-
tois depuis condamné, de peur de dire auec
le Prophete Væ mihi quia tacui, Malheur à moy pour auoir gardé le silence!

Que si le public reçoit quelque profit de
ce petit Ouurage, il en sera obligé à vostre
pieté, qui m'a pressé auec de douces violen-
ces de reprendre les armes, que i'auois déja
quittées, pour defendre la verité que l'on
déguise par quelques écrits. Il a donc esté
hors de mon pouuoir de demeurer plus long-
temps sans faire paroître mon iuste ressentiment, & sans former quelque plainte de
ce que certains esprits du temps scandali-
sent les simples, & qu'ils veulent faire acroire qu'ils enseigneront les plus habiles Docteurs de l'Europe, pour auoir étudié le Liure de Iansenius, & les Ouurages de Monsieur Arnauld.

Il faudroit auoir vescu en vn autre monde
pour ne point sçauoir que plusieurs grands
personnages ont découuert à tous les doctes

les artifices de ces deux Ecriuains , mais il faudroit aussi des années entieres pour fueilleter leurs gros volumes , ou bien peut-estre on seroit obligé de ramasser auec soin vn million de petits écrits , dont la recherche penible feroit perdre l'enuie de s'instruire sur ces matieres à quantité de bons esprits qui ne font point profession de cette sorte d'étude, & qui n'en veulent sçauoir que pour se defendre contre les attaques importunes de ces grands & admirables genies , qui pensent auoir tout S. Augustin dans leur teste, & qui font couler dans les compagnies curieuses de vieilles erreurs sous des mots nouueaus.

Je n'ose pas me promettre que ce Liure fasse quelque impression sur les Chefs du party. Ie ne veux pas aussi me flatter dans l'attente d'vne satisfaction que ie n'espere point du siecle, puisque ie n'ay point ce grand nombre de fameux Emissaires qui promettent au monde vn Ouurage excellent plusieurs mois auant qu'il voye le iour, & quelque fois mesme lors qu'il ne subsiste encore que dans l'idée de son Autheur. Ie n'ay pas cette foule des sçauans Zelez pour le par-

ty,

EPISTRE.

ty, & portez également à contribüer, qui
de son argent, qui de ses amis & de ses puis-
santes brigues, qui de son étude & de son
trauail, pour m'ayder à remplir les marges
de mon Liure, & pour faire paroître au nom
d'vn seul, l'ouurage de plusieurs. Et ie n'ignore pas l'adresse ingenieuse de ces M^rs, à pre-
destiner absolument leurs Ecriuains suiuant
les Principes de la doctrine qu'ils établissent,
comme des vaisseaus d'Election, & à faire
passer les autres pour des reprouuez, des
pots cassez, & des vaisseaus d'ignominie,
sans considerer s'ils ont bien ou mal fait.

I'ose neantmoins entreprendre cet Abregé
pour la consolation de plusieurs bones ames
qui ne se laissent pas surprendre à toutes ces
vaines aparances, en laissant à la Proui-
dance le succez & l'euenement. Si on méprise le Liure à cause de l'Autheur, qui n'a rien
en effet qui égale, ni mesme qui aproche du
merite de tant de sçauans hommes qui ont
écrit iusqu'à present de la Grace generale, &
dont on a déchiré la reputation, mesme aprés
leur mort, ie me cõsoleray dãs la bonté de ma
cause & dans la richesse de mon sujet, qui ne
me permet pas de me plaindre. Et puisque le

ẽ

EPISTRE.

Sauueur mesme n'a pas eu tout l'effet qu'il a
desiré vn peu deuant sa passion, & au plus
fort de ses douleurs, i'aurois tort d'attendre
vn meilleur traittement que l'Auteur de la
Grace. Agreés, Monsieur, que ie vous prenne aussi pour modele, & que ie ne me rebute
point par les iniures, non plus que vous par
les emportemẽs des malades, qui vomissent
des paroles fâcheuses, lors mesme que vous
leur procurez le plus grand bien temporel
qu'ils pourroient souhaitter. Agrez que ie
sois animé par vôtre exemple à combatre les
effors d'vne maladie plus dangereuse mile
fois que toutes les fiévres du monde, & que
i'applique le remede que ce Medecin cha-
ritable d'Hyppone nous a apris. Si Dieu
répand, comme i'espere, ses benedictions sur
ce petit trauail, vous y aurez la meilleure
part, puisque vous l'auez, pour ainsi dire,
arraché de ma plume. Le seul regret, qui me
reste, est qu'aprés auoir forcé l'inclination
que i'auois à me taire, vous m'ostez maintenant la liberté de parler, & de dire qui vous
estes, & auec quelle passion ie suis,

MONSIEVR,

Vostre tres-humble & obeïssant seruiteur
en IESVS CHRIST, Salabert.

PREFACE.

S I Monsieur Arnauld se fut tenu dans le silence, que luy aprend la solitude du Port Royal, & qu'il n'eut point reueillé toutes les controuerses de la Grace, lors qu'on croyoit qu'elles estoient presque assoupies, pour nous chanter à contre temps *la diffe-*

Seconde Lettre, 2. part. art. IV. pag. 127.

rance si celebre entre la grace des Anges & du premier homme, & celle de IESVS-CHRIST, *qui est* LA CLEF, dit-il, *DE TOVTE LA THEOLOGIE DE S. AVGVSTIN EN CETTE MATIERE,* nous nous fussions contentez de tant de belles Pro-ductions que plusieurs grands Personnages ont don-nées au public depuis dix ou douze ans, & de ce que nous-mesmes en auons écrit en la langue des sçauans pour l'instruction de la ieunesse, qui se laissoit corrom-pre par ces nouuelles opinions.

Mais puisque ce Docteur ne cesse point de faire pa-rade de cette CLEF pretenduë, qui sert de passe-partout à Iansenius, & que l'on ne void autre chose dans tous ces petis écrits que la cabale met au iour de temps en temps, ie croy que le Lecteur raisonnable ne doit pas trouuer mauuais, qu'aprés deux Auteurs celebres, que nous citons au Chapitre VIII. de ces *Premieres Oppositions,* ie fasse voir à tout le monde que cette miserable CLEF a perdu toutes ses dents par le mauuais vsage qu'en a fait le Maistre & le Disciple, sçauoir Iansenius & Monsieur Arnauld, & que *si la*

Iansenius met cette CLEF en vsage en plus de cent endroits de son Liure, c'est pourquoy on l'apelle son passe-partout.

Defendi Rempubli-cam adolescens, non deseram senex. Mr Arnauld s'aplique ces mots de l'Orateur Ro-main, page 117. de sa 2. Lettre.

Republique du Iansenisme n'a point de meilleure defense que cette CLEF rouillée, ie luy conseille de chercher au plustôt de meilleurs Ouuriers, pour en forger vne nouuelle.

Puis donc que cette CLEF a si mal reüssi, comme chacun en peut estre le Iuge par la simple lecture de cet Abregé, & que neantmoins on la veut faire valoir à toutes les rencontres comme vne chose bien rare, & comme si c'estoit la meilleure piece du Cabinet du Port Royal, iusque-là qu'on ose mesme faire passer des erreurs, qui sont des suites necessaires de ce mauuais Principe, pour des veritez Catholiques, & puisque l'on écrit en ces termes. *Cette grande verité établie par l'Euangile & attestée par les Peres, qui nous mon-tre vn Iuste en la personne de Sainct Pierre, à qui LA GRACE, SANS LAQVELLE ON NE PEVT RIEN, A MANQVE' dans vne occa-sion, où l'on ne peut pas dire qu'il n'ait point peché, est deuenuë tout d'vn coup l'heresie de Caluin*, il a esté ne-cessaire de faire connoître l'imperfection de céte CLEF faussée, & d'adjoûter en suite tous les ressors, & tou-tes les dépendances de ce mauuais instrument; ie veux dire, de toute la mauuaise doctrine de *Iansenius*, & de l'opposer au veritable sentiment de *Sainct Augu-stin*, afin que ce Soleil d'Afrique écarte & dissipe luy-mesme tous les nuages qui se sont eleuez depuis quel-ques années, sous le nom emprunté du Docteur de la Grace.

Monsieur Arnauld en sa 2. Lettre, p.216.

Et certes ie n'ay pû mieux faire paroître la fausseté que par l'opposition de son contraire, ni donner vne meilleure pierre de touche aux *Propositions* de l'Au-gustin d'Ipre, que l'OPPOSITION de l'Augustin d'Hyppone, afin que ce Pere arrache luy-mesme de sa main propre le masque dont Iansenius a couuert son visage. En effet tous ceux qui se sont donnez la

Iansenius est apellé Augustin d'Ipre, par-ce qu'il a donné à son Liure le titre d'Au-gustin, & qu'il a esté Euesque d'Ipre, & S. Augustin est apellé

peine

peine de fueilleter ſes trois gros volumes, & qui ont conſideré à loiſir le deſſein de cet Auteur, ne peuuent ignorer *qu'il fait vne profeßion tres-expreſſe, non de dire ſon propre ſentiment, dit-il, ou de montrer ce qu'il faut tenir dans les Controuerſes de la Grace, mais de faire voir ſeulement ce que ſainct Auguſtin a enſeigné au nom de toute l'Egliſe, & qu'il ne s'employe pas à rechercher ſi ce que ſainct Auguſtin a dit, eſt vray ou faux ; mais ſi c'eſt S. Auguſtin qui l'a dit : ce qu'il aſſure deuoir eſtre ſceu de la propre bouche de ce Pere, qui eſt vn fidele Interprete de ſes penſées.*

De ſorte que toute la diſpute eſtant reduite à vne pure queſtion de fait, il eſt neceſſaire que le public ſçache que l'on a fort bien compris le deſſein de ce gros Liure, & qu'on ne le pouuoit mieux ruïner que faiſant toucher au doigt que l'Auguſtin d'Hyppone contredit formellement à celuy d'Ipre : & afin que l'on ne ſe trompe plus en prennant l'vn au lieu de l'autre, il faut que ſainct Auguſtin parle luy-meſme, puiſqu'il interprete fidelement ſa penſée, & qu'en parlant il ferme la bouche à Ianſenius, qui a couuert ſa nouuelle doctrine de quelques vieux lambeaux de cet ancien Docteur, comme les Gabaonites ſe couurirent autrefois de vieux habits, pour faire acroire à Ioſué & à tout le peuple d'Iſraël qu'ils venoient de fort loin, quoy qu'ils ne vinſent que du voiſinage.

Ce n'eſt pas que mon deſſein ſoit d'oppoſer en ſorte l'Auguſtin d'Hyppone à celuy d'Ipre, que l'vn die toûjours expreſſement & mot pour mot l'affirmatiue, & l'autre la negatiue, iugeant que c'eſt aſſez que le Lecteur fidele & prudent reconnoiſſe par les paroles meſmes de ces deux Auguſtins, que ſi celles du Sainct ſont tres-veritables, comme perſonne n'en peut douter, celles d'vn homme qui n'eſt pas encore dans le

i

Auguſtin d'Hyppone en Afrique.
Si quis refellendum me putet.... memor ſit inſtituti mei, ne multùm lacertos fatigando vmbram feriat.... hoc enim à me ex profeſſo agitur atque quæritur, non quid de naturæ humanæ ſtatibᵘˢ atque viribus, vel de Dei gratia & prædeſtinatione ſentiēdum ſit, ſed quid Aug. olim Eccleſiæ nomine & applauſu tradiderit.... nec iterùm hac noſtra diſputatione quæritur vtrum vera an falſa ſint, quæ tanquam Auguſtini ſenſa proferuntur, ſed vtrum Auguſtini ſint. Ianſ. lib. proœmiali cap. XXIX. Et in Epilogo ad calcem lib. X. de grat. Chr.

Ioſué IX. 4, 15.

Calendrier, font tres-fauffes, puifqu'elles fontoppo-
fées à celles qu'il a prifes luy-mefme pour l'vnique regle de fa doctrine, & qu'encore qu'iln'y ait pas toûjours vne oppofition fi precife dans les termes, il y en
a du moins dans le fens, qui feul donne la vigueur &
la forme au difcours.

Pour ce qui touche l'ordre des Chapitres & des Matieres, i'ay efté obligé de fuiure celuy qui fe garde
prefque toufiours lors que l'on traitte de la Grace;
C'eft pourquoy i'ay commancé par la poffibilité de
l'eftat de la pure Nature ; parce que l'intelligence de
ce Chapitre fert beaucoup à expliquer nettement la
nature du peché originel, laquelle autrement feroit
inconceuable. Que fi quelqu'vn a de la peine à bien
entendre cette Queftion, il peut commancer par les
Chapitres qui fuiuent, & particulierement par celuy
qui traitte de la Grace Suffifante. Et pour fatisfaire au
defir de ceux qui fe veulent inftruire fur toutes ces
matieres, i'ay referué à la fin de ces premieres Oppofitions, des R E M A R Q V E s fur la poffibilité de l'eftat de
la pure Nature, où i'explique plus au long le vray fens
de cette Propofition cenfurée par trois Papes, *Dieu
n'a pû créer l'homme tel qu'il naift à prefent*, & ie donne affez clairement l'intelligence du peche originel,
qui depend en quelque façon de l'explication du pacto
fait entre Dieu & nôtre premier Pere.

I'auertiray encore le Lecteur que lors que nous difons en la page 8. vers la fin, qu'outre la Grace d'innocence il falloit vne grace diftincte, afin que nôtre
premier Pere perfeuerât, ie n'entens point d'autre
grace fpeciale que celle qui comprend vne protection
fpeciale de Dieu. 2. Que ie fçay tout ce que nos
Aduerfaires ont écrit touchant le Sermon 191. *De
Tempore* de S. Auguftin, dont ie parle en la page 110.

qui n'eft au fentiment de ces Meffieurs que la Confeffion de l'Heretique Pelagius : mais ie ne voy point de conuiction affez puiffante, qui m'oblige à me departir de la cõmune opinion. Et bien que dans le Ch.xxi. en la page 160. ie me ferue auffi d'vn paffage que quelques fçauans attribuent à vn autre Auteur, qui n'eft point fainct Auguftin ; neantmoins le témoignage eftant fort ancien, pofé mefme qu'il ne foit pas de fainct Auguftin, il ne laiffe pas de faire vne bonne impreffion dans tous les efprits raifonnables, puifque ce que nous en citons eft entierement conforme à la doctrine de ce Pere, & de toute l'Eglife.

Au refte ie ne fais pas icy profeffion d'auancer beaucoup de chofes qui foient à moy, puifque ie ne donne le plus fouuent qu'vne fidele & naïue traduction de plufieurs paffages de fainct Auguftin & de Ianfenius, qui ont efté imprimez & reïmprimez autrefois. I'adjoûte à la verité quelques Reflexions apres les paffages de l'vn ou de l'autre Auguftin, mais ce n'eft que pour donner de l'éclairciffement à tous les points confiderables des Controuerfes de la Grace, que ie traitte fommairement.

Cependant ie protefte auec toute la fincerité de mon cœur, que ie n'écris point pour acquerir de la gloire, en attaquant des perfonnes qui ont du credit parmy quelques efprits, ou par aucune paffion que i'aye contre qui que ce foit; mais par vn efprit de compaffion, de voir quelques-vns de mes amis engagez malheureufement dans ce nouueau party, fans auoir penetré le danger qu'il y auoit à le fuiure, à caufe des erreurs que l'on cache adroitement fous les apparences de quelques propofitions veritables. Que fi ces Meffieurs me témoignent deformais de la froideur pour auoir foûtenu publiquement la verité contre

leur fentiment particulier; ie les prie de confiderer
que la Confcience & laReligion font deux Autels pri-
uilegiez, aufquels l'amitié ne doit non plus toucher
qu'aux chofes les plus facrées.Et céte méprife de quelques-vns de mes amis, me donne lieu de iuger qu'il y
a encore plufieurs perfonnes en diuers endroits de ce
Royaume que l'on ne peut defabufer qu'en leur mon-
trant clairement par les paroles mefmes de fainct Auguftin & de Ianfenius qu'elles ont mal entendu l'vn &
l'autre.

Ce qui m'a mis auffi la plume à la main pour combatre felon mon pouuoir ces nouuelles erreurs, eft
que dés le commancement que le Liure de Ianfenius
faifoit grand bruit dans Paris, ie me trouuay fur la
lecture des Inftitutions de Caluin, où l'employ des
Controuerfes, & les Predications que ie faifois alors
dans l'Eglife du Temple, m'auoient engagé par l'ordre
d'vne Compagnie qui a efté toute diffipée par ces nouuelles factions, ie remarquay dés lors la communion
& l'alliance, qui eft entre la doctrine de Ianfenius &
celle de cet heretique, laquelle a efté depuis affez
battuë & rebattuë. Mais ie fis vne reflexion dés ce
temps-là, qui n'a pas encore efté faite, comme ie pen-
fe, par qui que ce foit de l'vn ou de l'autre party: fçauoir que non feulement le fujet du troifiéme Liure des
Inftitutions de Caluin eft entierement conforme au
Liure de Ianfenius dans les points principaux de la
Grace, & dans les raifonnemens que l'vn & l'autre tire de quelques paffages mal entendus de faint Auguftin; mais que le deffein mefme de faire vn gros volume & vn tiffu de plufieurs paffages de ce Pere eft tiré
originairement de quelques paroles de Caluin, par
lefquelles il fe vante de le pouuoir faire s'il veut. Et
pour en donner des preuues tres-fenfibles, voicy com-

me

m̄e cet Heresiarque parle écriuant contre la Predestination & la Reprobation qui supposent la prescience
de la cooperation ou de la resistance à la grace. Au
Chap. XXII. §. 8. du Liure Troisiéme de ses Institu-
tions.

Si ie voulois faire vn volume entier, de sainct Au-
gustin, dit cet Heresiarque, *il me seroit fort aisé de*
montrer aux Lecteurs qu'il ne faudroit employer que les
propres paroles de ce Sainct : mais ie ne les veux pas en-
nuyer par vne trop grande prolixité.

Iansenius a-t'il eu d'autre d'essein que d'employer
les paroles mesmes de S. Augustin, & d'en faire vn tissu
pour grauer ce beau nom au titre de son Liure? N'a-t'il
pas fait vn volume entier, comme Caluin l'auoit dans
son idée? N'a-t'il pas combattu la Predestination &
la Reprobation, qui supposent la prescience de la cooperation, ou de la resistance à la grace suffisante par les
mesmes armes, & par les mesmes passages que cet
Heresiarque? Y a-t'il d'autre differance entre ces
deux Auteurs, que l'aprehension d'ennuyer les Lecteurs, qui n'a pas empesché Iansenius de faire vn gros
volume, & de repeter cent fois la mesme chose pour
remplir son Liure de redites importunes? Si cet Euesf-
que n'eut point témoigné de la soûmission à l'Eglise, ne
iureroit-on pas que c'est vn Caluin resuscité dans les
matieres de la Predestination & de la Grace?

Cette conformité de dessein & de raisonnemens
contre la grace suffisante m'a donné vne grande auersion de ces nouuelles opinions : mais vne autre rencontre m'a porté d'auantage à faire tous mes effors
pour desabuser ceux qui se laissent surprendre par les
artifices de ces nouueaus Maîtres. Car quelque temps
aprés cet employ public des Controuerses, ie me trouuay engagé de faire vne Conferance particuliere dans

la propre maison d'vn Miniſtre de Charenton, dont le
ſuccez fit auoüer ſur l'heure meſme à la perſonne qui
m'auoit obligé à la diſpute, que la cauſe de l'Egliſe
Romaine eſtoit la ſeule vraye : Et ce Miniſtre me demandant aprés la Conferance, ſi i'eſtois du party
de Ianſenius, & me le demandant auec quelque
complaiſance (croyant en effet que i'en fuſſe) &
auec des actions de graces de ce que nous comman-
cions, diſoit-il, d'ouurir les yeux à la lumiere, ie fus
obligé de répondre auec vn peu de chaleur, que ie de-
teſtois du fond de mon cœur toute ſorte de nouueautez en ce qui touche la Religion ; Dieu m'ayant fait
connoître ſenſiblement par des experences tres-cer-
taines, qu'elles ſont dangereuſes au dela de toute nôtre imagination ; & que les erreurs ſe multiplient dés-
lors que nous preſtons tant-ſoit-peu l'oreille à nôtre
eſprit particulier.   Ie fis en ſuite reflexion ſur ce beau
compliment du Miniſtre, & conçeus dés-lors vne telle
horreur de toutes ces nouuelles opinions, que ie pris
vne forte reſolution de les combatre aprés les auoir
bien étudiées.

Le premier eſſay de mon traüail, & le premier fruit
de mon eſtude touchant ces Queſtions du Temps,
que ie donnay au iour en la langue des doctes, ne fut
que pour deſabuſer quelques ieunes gens qui cou-
roient à l'aueugle à toutes ces nouueautez, comme ſi
le Ciel leur eut preſenté vn Euangile, & depuis ie
preparay quelques Reflexions ſur les douze Maximes
touchant la Grace, propoſées par Sainct Auguſtin en
l'Epiſtre à Vital, ſur tous les Conciles de l'Egliſe qui
ont defini quelque point de la Grace, & ſur l'Epiſtre
de ſainct Paul aux Romains. Mais comme l'on a eſté
quelque temps dans le ſilence de part & d'autre, ie
faiſois quelque ſcrupule de ſonner l'alarme le pre-

mier. C'eſt pourquoy i'ay tenu les pieces, que ie viens de nommer, & quelques autres memoires dans le Cabinet, iuſqu'à ce qu'vn de mes amis, qui ne fait point profeſſion de Theologie, m'a prié inſtament de luy dreſſer vn abregé de toutes ces matieres, & de le communiquer au public. Ie n'ay pû luy refuſer cette courtoiſie, puis qu'elle eſtoit accompagnée d'vne pieté ſans exemple, & puiſque nous ne voyons autre choſe que des lettres & des écrits qui renouuellent tous les points de cette Controuerſe, & qui nous pouſſent à combatre.

I'auoüe franchement que i'ay entrepris ce combat ſans auoir de talens naturels comparables à ceux de mes Aduerſaires, mais ie croy auoir aſſez de confiance que le ſecours du Ciel ne me manquera pas, puiſque i'entreprens la defenſe de l'Egliſe & de la Foy, que l'on attaque de toute pars, & que ie ſoûtiens la cauſe de Sainct Auguſtin, dont on fleſtrit la memoire, en luy impoſant les erreurs de Caluin. Que ſi dans la chaleur du combat il m'échape la moindre parole, que l'on puiſſe interpreter en quelque mauuais ſens, ie la deſauoüe dés à preſent, & me ſoûmets à la cenſure de l'Egliſe, & à la correction de tous les bons & ſçauans Catholiques qui me feront la charité de me montrer en quoy ie me ſuis abuſé.

TABLE

TABLE
DES
CHAPITRES
DE LA PREMIERE
PARTIE.

ū

TABLE

DES CHAPITRES.

TABLE DES CHAP.

OPPOSITIONS

OPPOSITIONS
FORMELES
ENTRE L'AVGVSTIN
DE
IANSENIVS
EVESQVE D'IPRE,
ET SAINT AVGVSTIN EVESQVE
d'HYPPONE.

CHAPITRE PREMIER.

De la possibilité de l'estat de la pure Nature, c'est à dire de la Nature raisonnable qui n'eust esté en cette hypothese, ny en estat de Grace surnaturelle, ny en peché.

AVERTISSEMENT.

Ncore que quelques Docteurs Catholiques ayent esté en ce point d'vn sentiment contraire à celuy de sainct Augustin, ne preuoyant pas, peut-estre, l'importance de cette matiere, il ne faut pas neantmoins laisser de faire voir à ceux qui se disent les Disciples de ce Pere, & qui font couler sous ce titre specieux des erreurs intolerables

A

touchant la Grace & nôtre liberté, que leur sentiment est formelement opposé à celuy du Docteur de la Grace, & qu'il faut necessairement qu'ils renoncent à la belle qualité de ses Disciples, qu'ils se sont donnée eux mesmes sans en estre auoüez, ou qu'ils fassent vne Retractation publique de tant de propositions scandaleuses, qu'ils ont auancées depuis dix ans.

Proposition de l'Augustin d'Ipre.

I. *Dieu n'a pû créer l'homme dés le commencement tel qu'il naist à present. Iansenius au Liure 3. de l'état de la pure Nat. au Chap. 22.*

Deus non potuit talem ab initio creare hominem, qualis nunc nascitur. Ianf. lib. 3. de sta. pur. nat. cap. 22.

Personne n'ignore que cét estat n'a jamais esté, ny ne sera iamais : toutefois Mr. d'Ipre a nié que Dieu ait pû créer l'homme en cét estat, non plus (dit-il) qu'il n'a pû ne pas estre ce qu'il est. Il a, dis-je, nié la possibilité de cét estat, contre l'opinion commune des Theologiens, qui asseurent que Dieu a pû créer l'homme sans luy donner la Grace surnaturelle, & sans permettre qu'il fût en peché au premier moment de sa creation, il l'eut seulement laissé dans cette hypothese, auec les incommoditez de la vie, & auec les miseres qui l'attaquent à present ; il y eust eu neantmoins cette difference, qu'elles n'eussent pas esté les restes du peché, comme elles sont en effet , & que probablement elles n'eussent pas continué iusqu'à la mort aux personnes âgées, qui estant soûs la conduite generale de Dieu eussent enfin receur des Graces speciales & surnatureles, si elles eussent obey aux generales & natureles. Voyez sur la fin de tous ces Chapitres ce que nous en auons remarqué, en attendant des Reflexions vn peu plus étenduës, dans vn Liure qui aura pour titre, *Les Mysteres de la Grace expliquez par S. Paul en l'Epistre aux Romains.*

Opposition de l'Augustin d'Hyppone.

2. On donnoit à Adam l'immortalité par le moyen de l'arbre de Vie, & non par l'estat ou par le temperament naturel. Sainct Augustin au liu. 6. de la gen. selon la lettre au Chap. 25.

Puis que l'immortalité de l'homme en l'estat d'innocence ne procedoit pas des principes de sa nature, mais seulement d'vne cause étrangere, sçauoir de l'arbre de Vie, qui doute que Dieu n'ait pû refuser, ou pluftôt ne pas donner à l'homme ce qui ne luy eftoit point naturel dans le sentiment de sainct Augustin? Et qui eft-ce qui pourra lire sans horreur cette proposition de Ianfenius, que Dieu n'a pû créer l'homme sujet à la mort, non plus qu'il n'a pû mourir luy-mesme, ou cesser d'estre Dieu?

Posse non mori præstabatur Adamo de ligno vitæ, non de conftitutione naturæ. Auguft. lib. 6. de gen. ad lit. c. 25.

Lex Dei non pofitiua voluntate sed æterna legis veritate sancita nullo pacto fiuit vt creaturam fine vlla culpa faciat miseram…… Ex quo fit vt hoc tam impoffibile fit quàm Deum non effe Deum. Ianf. l. 3. de fta. natur. puræ. cap. 24.

Proposition de l'Augustin d'Ipre.

2. Si la creature raisonnable auoit efté produite en l'eftat de la nature pure, elle n'auroit point de liberté au bien, mais elle feroit dans vne perpetuelle neceffité de peché. Ianf. l. 2. de l'eftat, de la nat. pure, c. 10.

Si creatura rationalis in ftatu puræ naturæ condita effet, nihil haberet libertatis ad bonum, fed perpetua peccandi neceffitate teneretur, Ianf. l. 2. de fta. puræ nat. c. 10.

Opposition de l'Augustin d'Hyppone.

Bien que i'aye affeuré dans le troifiéme Liure du Libre arbitre, dit fainct Augustin parlant des petits enfans, qu'encore qu'il fût vray, ce que difent les Pelagiens, que l'ignorance & la peine, à faire le bien, fans lefquelles personne ne vient en ce monde, font des commancemens, & non pas des fupplices de la Nature, les Manicheens ne laifferoient pas d'eftre vain-

Quamvis in libro 3. de libero arb. ita de paruulis difputauerim, vt etiam fi verum effet, quod dicunt Pelagiani, ignorantiam & difficultatem, fine quibus nullus homo nafcitur, primordia nõ

cus. S. Augustin au Liure du don de la Perseuerance au Chap. 11.

Ces paroles, *encore qu'il fût vray ce que disent les Pelagiens,* 1. marquent euidemment l'estat de la pure nature, que ces Heretiques disoient auoir esté déja. 2. que S. Augustin ne fait que repeter par ces paroles ce qu'il auoit déja dit au Liure troisiéme du Libre Arbitre, contre les Manicheens qui nioient la liberté d'indifference, & admettoient vne fatalité ou necessité au bien & au mal. C'est pourquoy ils forgeoient deux principes eternels, comme le dit sainct Augustin, en suite de ce passage, l'vn qui estoit l'Auteur du bien, & l'autre qui estoit necessairement attaché au mal, croyant peut-estre que l'eternité & la liberté ne pouuoient pas se rencontrer en vne mesme chose. Donc si les Manicheens sont vaincus encore que l'état de la nature pure soit vray, la proposition de Iansenius est fausse, qui suppose qu'on n'auroit pas en cét estat de liberté au bien. Et sainct Augustin au contraire, asseure que posé mesme que cét estat fût vray, la fatalité des Manicheens seroit vaincuë, & par consequent la liberté au bien établie, ce qui est directement contre la proposition de Iansenius.

Proposition de l'Augustin d'Ipre.

Si la nature estoit creée toute pure il faudroit imputer tous ses pechez à Dieu, comme en estant l'Auteur, & non à la creature. Ianf. au l. 1. de l'état de la pur. nat. Chap. 19.

Opposition de l'Augustin d'Hyppone.

Quoy que l'ignorance & la difficulté à faire le bien,

---

*ou à fuir le mal, eussent esté dans les premiers commen-
cemens de la creation de l'homme, il en faudroit loüer
Dieu, & non pas le blâmer. S. Augustin au Liure 3.
du Libre Arbitre, au ch. 20. & au Liure 1. de ses Retractations, au chap. 9.*

On ne doit pas loüer Dieu pour vne chymere, ou
pour vne chose que Ianfenius asseure estre autant impossible que de dire que Dieu ne soit pas ce qu'il est;
moins encore le faudroit-il loüer, s'il estoit l'Auteur
de toutes les actions peruerses.

hominis primordia naturalia, nec sic culpandus esset Deus, sed laudandus. Aug. l.3. de lib.arb. c 20. & l. 1. Retr. c. 9.

CHAP. II.

De l'estat d'Innocence.

Proposition de l'Augustin d'Ipre.

1. LA nature des Hommes & des Anges auant le
peché ne meritoit pas par la grace de l'estat d'Innocence, mais elle se donnoit elle-mesme le merite,
lequel par consequent estoit humain. Ianf. au liu. 2. de
la Grace de IESVS-CHRIST, chap. 6. Parce que ce
merite ne procedoit pas de la Grace, mais de l'Homme,
Ianf. au chap. 6. du mesme Liure.

Opposition de l'Augustin d'Hyppone.

Il faut donc confesser auec la loüange qui est deuë
au Createur, que non seulement on peut dire des hommes, mais encore des bons Anges, que la charité de
Dieu est répanduë en leurs cœurs par l'Esprit Saint
qui leur a esté donné. S. Augustin au Liure 12. de la
Cité de Dieu chap. 9.

Natura sana hominum & Angelorum non merebatur per gratiam sanitatis, sed ipsa sibi pariebat tale meritum, quod proinde erat humanum. Ianf. l. 2. de gra. Chr. c.6. Quia ab homine, meritum se. non à gratia proficiscebatur. ib. c.6.

Confitendum est igitur cum debita laude Creatoris non ad solos homines pertinere, sed etiam de SS. Angelis dici posse, quod charitas dei diffusa est in cordib' eorum per spir. sanct. qui datus est eis Aug.l.12.de ciuit. Dei. c. 9.

B

Sainct Auguftin n'entend pas parler des bons Anges dans l'eftat où ils font à prefent, mais en celuy où ils eftoient auant que d'eftre entierement bien-heureux , & pendant qu'ils auoient le pouuoir de choifir le bon ou le mauuais eftat, qui eft abfolument perdurable. Cela fe peut aifement remarquer en toute la fuite du paffage de Sainct Auguftin. Si donc les Anges & les hommes auoient la charité de Dieu par le Sainct Efprit quelque temps auant le peché, on ne peut dire fans erreur que leurs merites fuffent humains, & qu'ils fe donnaffent eux-mefmes le merite, puis qu'ils ne meritoient que par la conduite du Saint Efprit. Mais voicy encore deux paffages du mefme Pere , qui contredifent plus formelement à Ianfenius.

Autre Oppofition de l'Auguftin d Hyppone.

Illam , fcil. felicitatem immortalem, natura humana perdidit per Liberum arb. & hanc eft acceptura per gratiam , quâ , fi non peccaffet, fuerat acceptura per meritum quamuis fine gratia NEC TVNC vllum meritum effe potuiffet. Aug. Enchir. c.106.

2. *La nature humaine a perdu cette felicité immortelle par le Libre Arbitre, & elle la doit recourrer par la Grace. Bien que MESME ALORS il eut efté impoffible de meriter fans la Grace. Sainct Auguftin en fon Enchiridion au chap. 106.*

Si le merite eut efté mefme alors en vertu de la Grace Diuine, comme eftant abfolument neceffaire, il n'euft pas efté fans doute humain, & n'eut point procedé de l'homme, du moins originairement, & principalement, mais de la Grace. Notez ce mot, MESME ALORS, pour montrer le befoin qu'Adam & Eue, & les Anges, auoient de la Grace Diuine auant le peché, & que les hommes dans cét eftat ne pouuoient meriter, non plus alors , qu'à prefent, fans la Grace.

Autre Oppofition de l'Augustin d'Hyppone.

3. *Pelagius difoit que le peché venoit de nous, mais que le pouuoir pecher ne venoit pas de nous. S'il parloit de la nature faine & innocente, que nous n'auons pas à prefent,* dit fainct Auguftin, *puis que nous fommes fauuez par l'efperance, &c. On ne parleroit pas bien, mefme en cette Hypothefe, & fi on difoit,* QVE S'ABSTENIR ACTVELLEMENT DV PECHÉ SOIT DEV A NOS MERITES SEVLEMENT, *bien que le peché ne vienne que de nous, parce que l'on eut eu la Grace de Dieu au Paradis terreftre.* Sainct Auguftin au chap. 48. du Liure de la Nature, & de la Grace.

Quòd non peccare noftrum fit, *aiebat Pelagius,* poffe verò non peccare nõ noftrum. Si de integritate & fana hominis natura loqueretur, quam modò non habemus, fpe enim falui facti fumus, &c. Nec SIC rectè diceretur, quod non peccare noftrum tantummodò fit, quamuis peccare noftrum effet. Nam & ibi effet adjutorium Dei, c. 48. de nat. & gratiæ.

Ce paffage eft fi conuainquant qu'il eft impoffible d'y pouuoir repartir auec quelque apparence de raifon: car Sainct Auguftin parle de l'eftat d'Innocence, & affeure que le merite de cet eftat eft deu à la Grace, & non à l'homme, contre l'erreur de Ianfenius qui eft en cela ouuertement Pelagien, puis qu'il fait que la nature, quelque innocente qu'elle foit, triomphe de la Grace; Et S. Auguftin veut que la Grace triomphe de la nature, & que le merite foit attribué à Dieu & non à l'homme.

Propofition de l'Auguftin d'Ipre.

4. *La Beatitude qui eût répondu aux bonnes œuures des Anges & des hommes, dans l'eftat d'Innocence, n'eût pas efté vn don fpecial de la Grace.* Ianf. au Liure 2. de la Grace de IESVS-CHRIST, au Chap. 6.

Beatitudo quæ refpondiffet. operibus bonis Angelorum, & hominum, in ftatu naturæ integræ non fuiffet donum fpeciale gratiæ. Ianf. lib. 2. de Gra. Chr. cap. 6.

Oppoſition de l'Auguſtin d'Hyppone.

Les Anges (qui ont perſiſté en la verité) ayant receu vn plus grand ſecours, ſont paruenus à vne beatitude ſi eminente, qu'ils ſçauoient n'en deuoir iamais déchoir. Sainct Auguſtin, au Liure 12. de la Cité de Dieu, au chap. 9.

Puiſque les Anges, qui ont perſeueré, ont receu vn plus grand ſecours que ceux qui ont manqué, ils ont eu, par conſequent, *vn don ſpecial de la Grace* contre la penſée de Ianſenius.

Propoſition de l'Auguſtin d'Ipre.

5. Pour perſeuerer en l'eſtat d'Innocence il n'eſtoit pas neceſſaire d'auoir vn don ſpecial de Perſeuerance, & ſi Adam eût perſiſté, cette perſeuerance n'euſt pas eſté vn don ſpecial. Ianſ. au Liure 9. de la Grace de IESVS-CHRIST, au chap. 10. & 11.

Oppoſition de l'Auguſtin d'Hyppone.

On demande quel eſt noſtre ſentiment touchant la Perſeuerance finale du premier Homme, je ne dis pas s'il a eu la Perſeuerance, toutefois ce don luy a eſté neceſſaire en cet eſtat. Sainct Auguſtin, au Liure de Correction & de la Grace, au chap. 10.

Puis que ce don pour perſeuerer eſtoit neceſſaire à noſtre premier Pere en l'eſtat d'Innocence, il s'en-ſuit que c'eſtoit vn don ſpecial & particulier, puis qu'il eſtoit diſtingué de la grace d'Innocence, & qu'outre cette grace il en falloit vne autre pour perſeuerer,

seuerer, car si la grace d'Innocence eut esté suffisante
pour perseuerer, Sainct Augustin n'eut pas eu raison
de dire que ce don eut esté necessaire.

Chap. III.
De la Nature bleßée.

Proposition de l'Augustin d'Ipre.

1. **P**Lusieurs *Auteurs recens ont pris occasion* sur
ces paroles de l'Apostre, *Au quel tous ont
peché, d'inuenter vn ie ne sçay quel pacte, en vertu
duquel Dieu ait mis la volonté de tous les hommes
en celle du premier Pere ; de sorte que son peché deuoit estre celuy de tous les autres, comme sa volonté
deuoit estre aussi celle de tous dans la transfusion de
la Iustice ...... Mais ie diray sauf leur honneur, qu'ils
ne donnent point la solution de la difficulté, & qu'ils
n'ont pû rien inuenter de plus absurde, ny de plus contraire aux maximes de Sainct Augustin. Iansenius
au Liure 1. de l'Estat de la Nature bleßée, au chap. 5.*

Opposition de l'Augustin d'Hyppone.

*Les petits enfans mesme ont violé le pacte fait auec
Dieu, non par des actions propres & personnelles,
mais par la commune origine de tout le Genre humain.
Tous ont violé le pacte fait auec Dieu, en cet Homme,
auquel tous ont peché. Car il y a plusieurs pactes ou Testamens passez auec Dieu, outre ces deux grands sçauoir;
le Vieux & le Nouueau, que chacun peut connoistre
par la simple lecture. Mais certes le premier de tous
les Pactes ou Testamens, qui a esté fait au premier*

Plerique recentio-
res *ex his verbis in
quo omnes pecca-
uerunt,* occasionem
sumserunt excogi-
tandi nescio cuius
pacti quo Deus om-
nes posterorum vo-
luntates in primi
parentis voluntate
collocauerit: ita vi-
delicet vt quemad-
modum voluntas
eius esset futura vo-
luntas omnium in
custodiëda & trans-
fundenda iustitia,
ita quoque præuari-
catio eius omnium
esse conseretur. Ianf.
l.1. de stat. nat. lapf.
c 5. Sed pace eorum
dixerim, neque dif-
ficultatem ipsi sol-
uunt, ... neque
quidquam ab Aug.
mente alienius, &
in eius doctrina ab-
surdius, & princi-
piis eius repugnan-
tius excogitare po-
tuerunt. ibid.

Etiam paruuli non
secundum vitæ suæ

homme , eft celuy qui eft exprimé dans ces paroles :
Dés le iour que vous mangerez , vous mourrez.
*Sainct Auguftin au Liure 16. de la Cité de Dieu,
au chap. 27.*

Ie ne me veux pas étendre fur l'explication de ce
pacte, dont Sainct Auguftin vient de parler fi clairement ; parce que je la referue à la fin de cet Abregé,
pour ne pas ennuyer ceux qui n'en voyent point l'importance. Ie remarqueray neantmoins qu'il y a lieu
de s'eftonner, que Ianfenius apres vingt ou trente
années d'eftude, n'ait pû rencontrer dans Sainct Auguftin, qu'il a fueilleté pendant tout ce temps-là, ce
pacte , que les Dames ont pû aprendre facilement
en vne demy-heure, dans la traduction de ces beaux
Liures de la Cité de Dieu, qui en a efté faite affez
fouuent, & particulierement depuis peu par Monfieur de Cerifiers.

Propofition de l'Auguftin d'Ipre.

*2. Les mouuemens de la concupifcence font mau-
uais, foit qu'on y refifte, foit qu'on n'y refifte point,
& les defirs mefme indeliberez , & qui preuiennent
la raifon , font mauuais. Ianfenius au Liure 2. de
la nat. pu. au chap. 14.*

Oppofition de l'Auguftin d'Hyppone.

*La conuoitife , qui naift auec les enfans , eft effacée
aux baptifez quant à la coulpe , eft laiffée pour com-
battre,* ET NE NVIT PAS *à ceux qui n'y confentent
point. Sainct Auguftin au Liure de pec. mer. & rem.
au chap. 4.*

Autre Opposition de l'Augustin d'Hyppone.

La Concupiscence est vn peché, parce qu'elle vient du peché, mais elle n'est point vn peché dans ceux qui sont en grace, cōme la parole est apellée langue, (comme lors qu'on dit la langue Latine, Grecque, *&c.* comme il le dit ailleurs) *parce que la langue la produit, & l'Escriture est apellée main; parce que la main la fait. De mesme la conuoitise est apellée peché, parce que si elle est victorieuse, elle fait le peché. Ainsi le froid est apellé paresseux, non parce qu'il est produit par des paresseux, mais parce qu'il rend paresseux. Sainct Augustin au Liure de nup. & concup. au chap. 23.*

Concupiscentia est peccatum, quia peccato facta est, cum iam in regeneratis non sit ipsa peccatum, sicut vocatur lingua locutio, quā facit lingua, & manus vocatur Scriptura quam facit manus. Itemque sic vocatur peccatū quia peccatum, si vincit, facit, sicut vocatur frigus pigrum, non quod à pigris fiat, sed quod pigros faciat. Aug. de nup. & Concup. c. 23.

Autre Opposition de l'Augustin d'Hyppone.

Nous disons que le Baptesme donne la remission de tous les pechez, & qu'il ne rase pas seulement les pechez, mais qu'il les oste en effet, encore que les racines de tous les pechez demeurent en la chair mauuaise, d'où les pechez, qu'il faut derechef couper, viennent à croistre, &c. *Mais ie croy qu'ils se trompent, ou qu'ils trompent les autres touchant cette Concupiscence, auec laquelle il faut que celuy, qui est baptizé, rende des combats de Pieté, bien qu'il auance dans la vie Spirituelle, & qu'il soit conduit par l'Esprit de Dieu. Mais encore que l'Apostre l'apelle vn peché.* En l'Epistre aux Romains, au Chap. 8. *elle n'est pas neantmoins vn peché, mais elle est apellée de la sorte, parce qu'elle naist du peché, comme l'Escriture est dite la main de chacun, parce que la main l'a faite. Sainct Augu-*

Dicimus baptisma dare omnium indulgentiam peccatorū, & auferre crimina, non radere, nec vt omnium peccatorū radices in mala carne teneantur, quasi rasorum in capite capillorum vnde crescant iterum resecanda peccata, &c. Sed de ista concupiscentia carnis falli eos credo, vel fallere, cum qua necesse est vt baptizatus, etiamsi diligentissime proficit, & spiritu Dei agitur, pia mente confligat. Sed hæc, etiamsi vocatur peccatū, Rom. 7. vid.

Autre Opposition de l'Augustin d'Hyppone.

Ce peché, dont parle l'Apostre, est apellé peché, parce qu'il vient du peché, & est la peine du peché, puisque cela s'attribuë à la conuoitise de la chair. Sainct Augustin au Liure 1. de ses Retract. au c. 15.

Nous étendrons bien au long ce discours dans nos Reflexions sur l'Epistre aux Romains, & montrerons Dieu aydant, que le Triomphateur de Molina a declaré ouuertement la guerre à Sainct Augustin, & au Concile de Trente, qui écrase sa proposition par autant de foudres qu'il y a de paroles dans le Decret du peché originel, au nombre 5. & ailleurs.

Chap. IV.

De la Nature reparée par la Grace suffisante.

Sainct Augustin en plusieurs endroits de ses Ourages asseure après l'Apostre que la Nature est reparée, renouuelée, & reformée par la Grace, qui est à la vereté vn peu plus charmante que celle qui fut donnée en l'estat d'Innocence, comme l'on presente à vn malade des viandes plus agreables, qu'à vn homme qui se porte bien, & qu'il faut beaucoup plus de choses à vn homme blessé, qu'à vn autre qui ne l'est pas ; mais elle n'est pas de la nature de certaines qualitez natureles qui sont infailliblement leur effet.

La

---

non vtiq; quia peccatum est, sed quia peccato facta est, sic vocatur : sicut scriptura manus cuiusq; dicitur, quod manus eam fecerit. Aug. l. con. 2. epist, Pelag. cap. 13.

Hoc peccatum de quo sic est loquutus Apost. ideo peccatum vocatur, quia peccato factum est, & pœna peccati est, quandoquidem hoc de concupiscentia carnis dicitur. Aug. l. 1. Retr. cap. 15.

La Grace ſuffiſante eſt vne inſpiration ſurnaturelle, qui eſt capable d'elle-meſme d'attirer, & qui attire en effet de ſon coſté le conſentement de la volonté de la creature, mais qui en eſt ſouuent rejettée, parce qu'on ne fait pas ce, à quoy elle nous pouſſe. Cette Grace eſt apellée excitante, parce qu'elle excite & éueille l'ame, lors qu'elle ne penſe point à ſon ſalut, ou bien lors qu'elle eſt en peché mortel, ne pouuant en cet eſtat former vne bonne penſée pour le Ciel, ſi Dieu ne la preuient de ſa Grace, laquelle pour cette raiſon eſt auſſi apellée preuenante. La Grace concomitante eſt celle qui accompagne toûjours la bonne action ; elle eſt auſſi apellée cooperante, parce qu'elle coopere auec la volonté. L'actuelle eſt vne lumiere dans l'entendement, & vn bon mouuement dans la volonté qui eſt paſſager de ſa nature. Neantmoins Dieu peut continuer l'vn & l'autre, lors qu'il eſt neceſſaire pour agir, à proportion comme l'intention de la fin, qui eſt vn acte paſſager de luy-meſme, ne laiſſe point de durer pendant la pourſuite ou l'execution des moyens. La Grace habituelle eſt permanente de ſa nature, & nous rend amis de Dieu, & fait que le Sainct Eſprit habite en nous d'vne façon particuliere. On l'apelle iuſtifiante & ſanctifiante, parce qu'elle nous rend juſtes & Saincts deuant Dieu, ce qui ſe fait ordinairement par le Sament de Baptéme, & par celuy de Penitence, ou bien encore par des actes d'vn pur Amour de Dieu, & d'vne Contrition tres-parfaite.

Definition de la Grace excitante.

De la Preuenante.

De la Cooperante.
De l'Actuelle.

De la Grace habituelle & iuſtifiante.

Propoſition de l'Auguſtin d'Ipre.

1. *Apres la cheute d'Adam, il n'y a point de Grace ſuffiſante qui ne ſoit efficace. Ianſ. au Liure 3. de la Grace de* I E S V S - C H R I S T, *au Chap. 1.*

Poſt lapſum Adami nullum datur auxilium ſufficiés quod non ſit efficax. Ianſ. l. 3. de gra. Chr. c. 1.

D

Cette propoſition ſeroit veritable, ſi on l'entendoit au ſens que nous l'auons expliqué tout au commancement de ce Chapitre ; Sçauoir, Que toutes les Graces ſont efficaces de la part de Dieu, qui ne les donne point à autre deſſein, qu'afin qu'on leur obeïſſe. Mais Ianſenius veut que toutes les Graces ſoient irreſiſtibles & victorieuſes.

Oppoſition de l'Auguſtin d'Hyppone.

Il n'y a perſonne qui ſe mette à couuert de la chaleur Diuine. Lors que le Verbe a eſté fait chair, & a habité parmy nous, il n'a point permis qu'aucun homme mortel ſe puiſſe excuſer d'auoir eſté dans l'ombre de la mort, c'eſt à dire dans la priuation des lumieres, & des Graces viuifiantes, *car la chaleur du Verbe a penetré celuy-là meſme* qui ſe voudroit couurir de ce foible pretexte. *Sainct Auguſtin ſur le Pſeaume 18.*

Puis qu'il n'y a point de mortel qui ne ſoit penetré de la chaleur du Verbe, c'eſt à dire des Graces de IESVS-CHRIST, & qu'il n'y en a que trop qui ſont méchans, il s'enſuit manifeſtement que ces graces qui ſont ſans effet, ſont purement ſuffiſantes, & non point efficaces au ſens de Ianſenius, & que ce ſont des Graces du Verbe, ou de IESVS-CHRIST, & non ſeulement des graces naturelles.

Propoſition de l'Auguſtin d'Ipre.

2. Celuy qui eſtablit vne grace ſuffiſante auec laquelle quelqu'vn peut agir, s'il veut, & toutefois il n'agit pas, eſt de meſme ſentiment que les Semipelagiens. Ianſ. au Liure 3. de gr. Chr. ch. 1.

Aug. expoſ. 1. in hæc verba Pſal. 18. Non eſt qui ſe abſcondat à calore eius. Cum autem, *inquit*, Verbum caro factũ eſt & habitauit in nobis, non permiſit vllum mortalium excuſare ſe de vmbra mortis & ipſũ enim penetrauit verbi calor.

Sentit cum Semipel. qui admittit gratiam ſufficientem, cum qua quis operari poteſt ſi velit, nec tamen operatur. Ianſ. l. 3. de gr. Chr. cap. 1.

Oppoſition de l'Auguſtin d'Hyppone.

Les hommes peruers, & ceux qui ſont dans le trou-
ble & non dans le repos, attribuent leurs pechez à
Dieu, & leurs bonnes actions à eux-meſmes. Si quel-
qu'vn fait quelque acte de Vertu, c'eſt moy qui l'ay
fait, dit-il, S'il fait du mal, il cherche quelqu'vn pour
l'en rendre l'Auteur. S'il n'eſt pas fort impie, il ac-
cuſe auſſi-toſt le diable. C'eſt le diable qui en eſt la
cauſe, dit-il, c'eſt luy qui me l'a perſuadé, comme
ſi le diable auoit la puiſſance de contraindre; il a ſeu-
lement la ruſe de tâcher à perſuader. MAIS SI SATAN
PARLOIT, ET QVE DIEV SE TEVST, VOVS SERIEZ
EXCVSABLE. *Maintenant vous voilà en eſtat d'é-*
couter les auertiſſemens de Dieu, ou les ſuggeſtions
du Serpent. Pourquoy vous portez-vous de ce coſté
icy, & vous détournez-vous de l'autre? Satan ne
ceſſe point de vous exciter à mal faire, ET DIEV
NE CESSE POINT DE VOVS INVITER AV BIEN.
SATAN NE VOVS FORCE POINT. IL EST EN
VÔTRE POVVOIR DE CONSENTIR, OV DE NE
POINT CONSENTIR. *Sainct Auguſtin ſur le Pſeau-*
me 91.

* Si la Grace ſuffiſante eſt comme nous auons dit
au commancement de ce Chapitre, vne inſpiration
interieure, à laquelle la volonté de l'homme peut
conſentir, ou ne point conſentir, la voila toute trou-
uée dans Sainct Auguſtin, lequel certes ne parle que
des hommes apres la cheute d'Adam, & n'a rien dit
de Semipel. écriuant ſur ces paroles du Pſeaume 91.
I'oſe dire auec verité, que toutes les Legions des
diſciples de Ianſenius ne nous peuuent oppoſer vn
paſſage de Sainct Auguſtin en leur faueur, qui ait
autant de force & de clarté, pour les mettre à couuert

Peruerſi homines &
perturbati qui non
agunt Sabbatum,
mala ſua Deo tri-
buunt, bona ſua ſi-
bi, ſi quid boni fe-
cerit, ego feci, dicit,
ſi quid mali fecerit
quærit quem accu-
ſet, ne confiteatur
Deo. Et quid eſt,
quærit quem accu-
ſet? Si non eſt valde
impius, ad manum
Satanam habet quæ
accuſet. Satanas fe-
cit, inquit, ipſe mi-
hi perſuaſit, quaſi
Satanas habeat po-
teſtatem cogendi,
aſtutiam ſuadendi
habet. Sed ſi Satanas
loqueretur, & tace-
ret Deus, haberes
vnde te excuſares.
Modò aures tuæ po-
ſitæ ſunt inter mo-
nentem Deum, &
ſuggerétem ſerpen-
tem. Quare huc fle-
ctuntur, hinc auer-
tuntur? Non ceſſat
Satanas ſuadere ma-
lum, ſed nec Deus
ceſſat admonere bo-
num. Satanas autem
non cogit inuitum.
In tua poteſtate eſt
conſentire aut non
conſentire. Aug. in
Pſal. 91.

de leur erreur, que cettui-cy en a, pour prouuer auec toute l'euidence possible la Grace suffisante. Sainct Augustin ne dit-il pas là clairement que la Grace interieure ne manque iamais à la volonté dans l'occasion où elle peche contre le sentiment de Monsieur Arnaud en sa seconde lettre?

Proposition de l'Augustin d'Ipre.

3. Ceux qui establissent vne Grace distinguée de celle qui est efficace, introduisent vne nouuelle espece de Grace, que Sainct Augustin, ny Sainct Thomas, ny aucun Theologien ancien, n'a point recognuë. Ians. l. 3. de gr. Chr. ch. 29.

Opposition de l'Augustin d'Hyppone.

Puis qu'il est en vostre puissance, auec l'ayde de Dieu, de consentir, ou de resister *au diable, pourquoy ne prenés vous la resolution d'obeir plustôt à Dieu qu'au demon? car s'il n'y auoit que le diable pour vous donner conseil,* & si DIEV NE SONNOIT MOT, VOVS SERIEZ EXCVSABLE. *Mais puisque* IESVS-CHRIST, & *vostre conscience vous contredisent,* & *que vous entendez en l'Eglise, par l'Escriture Sainte, que vous ne deuez point pecher, pourquoy choisissez-vous la mort,* & *laissez-vous la vie? Et pourquoy aymez-vous mieux suiure le diable, qui vous porte à l'impureté, que* IESVS-CHRIST, *qui vous appelle à la vie eternelle? Ie vous demande, mes Freres treschers, pourquoy Satan seduit les hommes à pecher, puis que* DIEV A DONNE' A L'HOMME LE POVVOIR DE NE LVY POINT CONSENTIR? *Car Dieu est en quelque façon à la droite, qui commande,* & *Satan à la gauche, qui tente, l'homme est au milieu.*

Le

Mr. *Arn.* en sa 2. *lettre, 2. part. art.* 13. *page* 225.

Qui aliam Christi gratiam quam efficacem asserunt, nouum genus gratiæ inducunt quod nec D. Aug. nec D. Thomas, nec aliquis vetustiorum Theologorū agnouit. Ians. l. 3. de gr. Chr. c. 29.

Cum per Dei adjutorium in potestate tua sit vtrum consentias diabolo, quare non magis Deo quàm ipsi obtemperare deliberas! Si enim solus diabolus daret consilium, & Deus taceret, haberes quò excusari posses. Cum verò Christus tibi & conscientia tua contradicat, & per scripturas Diuinas audias in Ecclesia quod nō debeas facere malū, quare eligis mortem & deseris vitā, & magis vis sequi diabolum ad luxuriam, quàm obtemperare Christo qui te inuitat ad vitam æternā! Rogo ergo vos Fra-

Le cœur qui penche du coſté du diable, pourquoy ne s'é-
leue-t'il vers Dieu? Car le diable ne nuit pas en nous
forçant, mais en tâchant de perſuader, & il n'arrache
pas auec force noſtre conſentement: mais il le demande.
Contentons nous de ne point ayder le diable, & nous
emportons la victoire. Il donne à la verité conſeil,
mais DIEV NOVS ASSISTANT DE SA GRACE,
IL EST EN NÔTRE POVVOIR D'ACCEPTER OV
DE REJETTER SES SVGGESTIONS. Sainct Auguſtin en l'Homilie 12. du nombre des 50. qu'il a
faites.

Y a-t'il là le moindre mot de cette Grace irreſiſti-
ble & victorieuſe, que Ianſenius & ſes diſciples, chan-
tent à tout propos? Comment peut-on apeller cette
Grace qu'on rejette, comme Sainct Auguſtin vient
de l'enſeigner en ce beau paſſage, qui eſt écrit auec
les rayons du Soleil? Qu'on luy donne tel nom qu'on
voudra, pourueu qu'on n'en rejette pas la veritable
notion auec erreur dans l'entendement, comme on
n'en rejette que trop ſouuent les mouuemens par
foibleſſe ou par malice.

OPPOSITION

De deux anciens Scholaſtiques;

Sçauoir,

DE S. THOMAS ET DE SCOT.

L A *Loy nouuelle donne de ſon coſté* VN SECOVRS
SVFFISANT *pour ne pecher point. Sainct Tho-*
mas en ſa Somme Theologique 1. 2. q. 106. art. 2.
répondant au premier Argument. Dieu veut de ſon
coſté ſauuer tous les hommes par vne volonté antece-

tres chariſſimi, qua-
re ſatanas ſeducit ad
peccandum, cum
Deus poſuerit ho-
mini in poteſtate nõ
conſentire ſatanæ?
Eſt enim à dextris
quodammodo præ-
cipiens Deus, à ſi-
niſtris ſeducens ſa-
tanas, homo in me-
dio conſtitutus Cor
quod inclinatur ad
diabolum, quare nõ
magis erigitur ad
Deum? Non enim
diabolus cogendo,
ſed ſuadendo nocet,
nec extorquet à no-
bis conſenſum, ſed
petit. Nos diabolum
non adiuuemus, &
vincimus. Dat qui-
dem ille conſilium,
ſed Deo auxiliante
noſtrum eſt vel eli-
gere, vel repudiare
quod ſuggerit. Aug.
Hom. 12. ex 50.

Quantum eſt de ſe
Lex noua ſufficiens
auxilium dat ad non
peccandum. D. Th.
1.2.q.106.art.2.ad 1.
Deus vult omnes
homines ſaluare,

E

quátum ex parte sui, voluntate antecedé-te, pro quibus dedit adiutoria commu-nia sufficientia ad salutem. Scotus in 1. sent. dist. 4. qu. vnica.

dante, pour lesquels il a donné des SECOVRS GE-NERAVX SVFFISANS POVR LE SALVT. *Scot sur le premier Liure du Maistre des Sentences, en la distinct. 4. quest. vnique. Si les disciples de Iansenius ont des Theologiens plus renommez, & plus sçauans que ces deux grands Personnages, qui parlent contre la Grace suffisante, ils n'ont qu'à les produire, mais i'ay à les supplier d'en mieux penetrer le sens, que Iansenius n'a fait à l'égard de Gabriel Biel, & de Mar-silius d'Inghen, dont il n'a pas mesme compris les Termes, comme nous en auons donné vne conui-ction euidente en nostre Liure, De Concordia Liber-tatis & Gratia sufficientis.*

Proposition de l'Augustin d'Ipre.

Infideles carent gra-tia sufficiente ad sa-lutem tam proxima quá remota, & om-nib° principiis eius. Ianf. l.3. de gr.Chr. cap. 11.

4. *Les Infideles sont priuez de la Grace suffisante pour le salut, tant de la prochaine, que de l'éloignée, & de tous ses Principes. Ianf. au Liure 3. de la Grace de IESVS-CHRIST, au Chap. 11.*

Opposition de l'Augustin d'Hyppone.

Omnibus tanquam in concione generis humani veritas cla-mat. Si vere vtique iustitiam loquimi-ni, recta iudicate fi-lij hominum. Cui enim iniquo nondũ facilè est loqui iu-stitiam. Aut quis de iustitia interrogatus, quando non habet causam, non facile respondeat quid sit iustum, quandoqui-dem manu forma-

La verité crie à tous, comme dans l'assemblée de tous les hommes. Si vous parlez selon la justice enfans des hommes, iugez iustement. Car quel est le méchant qui ne puisse pas encore parler facilement selon la justice? Où qui est-ce qui estant interrogé de la justice, quand il n'a point de cause, ne répond facilement que c'est que justice. Puisque la verité a écrit dans nos cœurs par là main de nostre Createur, ce que vous ne voulez pas qu'on vous fasse, ne le faites pas à un autre? Personne n'a iamais ignoré cela, mesme auant que la Loy fût donnée, afin qu'il y eut dequoy IVGER CEVX AVSSI

QVI N'AVOIENT PAS REÇEV LA LOY. Sainct Augustin sur le Pseaume 57.

Tous les hommes, mesme les Infideles, peuuent agir aizement selon la justice, à raison de la Grace generale, qui leur a esté donnée, de discerner la justice d'auec l'injustice, & de faire aux autres ce qu'ils veulent leur estre fait. Et c'est ce QVI REND LES INFIDELES INEXCVSABLES au iour du Iugement. Ce seul passage est suffisant pour montrer que Sainct Augustin estant Euesque, dés-ja vieil, & tres-bien instruit des matieres de la Grace, a enseigné que la Grace suffisante est donnée aux Infideles.

toris nostri in ipsis cordibus nostris veritas scripsit. Quod tibi non vis fieri, ne facias alteri? Hoc & antequam Lex daretur, nemo ignorare permissus est, vt esset vnde iudicaretur & quib' lex non esset data. Aug. in Psalm. 57.

Autre Opposition de l'Augustin d'Hyppone.

Et certes combien cette Loy de ne point faire à autruy ce que nous ne voudrions pas qu'on nous fist, est-elle plus profondement grauée dans nostre ame, que toutes ces Loix, & ces Regles du Langage, ne le sont dans les Liures des Auteurs de Rhetorique. ET CEPENDANT ON VIOLE SANS SCRVPVLE CETTE PREMIERE, *& l'on obserue ces autres Loix tres religieusement.* Sainct Augustin au Liure premier de ses Confessions, au Chapitre 18. de la Traduction de Monsieur Arnauld d'Andilly.

Et certe non est interior Literarum scientia quàm scripra conscientia id se alteri & facere quod nolit pati. Aug. l. 1. Conf. c. 18.

Ie desirerois bien apprendre de Monsieur Arnauld, quel nom il donne à cette Loy interieure qui commande à tous les hommes de ne point faire à autruy ce qu'ils ne voudroient pas qu'on leur fist? N'est-ce pas vne lumiere du Ciel, & vne Grace surnaturelle, qui nous est donnée par les merites de IESVS-CHRIST? N'est-ce pas luy qui autorise cette Loy dans l'Euangile, *Matt. 7. 12.* lors qu'il dit. *Omnia quæcumque vultis vt vobis faciant homines, & vos facite illis, hæc est enim Lex & Propheta.* Faites aux hommes tout ce que vous voulez qu'ils vous fassent, car c'est la Loy & les Prophetes? S'est-il iamais trouué vn homme qui ait gardé cette Loy sans auoir eu besoin des merites de IESVS-CHRIST? Ie dis bien dauantage, qu'il ne s'est iamais rencontré personne apres le peché d'Adam, qui ait eu cette lumiere qui fait le Sommaire de la Loy Chrestienne, independement des merites de IESVS-CHRIST, puisque si on agit en vertu de cette lumiere, on acquiert la Perfection, & par consequent le Salut. Or il est constant qu'il est impossible d'auoir le Salut sans les merites du Sauueur, il est donc impossible d'auoir ce qui nous procure le Salut, sans les mesmes merites. Voyez neantmoins comme Monsieur Dandilly fait parler Sainct Augustin. *Cependant*, dit-il, *on viole sans scrupule cette premiere Loy,* qui est vne Grace, & vne inspiration Diuine. Donc on rejette la Grace, & l'inspiration Diuine. On ne peut rejetter la Grace qu'ils apellent efficace par elle-mesme, donc il faut que ce soit vne Grace suffisante, puis qu'elle peut estre violée & rejettée. On ne peut pas dire enfin que cette Loy soit vne Grace purement exterieure, puis qu'elle est grauée profondement dans l'ame.

Proposition de l'Augustin d'Ipre.

6. *Les Graces suffisantes ne sont pas données à tous, ou plustôt apres le peché, il n'y en a point du tout. Ianf. l. 10. de Gr. Chr. c. 2.*

Opposition de l'Augustin d'Hyppone.

Nous auons ainsi répondu à ces hommes, sçauoir aux Manicheens,

Manicheens, *qui forment vne plainte, laquelle semble estre iuste, de la transfusion du vice du premier Homme, qui passe en ses descendans auec l'ignorance & la difficulté, à bien faire, qu'ils se taisent, & qu'ils cessent de murmurer contre Dieu. Peut-estre qu'ils auroient quelque raison de se plaindre, s'il ne se trouuoit personne qui emportast la victoire de l'erreur, & de la concupiscence. Mais puisque Dieu est present en tous les lieux, & qu'il apelle en plusieurs manieres par le Ministere de ses creatures celuy qui est son ennemy, & qu'il enseigne celuy qui a la Foy, qu'il console celuy qui a de l'esperance, qu'il exhorte celuy qui a de l'amour pour luy, qu'il preste la main à celuy qui fait quelque effort, qu'il exauce celuy qui prie,* On ne Vovs impvte point a Peche' *vôtre ignorance inuoluntaire, mais bien la negligence que vous auez à la recherche de ce que vous ignorez, ny de ce que vous ne vous leuez pas estant blessé;* Mais de ce qve vovs meprisez celvy qvi vovs vevt gverir. *I'ay ainsi exhorté autant que i'ay pû à bien viure, & ie n'ay point rendu vaine & inutile la Grace de Dieu, sans laquelle la nature de l'homme, qui est dans les tenebres, & dans la corruption, ne peut estre illuminée & guerie.* Sainct Augustin au Chapitre 67. de la Nature & de la Grace.

Voilà vne Grace generale & suffisante establie par Sainct Augustin, puis qu'on la peut rejetter & méprifer, & que mesme on la méprise en effet, & encore qu'on la presche de la sorte, on ne la rend pas inutile ni vaine; Neantmoins à voir le Liure de Iansenius, & de ses Apologies, vous diriez que la Grace suffisante soit vn monstre, parce qu'on la méprise. Ces Messieurs nous veulent faire à croire qu'on ne la méprise iamais. Dans ce sentiment il faudroit cor-

rantiæ difficultatifque in prolem primi hominis trajectis vitiis atq; transfusis velut iustam querelam deponentibus, ita responsum est. Quibus breuiter inquam respondetur, vt quiescant, recte etiam fortasse quererentur, si erroris & libidinis nullus hominum victor existeret. Cum verò Deus vbiq; sit præsens qui multis modis per creaturâ sibi Domino seruientê, auersum vocet, doceat credêtem, consoletur sperantem, diligentem exhortetur, conantem adiuuet, exaudiat deprecantem; non tibi deputatur ad culpam, quod inuit° ignoras, sed quod negligis quærere quod ignoras, neq; illud, quod vulnerata, membra nô colligis, sed quod volentem sanare côtemnis. Ita & exhortatus sum, quantum potui, ad recte viuendum, & gratiam Dei non euacuaui, sine qua natura humana jam tenebrata atque vitiata illuminari non potest & sanari. Aug. de nat. & grat. c. 67.

riger toutes les Confeſſions des bonnes ames, qui ſe confeſſent le plus ſouuent d'auoir repouſſé les ſaintes Inſpirations, & il faudroit abolir vne coûtume generale de l'Egliſe qui doit paſſer pour vne Loy inuiolable au raport de Sainct Auguſtin écriuant contre les Pelagiens.

Propoſition de l'Auguſtin d'Ipre.

La Grace purement ſuffiſante eſt inutile, & pernicieuſe, à la deliurance de ceux qui ſont tombez en peché. Ianſ. l. 3. de Grat. Chr. c. 2.

Adjutorium purè ſufficiens lapſorum reparationi inutile & pernicioſum. Ianſ. 1.3. de Gr. Sal. c.2.

Oppoſition de l'Auguſtin d'Hyppone.

6. Que celuy qui ne veut pas ouïr, ne s'excuſe point, comme ſi on ne luy demandoit rien, car c'eſt cela meſme qu'on luy demande, puis qu'il n'a point Voulu recevoir ce qu'on luy donnoit : *car autre choſe eſt ne pouuoir pas receuoir, & autre, n'en auoir pas la volonté. Il y a excuſe de neceſſité en cet endroit-là, & il y a de la faute coupable en cettui-cy.* Sainct Auguſtin en la Concluſion 2. ſur le Pſeaume 32.

Nec ſe excuſet qui audire non vult, ne quaſi non fit quod ab illo exigitur idipſum enim exigitur, qui & noluit accipere cum daretur. Aliud eſt enim non poſſe accipere, aliud eſt nolle. Illic excuſatio neceſſitatis eſt, hic reatus voluntatis. Aug. concl. 2. in Pſal. 32.

Si Molina auoit voulu exprimer la Grace ſuffiſante, il n'en auroit pû donner vne plus nette, ni vne plus forte expreſſion. On donnoit la Grace à l'homme, & il n'a pas voulu receuoir ce don, & ce qui le rend inexcuſable, eſt qu'il ne peut ſe couurir du pretexte de la neceſſité, dont ſe couurent les diſciples de Ianſenius.

Autre Opposition de l'Augustin d'Hyppone.

Puisque l'homme peut estre sans peché, s'il veut, auec le secours de la Grace Diuine, pourquoy est-ce qu'il ne l'est pas? Ie pourrois respondre auec tres-grande facilité & verité, que c'est parce que les hommes ne le veulent pas. Mais si on me demande, pourquoy ils ne le veulent pas? Nous irions trop loin. Sainct Augustin au Liure 2. De Peccatorum. mer. au Chapitre 17.

La réponse de Sainct Augustin seroit tres-difficile, & tres-fausse, & non pas tres-facile & tres-veritable, comme il nous en asseure, si Dieu ne presentoit pas sa Grace à ceux-là mesme qui l'offensent actuellement : car il faudroit respondre dans le sentiment de l'Augustin d'Ipre, que la raison pourquoy la vie de l'homme n'est pas sans peché, est parce que Dieu ne presente pas sa Grace à l'homme, qui peche actuellement, en veuë du peché d'Adam ; puisque s'il la luy presentoit, il l'accepteroit infailliblement : & il ne pecheroit iamais, si Dieu la luy presentoit toûjours. Mais Sainct Augustin répond au contraire que Dieu presente le secours de sa Grace, & que les hommes ne veulent pas luy obeïr. N'est-ce pas dire en des termes plus clairs que le iour, que Dieu presente la Grace suffisante, & que les hommes la rejettent? Certes il est étonnant que Iansenius ose se seruir de ce passage en sa faueur, sous pretexte que Sainct Augustin dit en suite que les hommes ne veulent pas suiure la justice, parce qu'ils ne la connoissent pas, ou parce qu'elle ne leur plait pas. Il est vray que l'ignorance & la concupiscence, sont en quelque façon la cause, ou l'occasion du peché, mais elles ne le font pas in-

Cum voluntate humana gratia adiuuante diuina sine peccato in hac vita possit homo esse, cur non sit? possem facillime & verissime respondere, quia homines nolunt ; & si ex me quæritur, quare nolint, imus in longum. Aug. l. 2. de pecc. mer. c. 17.

uinciblement, comme la Grace ne nous attire pas inuinciblement. Ie veux que la Grace & la Concupiſcence nous attirent par des mouuemens doux & charmans, il faut neantmoins auoüer que nous auons le pouuoir de nous tourner du coſté qu'il nous plaira: quoy que nous ne puiſſions pas nous tourner du coſté de la Grace, qu'auec le ſecours meſme de cette Grace, qui nous donne des forces en ſe preſentant à nous. Il faut que la cauſe de ces Meſſieurs ſoit bien deſeſperée, puis qu'ils ſe ſeruent du moindre mot qu'ils rencontrent dans Sainct Auguſtin, pourueu qu'il ſignifie en quelque façon que ce ſoit les effors de la Concupiſcence ou de la Grace, car dés auſſi-tôt ils les interpretent en leur faueur, ſans examiner s'il y a de la ſolidité au fond, & s'il n'y a rien à redire.

Propoſition de l'Auguſtin d'Ipre.

Il n'y a point d'autre Grace ſuffiſante ſelon la Doctrine tres-ſolide de Sainct Auguſtin, & il ſemble qu'on n'en puiſſe point ſoûtenir d'autre ſans erreur, que celle qui fait agir la volonté, & qui opere en elle effectiuement, le vouloir & l'agir. Ianſ. l.3. de gr. Ch. Sal. c.5.

Oppoſition de l'Auguſtin d'Hyppone.

Le Sauueur pleure & crie, Ieruſalem, Ieruſalem, & on ne répond rien. Combien de fois ay-je voulu aſſembler tes enfans, comme la poule ſes pouſſins ſous ſes aiſles, & tu n'as pas voulu? On ne répond point. La pluye l'arroſe d'en haut, & au lieu de fruict, on ne produit que des épines. Mais cette Ieruſalem, dont il eſt écrit, Réjouïs-toy, ſterile, &c. Qu'eſt-ce à dire, Cette-cy luy a répondu? Elle n'a pas mépriſé celuy qui l'apelloit. Qu'eſt-ce à dire, Cette-cy luy a répondu?

Suffitiens gratia iuxta doctrinã eius, *Auguſtini* ſcil. ſolidiſſimam non eſt alia nec vt videtur, ſine errore alia dici poteſt quã illa quæ volũtatem facit facere & in ea operatur re ipſa velle & operari Ianſ. l.3. de gr. Chr. c.5.

Ieruſalem, Ieruſalem, luget, clamat, & non reſpondetur. Quoties volui congregare filios tuos, tanquã gallina pullos ſuos ſub alas ſuas, & noluiſti? Non reſpondetur, pluitur deſuper, & pro fructu ſpinę pro

Il l'a arrosée, & elle a donné du fruict. Sainct Augustin en la Concl. 2. sur le Pseaume 101.

Et en la Concl. 1. sur le Pseaume 103. *Vne vigne estoit accusée d'auoir produit des espines au lieu de raisins : elle n'auoit point rendu vne digne grace à cette douce pluye.*

Si cette douce pluye n'est pas vne Grace interieure & suffisante, il n'y a point de lieu d'accuser cette vigne mystique de n'auoir point produit de bon fruict. Et si la pluye n'a arrosé qu'au dehors, & n'a point penetré au dedans iusqu'à la racine, quel moyen y a-t'il que cette vigne pousse des feüilles & des fruicts ? Mais parce qu'elle est iustement accusée de n'auoir point rendu le fruict, qu'vne pluye si douce pouuoit causer, il s'ensuit que Dieu verse assez abondament ses dons, & ses Graces interieures, & que le cœur humain les rejette auec malice.

Proposition de l'Augustin d'Ipre.

8. *Nous aprennons*, de quelques passages de Sainct Augustin, mal entendus, qui ne montrent que la necessité de la Grace preuenante, & non vne priuation absoluë des Graces Diuines, *que l'on retire souuent la Grace pour accomplir les Commandemens, non seulement des Iuifs, mais encore des Chrestiens, & non seulement des charnels, mais encore des spirituels, & qu'on la retire en sorte que l'on n'en donne point de semblable, pour impetrer par la priere vne pareille Grace suffisante.* Ians. au Liure 3. de la Grace du Sauueur, au Chap. 5.

Il y a trois parties en cette Proposition de Iansenius. La premiere asseure que les Iuifs n'ont pas eu des Graces suffisantes. La seconde en priue les Chrestiens qui sont charnels. Et la troisiéme ose dire

---

Notes marginales :

feruntur. At verò illa Ierusalem, de qua dictum est, Lætare sterilis quæ non paris, & quid est, respondit ei? Non contemsit vocantem. quid est respondit ei ? Ille pluit, illa fructū dedit. cōcl 2. in Psal 101. Accusabatur quędam vinea quod pro vua spinas dederat, non reddiderat dignam gratiam dulci pluuiæ. Aug. concl. 1. in Psal. 103.

Discimus, *ex Aug. scil.* non solùm Iudæis, sed & Christianis, non solùm carnalibus, sed & spiritualibus, gratiam talem sufficientem ad id faciendum, quod iubetur, frequenter subtrahi, atque ita subtrahi, vt nec pro tali gratia adipiscéda deprecandi similis sufficiens gratia habeatur. Ians. l. 3. de grat. Chr. Salu. c. 5.

que les Spirituels meſme , c'eſt à dire les Iuſtes, en
ſont dépourueus.

Oppoſitions de l'Auguſtin d'Hyppone.

Grace ſuffiſante pour les Iuifs.

Non erant ſurdi, ſed fecerunt ſe ſurdos . quia enim aures patentes in corde non habebant, violentia tamen verbi per aures carnis irruens , etiam ipſis auribus cordis vim faciebat. Clauſerunt & aures corporis, & ierunt ad lapides. Aug. in Pſal. 57.

Les Iuifs , qui lapiderent Sainct Eſtienne , *n'étoient point ſourds , mais ils ſe rendirent ſourds : car ils n'auoient pas les ereilles du cœur ouuertes ; toutefois l'eſicace de la parole ſe faiſant entendre par les oreilles du corps , faiſoit meſme quelque violence aux oreilles du cœur. Ils boucherent celles du corps , & coururent aux pierres.* Sainct Auguſtin ſur le Pſeaume 57.

Voilà vne Grace qui touche en quelque façon le cœur, & qui en eſt neantmoins rejettée par les Iuifs qui ſe rendirent ſourds , encore qu'ils ne le fuſſent pas. La comparaiſon priſe de la ſurdité, dont ſe ſert icy Sainct Auguſtin , me donne lieu d'expliquer nettement les rapors de la Grace generale , qui eſt donnée meſme aux Infideles , auec celle qui eſt donnée particulierement aux fideles , & à ceux qui en font vn bon vſage. Dieu parle generalement à tout le monde, comme vn homme qui entretient vne belle compagnie , & qui étend ſa voix par tout. Ceux qui ſont vn peu éloignez, entendent à la verité vne voix confuſe , & non articulée , & ceux qui ſont proche, entendent toutes les paroles fort diſtinctement. Il eſt vray qu'il y a de l'inegalité du coſté des Auditeurs, mais ceux qui ſont éloignez , & qui font meſme ſourds, n'entendant que le ton de la voix , ou ne voyant que le mouuement des levres , ont neantmoins cet auantage, que celuy qui les entretient, leur donne la liberté de s'approcher , & de luy demander l'explication de ſon diſcours, qu'il eſt tout preſt de leur donner. Il

en va de méme, auec quelque proportion, de la Grace
de Dieu. Il est vray que Dieu ne parle pas seulement
au dehors, comme cet homme qui discourt, mais il
parle au cœur de tous les hommes, comme le raporte
Sainct Augustin; & n'est pas à la verité sans quelque
inegalité de plus & de moins de degrez de Graces:
Mais les plus reculez du Christianisme, qui n'entendent pas cette voix confuse, qui se répand par toute la
terre, comme nous l'enseigne S. Paul en l'Epistre aux
Romains apres le Psalmiste, ont du moins la liberté de
prier ce Predicateur interieur, & de luy demander
l'interpretation de ses paroles, qu'ils n'entendent qu'à
demy. Les vns & les autres sont inexcusables, s'ils
ne font pas vn bon vsage des Graces qui leur sont ac-
cordées. Ceux qui sont les plus prez de Dieu, s'en
peuuent éloigner par le peché; Et ceux qui semblent
en estre les plus éloignez, s'en peuuent aprocher par le
moyen de la priere qui ne leur est iamais interdite, &
qu'ils peuuent faire en vertu de la Grace generale du
Mediateur.

In omnem terram exiuit sonus eorum. Rom.x.18. Ps.18.4.

Grace Suffisante pour les Chrestiens charnels.

*N'y a-t'il point de lieu, n'y a-t'il point de temps de
changer vôtre méchante vie? N'est-ce pas dés aujour-
d'huy que vous pouuez faire ce changement, si vous
voulez? N'est-ce pas en ce moment, si vous voulez?
Faut-il faire quelque achat pour cette Conuersion? Faut
il chercher des emplâtres & des medicamens? Faut-il
voguer aux Indes? De Grace au moment que ie parle,
changez de cœur, & ce qu'on vous crie souuent, sera
fait, & qui vous causera vne peine eternelle, si vous
n'en faites rien.* Sainct Augustin en la fin du Pseaume 63.

Numquid consilij corrigendi, & mutandæ malæ vitæ in bonam non est locus? Non est tempus? Nonne si vis, hodie fit, Nonne si vis, modò fit? Quid emturus es vt facias? Quæ emplastra quæsiturus es? Ad quos Indos nauigaturus? Ecce cum loquor, muta cor, & factū est, quod tam sæpe & tamdiu cla-

matur vt fiat , &
quod æternam pœ-
nam parturit, si non
fiat. Aug. in fine.
Psal. 63.

La grace estoit preparée à vn méchant Chrestien,
& à vn charnel, au moment que S. Augustin exhortoit,
& neantmoins il suppose qu'on la pouuoit rejetter &
se damner. Remarquez que ces mots, *si vis, hodie
fit*, Si vous voulez, vous changerez de vie aujour-
d'huy, seroient ridicules à interpreter cette particule,
Si, d'vne grace qui n'est point dans vne prochaine
disposition d'attirer la volonté de l'Auditeur, comme
sans doute celuy-là seroit ridicule, qui exhorteroit vn
enfant de six mois, à faire des Actes surnaturels d'A-
mour de Dieu, & qui luy diroit, Mon amy, si vous
voulez aymer Dieu sur toutes choses, vous le ferez.
Il n'y a rien de plus asseuré, que si l'enfant auoit la volonté d'aymer, il aymeroit, mais parce qu'il n'en peut
point auoir la volonté que par vne grace extraordinaire & miraculeuse, la chose est moralement impossible, puis qu'il ne depend pas de luy d'auoir cette
disposition, & que probablement il n'y a rien en luy
qui le rende capable d'vne capacité prochaine, de faire vn Acte d'amour surnaturel. De mesme si ceux
ausquels Sainct Augustin preschoit, estoient, comme
il le suppose en effet, dans le peché mortel, & s'il est
vray ce que dit Iansenius, que Dieu retire bien souuent sa Grace efficiente & operante du pauure Chrestien charnel, n'est-il pas absurde de crier à ses oreilles,
que s'il veut au moment qu'on luy parle, il se conuertira, supposé qu'il n'ait pas de mouuement du Ciel
pour commancer mesme cette Conuersion ? Comment veut-on qu'vn aueugle voye sans yeux & sans
lumiere ? Comment veut-on que le charnel deuienne
spirituel sans l'esprit de la Grace ? Et vous asseurez,
Messieurs les disciples pretendus de Sainct Augustin,
que ce pauure homme n'a pas la Grace efficace, comment donc luy pouuez-vous dire que s'il veut, il se

conuertira

conuertira dans le moment que vous parlez? Effacez, effacez ce beau paſſage du nombre de tant d'autres, que ce Genie de la Grace a couché dans l'explication des Pſeaumes, où auoüez franchement apres luy qu'on ſe peut conuertir, ſi on veut, au moment qu'on entend vne Predication, non par vn, *ſi*, ridicule en faiſant des hypotheſes abſurdes, mais par vn, *ſi*, facile, proche, & qui ne depend que de nous. I'ay expliqué ailleurs comment cette dependance ne donne donne rien aux Pelagiens, ni aux Semipel.

Dauantage, ces Meſſieurs qui expliquent ces paroles du Concile de Trente en la Seſſion 6. au Canon 4. *Liberum hominis arbitrium à Deo motum & excitatũ poſſe diſſentire, ſi, velit*; *Que le Libre Arbitre eſtant excité par la Grace de Dieu, peut refuſer ſon conſentement, s'il veut*, d'vne diſpoſition eloignée, & qui eſt bien differente de celle en laquelle eſt le Libre Arbitre, eſtant ſous les mouuemens de la Grace, ne prennent pas garde que ce Canon du Concile a eſté pointé contre Caluin; lequel certes n'a pas eſté ſi impertinent que de dire qu'vn homme, qui eſt aujourd'huy excité par vne inſpiration Diuine, tres efficace, ne puiſſe eſtre demain ſous le joug importun, & ſous la domination tyrannique de ſa concupiſcence : & partant ſi c'eſt aſſez pour eſtre Catholique en ce point de receuoir l'alternatiue de ces diſpoſitions, qui attachent & qui determinent la volonté, aſſeurement Caluin l'a eſté, & le Concile de Trente a eu tort de faire le Canon de la ſorte, puis qu'il eſt inutile. Il faut donc que ce Canon ait vn autre ſens, afin qu'il ſoit directement oppoſé au ſentiment de Caluin : ſçauoir ; *Que le Libre Arbitre peut reſiſter aux mouuemens de la Grace, & faire le contraire de ce qu'elle pretend.*

H

Grace suffisante pour les Spirituels.

Iacta in Dominum curam tuam, & spera in eum, & ipse faciet. Quid tibi curaturus est ? Quid tibi prouisurus ? Habet tui curâ qui fecit te. Qui habuit tui curâ antequâ esses, quomodo non habebit curâ, cum iam hoc es quod voluit vt esses? Iam enim fidelis es, iam ambulas in via iustitiæ. Curam tui non habebit qui facit Solem suum oriri super bonos & malos, & pluit super iustos & iniustos ? Te iam iustum & ex fide viuentem negliget, deseret, dimittet? Imò verò & hic fouet, & hic adiuuat, & hic necessaria subministrat, & noxia resecat. Dando consolatur vt permaneas, auferendo corripit, ne pereas. Dominus curam habet tui, securus esto. Ille protegit, qui te fecit. Aug. in Psal. 39.

10. *Abandonnez-luy tous vos soins, & esperez en luy, & il fera. Que vous procurera-t'il? Celuy qui vous a fait, a soin de vous. Celuy qui a eu soin de vous auant que vous fussiez, comment n'en aura-t'il pas à present que vous estes ce qu'il a voulu que vous fussiez ? Maintenant vous estes fidele.* MAINTENANT VOVS CHEMINEZ EN LA VOYE DE LA IVSTICE. *il n'aura pas soin de vous, puis qu'il fait leuer le Soleil sur les bons & sur les méchans, & il fait pleuuoir sur les justes, & sur les injustes ? Vous laissera-t'il?* VOVS ABANDONNERA-T'IL A PRESENT PENDANT QVE VOVS ESTES JVSTE ET QVE VOVS VIVEZ EN LA FOY? *Au contraire il vous protege, il vous ayde, il vous fournit les choses necessaires, & il retranche celles qui nuisent : En donnant il console, afin que vous perseueriez ; en ostant il vous corrige, afin que vous ne perissiez point. Le Seigneur a soin de vous.* VIVEZ EN ASSEVRANCE. *Il vous protege, puis qu'il vous a creé.* Sainct Augustin sur le Pseaume 39.

C'est vne belle consolation pour toutes les bonnes ames, qui tomberoient dans le desespoir, si elles s'imaginoient auec Iansenius, que Dieu, bien loin d'auoir le soin de quelques justes & spirituels, les abandonne souuent le premier, en retirant ses Graces actuelles. Combien d'esprits foibles, quoy que craignans Dieu, viuroient dans l'inquietude, s'ils croyoient estre de ce nombre? Combien y en auroit il, si on suiuoit les Principes pernicieux de cette nouuelle Doctrine?

Autre Opposition de l'Augustin d'Hyppone,

A la Proposition scandaleuse de l'Augustin d'Ipre.

11. *Lors que le Medecin a guery vn homme comme luy, il le laisse en la garde & en la protection de Dieu, afin qu'il luy procure les alimens necessaires à la conseruation de la santé, puisque c'est luy qui les donne à ceux qui se portent bien, comme c'est luy qui fournissoit les medicamens necessaires à la guerison du malade : car le Medecin ne crée point les drogues, dont il se sert pour guerir : mais il les prend du nombre des ouurages de celuy qui crée tout ce qui est necessaire aux malades, & à ceux qui sont en santé. Mais lors que Dieu guerit spirituelement le malade par le Mediateur* IESVS-CHRIST, *ou lors qu'il resuscite vn mort, c'est à dire lors qu'il iustifie l'impie l'ayant mis en parfaite santé, c'est à dire en la parfaite Iustice,* IL NE L'ABANDONNE POINT, S'IL N'EST ABANDONNÉ, *afin qu'il viue* TOVJOVRS *dans la Pieté & dans la Iustice : car comme l'œil ne peut voir, s'il n'est aydé par la lumiere : de mesme* L'HOMME, QVI EST PARFAITEMENT IVSTIFIE', *ne peut pas bien viure, s'il n'est secouru de la lumiere de la Iustice.* DIEV DONC DONNE LA GVERISON NON SEVLEMENT POVR EFFACER LES PECHEZ PASSEZ, MAIS INCORE POVR FAIRE QVE NOVS NE PECHIONS PLVS. Sainct Augustin au Liure de la Nature & de la Grace, au Chapitre XXVI.

Dieu n'agit pas à l'endroit des iustes, comme le veulent faire à croire ces personnes qui nous introduisent vne Loy de rigueur auec des tonnerres, des éclairs, & des foudres ; au contraire bien loin de retirer ses

Medicus homo cum sanauerit hominem iam de cetero sustétandum clemétis & alimentis corporalibus, vi eadem sanitas apto subsidio cōualescat atque persistat, Deo dimittit qui præbet ista in carne viuentibus, cuius erant etiam illa quæ dum curaret, adhibebat ; nō enim quenquam Medicus ex his rebus quas ipse creauerit, sanat, sed ex illius operibus qui creat omnia necessaria sanis atque vitiosis. Ipse autem Deus cum per Mediatorem Dei & hominum I. C. spiritualiter sanat ægrum, vel viuificat mortuum, id est iustificat impium, & cum ad perfectam sanitatem, hoc est ad perfectam vitam iustitiamque perduxerit, non deserit, si non deseratur, vt piè semper iustéque viuatur. Sicut enim oculus corporis, etiã plenissimè sanus, nisi candore lucis adiutus nō potest cernere, sic etiam homo

Graces & secours actuels d'vne personne juste, il luy donne de nouuelles forces pour l'empescher de tomber. *Vt præstet etiam ne peccemus.* Cette seule Proposition de Sainct Augustin ruine & abbat sans resource cette puissante machine du Liure de Iansenius, & de tous les libelles de ses Disciples.

Remarquez cependant que de tous les Passages que Monsieur Arnauld a citez en sa seconde Lettre, soit de Sainct Augustin, soit de Sainct Iean Chrysostome, soit de la Decretale de Sainct Celestin Pape, il n'y en a pas vn qui die que Dieu abandonne LE PREMIER, ET ENTIEREMENT, vn homme juste & spirituel, & c'est ce que les Peres alleguez par ce Docteur, deuroient dire, pour faire quelque chose contre le Pere Annat, & contre tous ceux qui tiennent la Grace vniuerselle & suffisante. Car que veulent dire ces mots, que Monsieur Arnauld cite de S. Augustin, *B. Petrum PAVLVLVM DOMINVS SVBDESERVIT?* Ne signifient-ils pas que Nôtre Seigneur a fort peu, ou tres-peu laissé Sainct Pierre? Ces deux mots, *Paululum,* & *subdeseruit,* ne nous aprennent-ils pas manifestement que Nôtre Seigneur n'abandonne iamais entierement ses amis? Et c'est ce que le mesme Sainct Augustin enseigne clairement au Liure de la Nature, & de la Grace. *On ne dit pas à l'homme,* ce sont ses propres termes, *il est necessaire de pecher, de peur que vous ne pechiez point, mais on luy dit, Que Dieu laisse* QVELQVE PEV L'HOMME, *d'où vient que vous auez de la vanité? Afin que vous sçachiez que tout le bien vient de luy, & non pas de vous-mesme, & que vous apreniez à n'estre point superbe.* Ce mot, *ALIQVANTVM,* qui signifie, *vn peu, quelque peu,* nous aprend que Dieu ne retire iamais ses Graces entierement de ses amis, mais qu'il en donne quelque fois.

fois ſi peu, qu'il ſemble les abandonner, quoy qu'il
leur en donne toûjours de ſuffiſantes. Notez qu'il n'a
pas dit, *aliquandiu*, comme ſi Dieu retiroit toutes les
Graces quelquefois pour vn temps, meſme de ſes fa-
uoris, mais il a dit *aliquantùm*, qui veut dire que
Dieu leur en laiſſe toûjours quelque peu. Ie dis bien
dauantage, que Sainct Auguſtin écriuant ſur les
Pſeaumes, c'eſt à dire eſtant déja Eueſque, & tres-
bien inſtruit en toutes les matieres de la Grace, nous
aſſure que Dieu n'abandonne jamais entierement
ceux-là meſme qui ſont les plus aueuglez & endurcis.
L'aueuglement de l'eſprit eſt tel, dit-il, *que celuy, qui
y eſt abandonné, eſt priué de la lumiere interieure,
mais ce n'eſt point* ENTIEREMENT PENDANT QV'IL
EST ENCORE EN CETTE VIE. Ne voylà pas des
paroles expreſſes, qui enſeignent que Dieu n'abandonne point entierement ſes propres ennemis les
plus obſtinez & les plus aueugles? Comment eſt-ce
donc qu'il abandonneroit ſes meilleurs amis, puis
qu'il ne delaiſſe point ſes plus cruels ennemis? Celuy
qui donne des Graces & des lumieres interieures aux
méchans, les retirera des Saints & des Apôtres? Celuy qui eſt ſi liberal enuers Iudas & Caïn, ſera chiche
& auare à l'endroit de Sainct Pierre, le Chef de ſon
Egliſe? Il ne faut donc pas s'imaginer que Dieu ait
retiré toutes ſes Graces du Chef de ſes Apôtres, lors
qu'il a permis qu'il tõbaſt dans la foibleſſe que tout le
monde ſçait : il retira veritablement ſes Graces emi-
nentes & extraordinaires, mais il luy en laiſſa toûjours
de mediocres & de ſuffiſantes, & cette ſoûtraction des
Graces abondantes fut faite, afin de luy faire connoître qu'il auoit eu tort de promettre auec quelque
ſorte de preſomption, ce qu'il ne pouuoit accomplir
que par vne Grace extraordinaire, qui eſtoit de ſuiure IESVS-CHRIST iuſqu'à la mort.

Ea eſt cæcitas men-
tis, in eam quiſquis
datus fuerit, ab in-
teriore Dei luce ſe-
cluditur, ſed NON-
DVM PENITVS
cum in hac vita eſt.
Aug. in Pſal. 6.

I

En effet, Sainct Iean Chryfoftome, dont Monfieur Arnauld fait tant de parade, a bien dit *que cette cheute n'arriua pas à Sainct Pierre pour auoir efté froid.* Qui en doute? Puifque c'eft au contraire, pour auoir efté trop chaud & trop prefomptueux : mais ni Sainct Iean Chryfoftome, ni Sainct Auguftin, ni aucun autre Sainct Pere, n'a iamais dit que Dieu abandonne le premier fon Fauori, qui eft l'homme jufte, comme l'a foûtenu Ianfenius, auec vne hardieffe fans exemple, & l'Auteur du Liure qui a pour titre, *De initio piæ voluntatis.* Nous fçauons au contraire, que Sainct Profper, qui en fçait bien pour le moins autant que cet Auteur, & que Monfieur Arnauld, a dit en termes exprés, que *Dieu n'abandonne perfonne à moins qu'il ne foit abandonné luy-mefme PREMIEREMENT.* C'eft vn Difciple de Sainct Auguftin des plus fçauans, & des plus intelligens en toutes les queftions de la Grace, qui dit cecy, & qui le dit aprés fon Maiftre, & pour foûtenir fa Doctrine contre les attaques ingenieufes d'vn homme eloquent & fçauant, qui eftoit Semipelagien. Ie ne croy pas que Monfieur Arnauld, quelque deguifement qu'il aporte, puiffe eluder ce témoignage, en forte que le plus groffier, qui l'aura leu, ne reconnoiffe parfaitement l'artifice de ce Docteur, comme on le reconnoift affez en plufieurs autres fujets.

La Decretale de Sainct Celeftin Pape, ne prouue pas ce que pretend Monfieur Arnauld, & il faut eftre bien peu éclairé pour foûtenir que ce Sainct *a dit manifeftement que cette Grace nous manquoit quelquefois,* lors qu'il dit apres le Pape Innocent I. *Neceffe eft vt quo auxiliante vincimus, eo iterum non adiuuante vincamur.* Si nous n'entendions pas le Latin, Monfieur Arnauld nous en pourroit faire à croire. Mais nous fçauons par la Grace de Dieu, que les termes de

Pag. 252. num. LII.

Priufquam deferatur Deus, neminem deferit. Profper in Refponf. 7. ad object. vincen.

2. Lettre de Monfieur Arnauld, 2. part. art. XIII. pag. 225.

Celestin ne signifient autre chose, sinon *qu'il est ne-*
cessaire que nous soyons vaincus, Dieu ne nous assi-
stant point, ou bien, *si Dieu ne nous assiste point.*
Qui est-ce d'entre nous qui a iamais nié vne verité si
constante? *Comme nous vainquons par son assistance*,
adjoûte Celestin, ou bien *Dieu nous assistant*. Ce qui
ne prouue que la necessité precise d'vne Grace preuenante, sans laquelle nous ne pouuons rien faire:
mais cela ne prouue pas qu'effectiuement la Grace
nous manque quelquefois, du moins entierement:
car i'auouë bien que Dieu ne donne pas toûjours ses
Graces, mesme aux plus grands Saincts, dans le mesme degré, & cette consideration suffit pour obliger
les bonnes ames à demander à Dieu l'augmentation
de ses Graces excitantes.

Les autres passages de Sainct Augustin alleguez
par Monsieur Arnauld, où ce Sainct dit que le Chef
des Apôtres n'a pû suiure IESVS-CHRIST à la mort,
& qu'il auoit plus promis qu'il ne pouuoit executer,
& les autres, qu'il n'a point alleguez, où cet Aigle
des Docteurs montre que l'homme est quelquefois
dans vne telle disposition d'esprit, qu'il n'a des forces
que pour prier, & qu'elles sont encore bien petites,
tous ces passages, dis-je, ne font rien contre nous, qui
soûtenons que Dieu ne donne pas toûjours sa Grace
également, mais qu'il en donne suffisament. De
sorte qu'on peut dire que Sainct Pierre estoit en quelque façon dans l'impuissance d'agir fortement, & ge-
nereusement, comme il se le promettoit, mais qu'il
n'estoit pas absolument dans l'impuissance, de mesme que Sainct Iean nous asseure que celuy qui est né
de Dieu ne peut pecher, c'est à dire que le juste est
tellement charmé par les attraits de l'Amour Diuin,
qu'à peine il peut abandonner celuy qu'il ayme si ten-
drement. Ce n'est pas qu'vn homme de bien ne puisse

2. *Lettre*, *p.* 220.
Secutus est Domi-
num passurū, *Petrus*,
sed tunc non potuit
sequi passurus ....
plus ausus erat quā
eius capacitas susti-
nebat, plus promi-
serat quàm poterat.
Aug. serm. 106. c.1.
de diuersis,

Omnis qui natus
est ex Deo ...... non
potest peccare, 1.
Ioan. 111.

abſolumẽt offenſer Dieu , non entant qu'il eſt en
Grace , & pendant qu'il la conſerue , mais lors qu'il
s'oublie de ſon bien-facteur ſouuerain , & qu'il s'attache à la creature. Par conſequent comme ce ſeroit
renouueler l'erreur de Iouinien, de ſoûtenir que le
Iuſte ne puiſſe point pecher à cauſe de ce paſſage de
Sainct Iean, de meſme c'eſt fauoriſer celle de Caluin,
de ſoûtenir que le Iuſte ſoit quelquefois dans vne impuiſſance abſoluë & prochaine , de prier ou d'agir, à
cauſe de quelque paſſage de Sainct Auguſtin mal
entendu , & qui n'eſt pas plus exprés en faueur de
l'impuiſſance de bien faire , que celuy de Sainct Iean
l'eſt en faueur de l'impuiſſance de faire du mal.

Autre Oppoſition de l'Auguſtin d'Hyppone,

*A la meſme Propoſition de l'Auguſtin d'Ipre , qui
aſſeure que Dieu abandonne le premier l'homme
qui eſt en ſa Grace.*

*12. Voyez comme encore que vous ne vouliez pas
le laiſſer , neantmoins cet Aſtre viſible & materiel ne
laiſſera pas de vous abandonner , eſtant determiné par
la neceſſité de ſa ſeruitude d'eclairer tout le rond de la
terre. Mais lors que N. Seigneur I E S V S-C H R I ST
n'aparoiſſoit point au trauers de la nuë de ſon Corps , il
ne laiſſoit pas de regir toutes choſes par le pouuoir de ſa
ſageſſe. Vôtre Dieu eſt tout en tous les lieux. Si vous
ne le quittez point par le peché , il ne vous cachera
I A M A I S ſa lumiere.* Sainct Auguſtin au Traitté 24.
ſur S. Iean.

Auec quel front pourra-t'on dire deſormais que
Dieu retire le premier ſes Graces & ſes lumieres, des
personnes

---

perſonnes les plus ſpiritueles, puiſque Sainct Auguſtin proteſte que Dieu fait tout au contraire du Soleil
materiel, qui eſtant determiné par l'impreſſion du
mouuement, qui luy a eſté donné dés le commancement de ſon eſtre, eſt indiſpenſablement attaché à
laiſſer cet hemiſphere, pour répandre ſes rayons à
l'autre qui nous eſt oppoſé, encore que nous voudrions bien ſouuent qu'il demeuraſt plus long-temps
ſur l'apogée qui nous regarde? Mais lé Soleil de Iuſtice
n'abandonne jamais (Notez bien ce mot, I A M A I S,
puiſqu'il eſt de Sainct Auguſtin, & rougiſſez de honte
de luy contredire de gaycté de cœur) Dieu, dis-je,
n'abandonne jamais que ceux qui l'abandonnent les
premiers par vn peché grief & enorme. C'eſt donc à
dire que Dieu communique ſes Graces particulieres
& actueles, à ſes amis & à ceux qui luy ſont vnis par
la charité, & par la ſainteté, & qu'il les pouſſe toûjours
à croître de vertu en vertu, comme l'aube du jour à la
parfaite clarté du midy, bien eloigné de la perfidie de
ces faux amis qui abandonnent au beſoin ceux auſ-
quels ils font des proteſtations de ſeruice.

tout ce que Mr.
Arnauld dit en la
page 225. art XIII.
part. 2. de ſa ſecon-
de Lettre.

Autre Oppoſition de l'Auguſtin d'Hyppone,

A la meſme Propoſition de l'Auguſtin d'Ipre.

*13. Il faut que vous ne quittiez pas celuy qui ne ſe
retire nulle part. Il faut que vous ne le delaiſsiez pas,
& il ne vous abandonnera point. Ne tombez point par
le peché, & il ne ſe cachera pas à vôtre égard. Si
vous tombez, il ſe cachera. Mais ſi V O V S P E R-
S I S T E Z , I L E S T A V P R E Z D E
V O V S.* Sainct Auguſtin au Traitté premier, ſur
Sainct Iean.

Opus eſt vt tu non
recedas ab eo qui
nuſquam recedit.
Opus eſt vt tu non
deſeras, & non de-
ſereris, noli cadere,
& non tibi occidet.
Si tu feceris caſum,
ille tibi facit occa-
ſum. Si autê tu ſtas,
ille tibi præſens eſt.
Aug. Tra. 1. in Ioan.

K

Autre Opposition de l'Augustin d'Hyppone,

A la mesme Proposition de l'Augustin d'Ipre.

Dicatur homini in afflictione aliqua constituto, est quidam homo magnus per quem possis liberari ; arridet, gaudet, erigitur. Quod si dicatur illi, liberat te Deus, quasi desperatione frigescis, promittitur auxilium mortalis, & gaudes ; promittitur immortalis, & tristis es ? Promittitur tibi quod liberet te tecum liberādus, & tanquam aliquo magno auxilio exultas ? Promittitur ille liberator qui liberatore non indiget, & quasi ad fabellā desperas ? Væ talibus cogitationibus, longe peregrinantur, verè misera & magna mors est in eis. Aptopinqua , incipe desiderare , & agnoscere eum à quo factus es, non enim deseret opus suum, si ab opere suo non deseratur. Aug. in Psal. 145.

14. *Qu'on die à vn homme fort affligé. Il y a vn Grand Seigneur qui vous peut deliurer, il soûrit, il se réjouit, il espere. Que si on luy dit, Dieu vous deliure, le voylà tout dans le desespoir. On vous promet le secours d'vn homme mortel, & vous estes ioyeux ; On vous promet le secours de l'immortel, & vous voylà tout dans la tristesse? On vous fait esperer que celuy qui a, aussi-bien que vous, besoin d'estre deliuré, songe à vôtre deliurance, & vous tressaillez, comme si c'estoit vn grand secours. On vous promet le Liberateur qui n'a pas besoin d'autre secours, & vous entrez en desespoir, comme si c'estoit vne fable? Malheur à cette sorte de pensées ! Elles vont bien loin ; elles sont la cause de grandes miseres, & de la mort mesme. Aprochez-vous, commancez de desirer, & de connoître vôtre Createur.* Il n'abandonnera pas son Ovvrage, s'il n'en est abandonné'. Sainct Augustin sur le Pseaume 145.

Ie croy qu'vn Ianseniste seroit bien empesché de consoler vn de ses confreres qui seroit trauaillé des tentations de desespoir, s'imaginant estre du nombre des reprouuez absolument. Comment s'y prendroit ce pauure consolateur, qui tient pour asseuré que Dieu retire le premier ses Graces victorieuses de ses meilleurs amys, & que ceux, qui ne sont pas du nombre des predestinez, tombent enfin dans le precipice ; quelque sainteté qu'ils ayent pour vn temps ? De quel biays se seruiroit ce bon disciple de Iansenius pour releuer le courage de son pauure confrere abbatu? Ie suis priué de cette Grace triomphante qui ne se donne pas à tous, dira ce pauure tenté, & ie suis du nombre des reprouuez, vous perdez vôtre peine, retirez-vous d'icy, puisque Dieu m'a abandonné, vous n'y auez plus que faire. Si au contraire ce pauure miserable a quelque respect pour les veritables sentimens de Sainct Augustin, on n'a qu'à luy representer ce qu'il nous vient d'aprendre, & ie m'asseure que s'il a tant-soit-peu de raison, il quittera soudain le sentiment de Iansenius auec le desespoir. Voyez le passage qui suit, qui sert aussi à ce mesme propos.

Autre Opposition de l'Augustin d'Hyppone,

A la mesme Proposition de l'Augustin d'Ipre.

15. *Il ne faut pas entretenir vn malade d'vne vaine esperance, ni l'abbattre aussi par la terreur. Dites-luy, preparez vôtre ame à la tentation. Mais peut-estre qu'il commance de choir, de trembler, & de ne point vouloir s'aprocher. Vous auez vn autre expedient. Dieu est fidele, il ne vous laissera pas tenter par dessus vos forces.* Sainct Augustin au Liure des Pasteurs, au Chapitre 5.

Voylà les belles paroles que Sainct Paul, & Sainct Augustin mettront en la bouche d'vn consolateur, qui est dans les sentimens communs de l'Eglise. Et il n'y a point d'homme si abismé dans la tentation de desespoir, qui ne se laisse gaigner à ces paroles, & qui ne sente son courage releué, s'il a tant-soit-peu de raison.

Sainct Augustin poursuit au mesme endroit la mesme methode de consoler vne personne tentée. *Vous n'oyez pas cecy de ma part,* dit-il, *l'Apôtre dit, Dieu est*

Ne in futuris tentationibus deficiat infirmus, nec falsa spe decipiendus est, nec terrore frangendus. Dic ei, præpara animam tuam ad tentationem. Sed fortè incipit labi, contremiscere, nolle accedere, habes aliud, Fidelis Deus qui nō sinit vos tentari supra id quod potestis. l. de Pastor c.5.

Non hoc à me audis, Apostolus dicit, Fidelis Deus, &c. qui etiam dicit, An vultis experimétum eius accipere qui in me loquitur Christus? Hæc ergo cum audis ab ipso Christo, audis & ab ipso

Paſtore qui paſcit Iſraël; illi enim dictum eſt Potabis eos in lacrymis in menſura. Quod enim ait Apoſtolus, non ſinit vos tentari ſupra id quàm poteſtis ferre, hoc ait Propheta, in menſura. Tantùm tu noli dimittere corripientem & hortátem, terrentem & conſolantem, percutienté & ſanantem. Aug. ibid.

★ *Dieu eſt fidele, il ne permettra pas que vous ſoyez tenté par deſſus vos forces.* 1.Cor. X.13.Pſ.LXXIX.6.

fidele, &c. *Il dit auſsi, Voulez-vous aprendre de celuy qui parle par moy, ſçauoir de I E S V S - C H R I S T. Donc lors que vous entendez cecy, vous l'entendez de la part du Paſteur qui fait paître Iſraël : car il luy a eſté dit, vous les ferez boire des larmes par meſure. Ce que l'Apôtre dit qu'il ne nous laiſſe pas tenter par deſſus nos forces, le Prophete dit, par meſure. Prenez garde ſeulement de ne pas abandonner celuy qui vous corrige, qui vous exhorte, qui vous épouuante, qui vous conſole, qui vous frape, & qui vous guerit.* Sainct Auguſtin au Liure des Paſteurs au Chap. 5.

Ie laiſſe à juger à toutes les perſonnes de bon ſens & des-intereſſées, ſi nous deuons ſuiure l'Auguſtin d'I-pre, lors qu'il dit que Dieu retire ſes Graces actuelles, & le ſecours neceſſaire pour agir vertueuſement de ſes meilleurs amis, quand il eſt queſtion d'obeïr à quel-que commandement, ou bien l'Auguſtin d'Hyppone qui nous aſſeure ſi ſouuent que Dieu eſt à nos côtez, qui nous ſollicite toûjours à bien faire, qu'il ne nous quitte iamais le premier, & qu'il ne permet pas que nous ſoyons tentez par deſſus nos forces, ſelon les pa-roles de l'Apôtre, en la premiere aux Corinthiens, au Chap. X. Si toutes les Graces de I E S V S - C H R I S T ſont efficaces, ou efficientes, il faut de neceſſité ou que Dieu ne les donne pas lors que nous ſuccombons à la tentation, & que par conſequent nous ſoyons tentez par deſſus nos forces, contre le ſentiment de l'Apôtre, & de Sainct Auguſtin, ou que peut-eſtre nous ſoyons toûjours victorieux de la tentation, en vn mot que nous ne pechions iamais, ou enfin qu'ayát des forces pour vaincre par le moyen de la Grace ſuf-fiſante, nous manquions à la Grace, bien que la Gra-ce ne nous manque point. Si nous affirmons la pre-miere propoſition, nous ſommes les ennemis iurez de Sainct Auguſtin, bien loin d'en eſtre les diſciples,

puis

puis qu'il nous contredit en tant d'endroits. Si nous soûtenons la seconde, nous sommes Pelagiens, puis qu'ils auoient l'arrogance de dire qu'ils viuoient sans peché. Il faut donc auoüer la derniere auec Sainct Augustin, & auec toute l'Eglise.

Proposition de l'Augustin d'Ipre.

16. *Quiconque tâche de reconnoître dans les hommes infirmes d'autres Graces suffisantes lesquelles ils puissent abandonner, s'ils veulent, & les garder, s'ils veulent, & auec lesquelles ils agissent, s'ils veulent, ne fait qu'oster par imprudence le venin du peché originel, & persuader que les forces du Libre Arbre sont encore toutes entieres, & que IESVS-CHRIST est venu, & a souffert la mort inutilement.* Ianf. tom. 2. l. 2. De la Grace du Sauueur au Chap. 27.

Opposition de l'Augustin d'Hyppone.

Vous auez aimé la malice au lieu de la bonté. Vous auiez la bonté deuant vous, Vous la deuiez aimer, car il n'estoit pas besoin de rien donner, ou d'entreprendre vn long voyage par mer. La bonté est deuant vous, la malice est deuant vous. COMPAREZ L'VNE AVEC L'AVTRE, ET FAITES LE CHOIS. Mais peut estre que vous auez vn œil pour voir la malice, & vous n'en auez pas pour voir la bonté. Malheur au cœur iniuste! Il se détourne par malice pour ne voir pas ce qu'il peut voir. Qu'est-ce qui est écrit en vn autre endroit de cette forte de personnes? Il n'a pas voulu entendre pour bien faire. En effet, il n'est pas dit QV'IL N'A PAS EV LE POVVOIR, MAIS QV'IL N'A PAS EV LA VOLONTÉ D'ENTENDRE POVR BIEN FAIRE. IL A FERMÉ LES YEVX A LA

Quisquis iam alia diuinæ gratiæ adiutoria infirmis hominibus afferre nititur, quæ deferat si velint, & in quibus permaneant si velint, cum quibus tanquam sufficientibus operentur si velint, nihil aliud imprudens facit, nisi vt originalis peccati virus euacuet, illæsas liberi arbitrii vires esse, Christū frustra venisse & gratis mortuū esse persuadeat. Ianf. l. 2. de gr. Sal. c. 27.

Dilexisti malitiam super benignitatem. Ante te erat benignitas, ipsam diligeres non enim aliquid eras erogaturus, aut quod diligeres de longinqua nauigatione allaturus eras. Benignitas ante te, iniquitas ante te, compara & elige. Sed forte habes oculum quo videas iniquitatem, & non habes oculum quo videas benignitatem. Væ iniquo cordi! Quod peius, est auertit se ne videat quod videre potest. Quid enim de talibus alio loco dictum est? Noluit intelligere vt bene ageret; clausit oculos à luce præsenti. Aug. in Psal. 51.

Mox in hac verba eiusdem Psal. Iniquitatem magis quam loqui equitaté. Ante te est æquitas. Ante te est iniquitas. Vnam linguam habes, quò vis eam vertis Quare ergo potiùs ad iniquitatem, & non ad æquitaté? Cibos amaritudinis non das ventri tuo, & cibos iniquitatis das linguæ tuæ malignæ? Sicut eligis quo vescaris, fic elige quod loquaris.

Nullū adjutorium gratiæ cuius vsus ita ponitur in arbitrio volūtatis, vt illo vtatur, aut non vtatur, vt illud amplectatur aut deserat, vt illi consentiat, aut non consentiat fi voluerit, quantumuis fine illo non velit aut velle non possit, &c. ad medicinale adjutorium Christi vllo modo potest pertinere. Iansl.l.2.de gr. Chr. c.5.

LVMIERE QVI LVY ESTOIT PRESENTE. Et le mesme Saint dit en suite sur ces paroles. *Vous auez mieux aimé l'iniquité que la parole de justice. Vous auez deuant vous la justice, & l'injustice, dit-il, Vous n'auez qu'vne langue, vous la tournez où il vous plaist. Pourquoy donc la tournez-vous du costé de l'iniustice, & non du costé de la iustice? Vous ne donnez pas à vôtre estomac les viandes ameres, & vous donnez à voftre langue malicieufe des viandes pleines d'iniquité. Comme vous choififfez la viande que vous voulez manger, de mefme choififfez les paroles que vous voulez prononcer.* Sainct Augustin sur le Pseaume 51.

Il n'est pas necessaire que ie donne icy mes Reflexions sur ces deux excellens Passages. Ie veux laisser la liberté toute entiere au Lecteur de tirer consequence qui suit sans doute naturellement de ces belles paroles. Ie m'asseure que ce Soleil d'Afrique dissipera tous les nuages dont on a voulu couurir depuis quelque temps la veritable grace de IESVS CHRIST, qui est toûjours presente à nos esprits, lors qu'il faut agir pour le Ciel, mais nous fermons les yeux à cette lumiere éclatante.

Proposition de l'Augustin d'Ipre.

17. Aucune Grace dont l'vsage depend tellement de la volonté qu'elle l'embrasse, ou la delaisse, qu'elle luy donne ou luy refuse fon confentement, encore qu'elle ne puiffe rien vouloir fans elle, n'apartient en façon quelconque à la Grace medicinale de I E S V S-C H R I S T. Ianfenius Liure 2. De la Grace du Sauueur au Chapitre 5.

Oppoſition de l'Auguſtin d'Hyppone.

Il faut faire cette reflexion qu'on n'a point fermé la porte de la penitence, ni d'vn entier amendement aux Iuifs, dont le blaſpheme a eſté repris par Nôtre Seigneur, d'où vient qu'il leur dit en cette reprimende. Ou faites que l'arbre ſoit bon auec ſon fruit, ou bien faites que l'arbre & le fruit ſoient mauuais. Et certes on ne leur diroit pas cela auec quelque raiſon, s'il eſtoit hors de leur pouuoir à cauſe de ce blaſpheme, de ſe corriger & de faire penitence, & on leur parleroit en vain, s'ils ne pouuoient point quitter leur peché. Il eſt hors de doute que Sainct Auguſtin parle là des Iuifs reprouuez, comme on le recueille manifeſtement de ce qu'il dit en ſuite, *Que Nôtre Seigneur IESVS a apellé les Iuifs par cette menace, pour leur donner la Grace & la Paix, apres auoir receu la Foy, mais qu'il ne pouuoit pardonner, ni en ce monde ni en l'autre,* CEVX QVI RESISTEROIENT A LA GRACE ET A LA PAIX, ET QVI PERSISTEROIENT DANS LEVRS PECHEZ, ET DANS LEVR OBSTINATION. Sainct Auguſtin en l'expoſition de l'Epiſtre aux Romains.

Ie remarque 1. que c'eſt IESVS-CHRIST meſme qui apelle ces Iuifs, donc c'eſt par ſa Grace medicinale & interieure, puis qu'elle leur eſt donnée, afin qu'ils ſe corrigent & faſſent penitence. 2. Que ie ſçay il y a long-temps, que les diſciples de Ianſenius ont coûtume de dire, ſuiuant l'exemple de leur Maître, que Sainct Auguſtin faiſant l'expoſition de l'Epiſtre aux Romains, n'eſtoit pas encore éclairé dans les matieres de la Grace, & qu'il eſtoit meſme dans l'erreur des Semipelagiens, qui tenoient qu'on pouuoit demander & prier par les ſeules forces de la nature, mais

Hinc licet aduertere etiam ipſis Iudæis quorum blaſphemiam Dominus arguit, non fuiſſe clauſum corrigendi ſe & pœnitendi locum, quod idem Dominus in ea ipſa reprehenſione ait illis, aut facite arborem bonam & fructum ejus bonum, aut facie arborem malam & fructum eius malum. Quod vtique nulla ratione diceretur eis ſi propter illam blaſphemiam iam commutare animum in melius, & recte factorum fructus generare non poſſent, aut fruſtra etiã ſine peccati ſui dimiſſione generarent. *Mox:* Dominum, *ait,* leſum Chriſtum per illam comminationem vocaſſe Iudæos vt eis in ſe credentibus gratiam pacemque donaret, & huic gratiæ pacique...... reſiſtentibus, & in peccatis ſuis deſperata & impia obſtinatione perſeuerantibus, &c. neque in hoc ſeculo, neque in futuro veniam poſſe concedere. Aug. in expoſit. Ep. ad Rom.

qu'on ne pouuoit obeïr effectiuement à aucun commandement, que par vne Grace furnaturelle. Mais ces Meſſieurs me permettront de leur dire que par la maxime de leur Maître Ianſenius, Sainct Auguſtin n'ayant rien retracté ou dés-auoüé de ce qu'il auoit écrit, répondant à la feconde queſtion de Simplicien; Par conseqvent, dit-il, Il a approvve' tovt ce qv'il y a avancé tovchant la Grace. Donc par la rencontre de la meſme raiſon, puiſque ce Pere n'a iamais dés-auoüé ce qu'il auoit déja dit par ces paroles de l'expoſition de l'Epiſtre aux Romains, il faut conclure qu'il l'a confirmé. Et cette Réponſe ſert de conuiction & de juſte defenſe, à tous les Paſſages que nous alleguons de ce Pere en faueur de la Grace generale, qu'il n'a iamais retractez. Et nous-nous en ſeruirons bien-tôt pour vn paſſage qui eſt de ce méme Liure à Simplicien, afin que l'application de ce Principe en ſoit plus preciſe.

Ie remarque en troiſiéme lieu que Ianſenius,& tous ceux de ſon party, ſoûtiennent que Dieu donne à la verité des Inſpirations, & des Graces ſuffiſantes, actuelles ou habituelles,generalement à tous les hommes, mais que Iesvs-Christ n'en eſt pas l'auteur ou le diſtributeur; ce qui eſt vn outrage des plus honteux dont on puiſſe flétrir la belle qualité du Sauueur de tous les hommes en particulier, qui luy apartient par vne proprieté qui eſt inſeparable de ſa perſonne. Eſt-ce qu'ils auront la hardieſſe de dire que la ſainteté ou la grace ſanctifiante, & ce qui n'eſt donné que pour le ſalut, comme ſont ces Graces generales, ne découlent point des merites & des playes de Iesvs-Christ, comme d'vne ſource viue? Qu'ils ſe ſouuiennent de ce que dit Sainct Pierre, qu'on ne peut obtenir le ſalut que par ſon moyen,& qu'il n'y point d'autre nom ſoûs le Ciel donné aux hommes,que celuy de IesvsChrist,

qui

Nihil omnino quod ſciam, ex iſta quæſtione ſcil. 2. ad Simplic, retractauit, ac PROINDE quidquid in ea de Gratia Chriſti docuit, verum eſſe confeſſus eſt. Ianſ. l.2. de Gra. Chr. Sal. c. 32.

Ianſ. l.2. de Grat. Chr. Sal. c.5. B.col. 3. Vide & cap. xx. ciuſdem libri, & cap. xxi. xxii &c vſque ad xxviii. lib.5. de hær. Pel.

Voyez les propres termes de Ianſenius, vn peu plus bas, ſçauoir au ch. VIII.

qui veut dire Sauueur, par lequel nous puissions estre sauuez. *Non est in aliquo alio salus, nec enim aliud nomen est sub Cœlo datum hominibus in quo oporteat nos saluos fieri.* C'est donc vn abus de dire que les Infideles ont des graces qui répondent à celle d'Adam pendant qu'il estoit encore dans l'estat d'innocence : mais qui ne seruent de rien pour le salut : puisque Sainct Agustin nous apprend le contraire par tant de beaux Passages, & particulierement par ces dernieres paroles, qui nous asseurent que les Iuifs ont pû se corriger & faire penitence : ce qui ne se peut faire sans vne Grace medicinale de IESVS-CHRIST.

Act. IV. 12.

Autre Opposition de l'Augustin d'Hyppone.

Les œuures de Dieu ne sont pas de telle nature que la creature, qui a son Libre Arbitre, puisse surmonter la volonté du Createur. Dieu ne veut pas que vous pechiez, puis qu'il vous le defend, toutefois si vous pechez, ne pensez pas que l'homme ait agi comme il a voulu, & qu'il soit arriué quelque chose contre ce que Dieu a voulu : car comme il veut que l'homme ne peche point, de mesme il veut pardonner au pecheur, afin qu'il se conuertisse, & qu'il viue; Il veut aussi finalement punir celuy qui perseuere dans le peché, afin qu'il n'échape point par contumace à sa Iustice. De mesme le Tout-puissant ne manquera point de moyens de faire sa volonté de vous, quoy que vous choisissiez. Sainct Augustin sur le Pseaume 110. vers le milieu.

Remarquez. 1. Que le premier dessein de Dieu est de conuertir & de pardonner, & que s'il veut punir, ce n'est que, *postremò*, selon Sainct Augustin, c'est à dire par vne intention qui suppose *perseuerantem in peccato*, que l'homme perseuere dans le peché.

Non sic constituta sunt opera Domini vt creatura in Arbitrio Libero constituta Creatoris superet voluntaté, etiam si contra eius faciat voluntatem. Non vult Deus vt pecces, nam prohibet; tamen si peccaueris, non putes hominé fecisse quod voluit, & Deo accidisse quod noluit. Sicut enim vult vt homo non peccet, ita vult peccanti parcere vt reuertatur & viuat; ita vult postremò in peccato perseuerantem punire vt iustitiæ potentiam contumax non euadat. Ita QVIDQVID ELEGERIS, omnipotenti non decrit

Remarquez. 2. Que l'homme a le Libre Arbitre pour CHOISIR ce qu'il voudra, le bien ou le mal, le vice ou la vertu, & par conséquent qu'il a la Grace preuenante & suffisante, qui n'empesche point que l'homme ne puisse & ne fasse souuent contre la volonté de Dieu, & qu'il ne rejette la Grace par son Libre Arbitre.

Autre Opposition de l'Augustin d'Hyppone.

Il n'y a rien d'incurable au Medecin Tout-puissant; il ne renonce à personne. Il faut que vous vouliez estre guery. Il faut que vous ne fuyez pas sa main. Et mesme si vous ne voulez pas estre gucry, il vous auertit afin que vous le soyez. Il vous rapelle lors que vous luy tournez le dos, & il vous contraint en quelque façon par ses attraits, de retourner à luy, lors que vous vous en fuyez. Il accomplit en toutes choses ce qui est écrit, Sa misericorde me preuiendra. Sainct Augustin sur le Pseaume 68.

Puisque Dieu ne renonce à personne, & qu'il preuient par sa Grace, il est visible que cette Grace preuenante n'est pas toûjours suiuie de l'effet qui luy est destiné, & partant que c'est vne Grace purement suffisante.

Autre Opposition de l'Augustin d'Hyppone.

Dieu montre quel est l'excez de son Amour à l'endroit de ceux qui croyent & esperent en luy, & qui s'ayment reciproquement les vns les autres. Et le témoignage de ce qu'il leur garde à l'auenir paroit singulierement en ce qu'il donne en ce monde icy des faueurs si

vnde suam de te cõpleat voluntatem. Aug. in Psal. 110. sub med.

Omnipotenti medico nihil est insanabile, non renuntiat alicui. Opus est vt tu curari velis, opus est vt manus eius non refugias. Sed & si nolis curari vulnus tuum, admonet vt cureris, & aduersum reuocat, & refugiétem quodammodo ad se redire compellit & attrahit. In omnibus implet quod dictum est, Misericordia ei⁹ præueniet me. Aug. in Psal. 68. sub finem.

Quantum diligat credentes & sperantes in se, & illum atque inuicem diligétes, & quid in posterum seruet, hinc maxime ostendit cũ

particulieres AVX INFIDELES ET DESESPEREZ, QVI PERSEVERENT JVSQV'A LA FIN EN LEVR MAVVAISE VOLONTE', *qu'il les menasse de les en-uoyer auec le Demon au feu eternel, & on peut comter entre ses bien-faits signalez, les afflictions exemplaires que ce bon Medecin mesle auec la douceur de la vie presente, & dont il se sert pour auertir ces impies, s'ils y veulent prendre garde, de se mettre à couuert de la colere & du châtiment qui les menace.* S. Augustin en l'Epistre 87.

Le raisonnement de Sainct Augustin est tiré du moins au plus, *à minori ad majus,* c'est à dire des faueurs que Dieu donne aux impies, qui sont moindres, à l'égard des benedictions qu'il verse sur les ames choisies, mais celles-là sont neantmoins si grandes, que les DESESPEREZ en ont suffisament, s'ils veulent prendre garde aux auertissemens que Dieu leur fait, pour se mettre à couuert de la colere de Dieu. Peut-on exprimer auec des termes plus claïrs la Grace suffisante donnée à tous les hommes, & mesme aux Infideles?

Proposition de l'Augustin d'Ipre.

18. *L'estat du Vieux Testament ne donnoit pas aux Iuifs vne Grace suffisante, mais il en donnoit plustôt vne empéchante.* Ians. au l.3. De la Grace du Sauueur, au Chap. 7.

Ce Terme, EMPESCHANTE, dont se sert Iansenius, ne se trouuera ni dans Sainct Augustin, ni dans aucun autre Pere, pour le regard des Graces interieures que Dieu donne surnaturellement pour le salut des hommes. Outre que nous montrerons en nos Reflexions sur l'Epistre aux Romains, que ceux du Vieux Testament, qui estoient les enfans de la Syna-

---

Marginal notes:

INFIDELIBVS ET DESPERATIS, quibus in mala voluntate vsq; in finem perseuerantibus ignem cum diabolo æternū minatur, in hoc tamen seculo bona tanta largitur, inter quæ illud magnum quod exemplis interpositarum tribulationū, quas huius seculi dulcedini tanquam bonus medicus miscet, admonet eos, si attendere velint, fugere ab ira ventura. Epist. 87. Aug.

Status veteris Testamenti non tribuebat Iudæis gratiā sufficientem, sed potiùs impedientem. Ians. l.3. de gr. Chr. c. 7.

gogue, entant qu'elle est opposée à l'Eglise visible de IESVS-CHRIST, depuis la Predication de l'Euangile, ont eu la Grace medecinale, & par consequent vne Grace qui estoit plus que suffisante, bien loin d'estre empéchante. L'exemple manifeste de ce jeun-homme, que IESVS-CHRIST ayma en Sainct Marc Chap. X. vers. 21. à cause qu'il auoit gardé les Commandemens de Dieu, nous donne vne preuue conuainquante de cette verité : car nonobstant l'amour que le Sauueur luy portoit, il ne le voulut point suiure, mais il s'en retourna chez luy tout triste, parce qu'il ne voulut point quitter les richesses qu'il auoit en abondance. Si IESVS-CHRIST l'aymoit, comme il est indubitable, puisque l'Euangile en fait foy, il est constant qu'il estoit en Grace, car l'Amour de IESVS-CHRIST estoit toûjours accompagné de sa Grace, & cependant il estoit encore dans la Synagogue, puisqu'il n'en voulut point sortir par la vente de ses biens, & par les aumônes qu'il falloit donner aux pauures. Donc l'estat du Vieux Testament ne donne pas vne Grace empeschante.

Sainct Augustin nous asseure en plusieurs endroits de ses OEuures qu'il y en auoit *dans la Synagogue, qui seruoient Dieu AVEC PIETE', quoy que ce fût pour l'amour des choses de la terre & des choses presentes…………… & que ces hommes Pieux enuisageoient la chair, c'est à dire, puisqu'ils estoient tous dans les biens temporels, & non dans les spirituels, comme estoient les Prophetes.* Sainct Augustin sur le Pseaume 72.

Ce Passage n'est point contraire, si ce n'est en aparence, à vn autre du mesme Saint, écriuant sur le Pseaume 77. où il dit, *Que ceux qui cherchent Dieu pour l'amour des choses de la terre, recherchent ces biens & non pas Dieu mesme.* Ce qui est tres-vray, si on ne cherche Dieu que pour l'amour des choses de la terre.

IESVS autem intuit⁹ eum dilexit eũ, & dixit ei: vnum tibi deest , vade , vende quæcũq; habes, &c. Qui contristatus in verbo abiit mœrens. Marc. x. 21, 22. &c.

Synagoga, id est, qui Deum colebant, sed tamen propter terrenas res , propter ista præsentia, ……. cum ergo illi PII secandùm carnem attenderent, id est illa Synagoga, quæ erat in bonis , pro temporalib⁹ bonis , non spiritualibus, quales erant ibi Prophetæ, &c. Aug. in Psal. 72.

Qui propter, beneficia terrena Deum quærebant, non vtique Deum, sed illa quærebant, quia eo modo timore seruili

La particule exclusiue met le temperament necessaire à ces deux passages, qui sembleroient d'ailleurs estre opposez. Et le mesme Sainct nous donne cette ouuerture au Liure troisiéme à Boniface, au Chap. I V. où il dit *que tous ceux qui s'attendant seulement aux promesses de la terre que Dieu leur faisoit...... gardoient ses commandemens, se gardoient ou se recherchoient plustôt eux-mesmes.* Ce n'est donc point par caprice ou par inuention d'école, que nous asseurons apres Sainct Augustin, que parmy les Iuifs ceux-là estoient blâmables, qui s'attachoient S E V L E M E N T aux choses de la terre, sans éleuer leur esperance plus haut, quoy qu'ils le pûssent faire, du moins imparfaitement & confusement, & encore qu'ils ne sceussent pas où se raportoit vn si grand nombre de ceremonies, & de signes visibles, toutefois ils se pouuoient rendre agreables à Dieu, l'enuisageant toûjours dans la pratique de ces choses, comme le témoigne Sainct Augustin au Liure troisiéme de la Doctrine Chrestienne, au Chap. v. & vi. *L'ame est reduite à vne si miserable seruitude, que de prendre les signes au lieu des choses, & de ne pouuoir leuer les yeux de l'esprit au dessus des creatures corporelles pour voir la lumiere eternelle. Toutefois cette seruitude du peuple Iuif estoit bien differante de celle des autres Nations, parce qu'il estoit tellement assujety aux choses temporelles qu'il pouuoit loüer Dieu en toutes choses ; & bien qu'il prit les signes des choses spirituelles au lieu des choses mesmes, ne sçachant pas à quoy elles deuoient estre raportées, il auoit neantmoins assez de lumiere interieure dans cette seruitude, pour P L A I R E A V S E V L D I E V D E T O V T E S C H O S E S, quoy qu'il ne fût pas visible aux yeux du corps.*

Nous pouuons faire cette Reflexion sur tous ces passages excellens de Sainct Augustin, qu'il y auoit

N

non liberali dile-
ctione *Deus* coli-
tur. Aug. in Ps̈ 77.

Illi quicumque in veteri Testamento S O L A, quæ ibi Deus pollicetur, terrena promissa sectantes .... Dei præcepta seruabant, imò non seruabant, sed sibi seruare videbantur. Aug. l. 3. ad Bonif. c. iv.

Ea est miserabilis animæ seruitus signa pro rebus accipere, & supra creaturam corpoream oculum mentis ad hauriendum æternum lumen leuare non posse. Aug. l 3. de Doctr. Christ. c, 5. Quę tamen seruitus in Iudęo populo longè à ceterarum gentium more distabat, quandoquidem rebus temporalibus ita subiugati erant, vt vnus eis in omnibus comendaretur Deus : & quanquam signa rerum spiritualiū pro ipsis rebus obserua-

dans la Synagogue trois diuers ordres de personnes assujetties à la Loy. Le premier estoit des Prophetes & des autres grands Saincts, qui ne s'attachoient presque point aux choses de la terre, & qui conuersoient plus souuent auec les Anges qu'auec les hommes. Le second estoit dans l'autre extremité, ne contenant que des personnes charnelles, & qui ne se seruoient de la raison & de la conduite, que pour amasser de grands biens, ou pour viure auec honneur & auec plaisir dans la douceur de la vie. Le troisiéme estoit entre ces deux ordres : Car il y auoit des Iuifs qui n'estoient pas si éleuez que les Prophetes, mais qui n'estoient pas aussi dans le libertinage, & dans l'excez de la débauche, raportant au Dieu d'Israël la pluspart de leurs actions, & quoy qu'ils n'eussent point vne connoissance assez claire de la beatitude eternelle, ils ne laissoient pas de se conduire si bien, qu'ils faisoient leurs efforts pour se rendre agreables au seul Dieu Createur de toutes les choses du monde. Et ceux-cy sans doute n'estoient point à blâmer, quoy qu'en die Iansenius, & toute la nouuelle école, qui a pris l'Augustin d'Ipre au lieu de celuy d'Hyppone, pour les faire passer pour vn mesme Docteur.

Il faut de plus remarquer qu'encore que Iansenius ait eu la hardiesse de dire ouuertement que ceux, qui estoient sous la Loy, n'auoient point de Grace suffisante, mais seulement vne qui estoit empéchante, & qu'il traitte de Pelagiens & de Semipel. ceux qui tiennent cette sorte de Grace suffisante, il ne laisse pas d'auancer vne proposition qui sent le Pelagien ou le Semipel. à pleine bouche ; car comment a-t'il pû dire *que la superbe des Iuifs a esté abbatuë par la Loy, AFIN QVE L'ON CHERCHAST LE SECOVRS DE LA GRACE?* Peut-on rechercher le Medecin, ou la Grace medicinale du Sauueur par le seul secours de la Loy, si elle n'est iamais accompagnée de la Grace, si ce n'est qu'on en excepte vn petit nombre de Saincts, lesquels mesme n'estoient pas sous la Loy, comme le pretend Iansenius? Les Semipelagiens n'ont-ils pas parlé de la sorte, lors qu'ils ont dit que l'on pouuoit prier & chercher le salut par vne lumiere donnée à l'entendement, qui ne vient pas des merites de IESVS-CHRIST? Ne croyoient-ils pas que cette lumiere intellectuelle estoit vne Grace de Dieu, quoy qu'elle ne passât point l'ordre de la Nature? Le Concile d'Orange n'a-t'il pas foudroyé cette erreur? Il ne faut point que l'Apologiste de Monsieur d'Ipre, ou quelque autre de ce party nous accuse d'estre Semipelagiens, à moins qu'il ne purge son Maître & toute la cabale de cette erreur apres vne conuiction si manifeste. Sainct Augustin en est entierement éloigné, puisqu'il suppose que la Grace accompagnoit la Loy. *Celuy qui se sert de la Loy, comme il faut*, dit-il, *aprend en la lisant le bien & le mal, & ne se fiant pas à ses propres forces a recours à la Grace, à ce qu'elle luy fasse éuiter le mal, & faire le bien. Mais qui est-ce qui a recours à la Grace, sinon celuy dont le Seigneur conduit les pas, & qu'il dresse dans le chemin? Or est-il que le desir mesme de la Grace est vne Grace commancée.* Sainct Augustin au Liure de la Correction & de la Grace au Chapitre I. Si ceux qui estoient sous la Loy, pouuoient connoître le bien & le mal, & desirer la Grace par vne Grace commancée, & par les rayons de cette lumiere surnaturelle, qui commançoient d'éclairer leurs entendemens, il n'est pas vray que la Loy fût depourueuë de toute sorte de Grace, comme le veut Iansenius, ou bien si on peut desirer & chercher la Grace sans l'ayde de la Grace, & par le moyen de la Loy, il faudra effacer du nombre des Canons de l'Eglise, ceux que les

Ianf. l. 1. de gr. Chr. Sal. c. xi. vide & c. xvi. & alibi passim.

Ianf. c. 5. lib. 3. de gr. Chr. Sal. *ass. rit* eos qui sub lege positi sunt NVLLVM adjutorium bene viuendi præter legem accepisse, & hoc tribuit Augustino, sed falsò.

Qui legitime LEGE vtitur, discit in ea malum & bonum, & non confidés in virtute sua confugit ad gratiam, qua præstáte declinet à malo & faciat bonum. Quis autem confu. git ad gratiam, nisi non à Domino gressus hominis dirigũtur, & viam eius volet? At per hoc & desiderare auxilium gratiæ, initium gratiæ est. l. de correp. & gr. c. 1.

Conciles d'Orange, & de Trente ont dreſſé ſi ſolennel-
lement pour détruire cette erreur.

Autre Oppoſition de l'Auguſtin d'Hyppone.

Noluit Eſaü, & non cucurrit, ſed & ſi voluiſſet, & Dei adjutorio peruenif-ſet, qui etiam velle & currere vocando præſtaret, niſi voca-tione contemta reus fieret. Aug. l. 1. ad Simpl. q. 2.
Voyez en l'art. 17. le Paſſage de Ianſ. l. 2. De Grat. Chr. Sal. c. 22.

Eſaü n'a point voulu, & il n'a point couru, mais s'il eut voulu, & qu'il eut couru, il fut paruenu auec la Grace de Dieu, qui eut donné auec la vocation le vouloir & le parfaire, s'il ne ſe fût rendu coupable mépriſant la vocation. Sainct Auguſtin au Liure premier à Simpli-cien. q. 2.

Ce Paſſage porte auec ſoy la Grace victorieuſe du Ianſeniſme. Car 1. Nous auons veu vn peu plus haut l'aueu exprés de Ianſenius, qui proteſte que Sainct Augſtin a approuué tout ce qui eſt en cette ſeconde queſtion à Simplicien. 2. On void vne vocation Di-uine faite à Eſaü, qui eſt ſans aucune conteſtation du vieux Teſtament. 3. Vn mépris de cette vocation, & par les termes exprés de Sainct Auguſtin, & par la ve-rité de l'Hiſtoire connuë d'vn chacun. 4. Vn pouuoir d'agir auec la vocation qu'on mépriſe, & vn pouuoir ſurnaturel de courir en la voye de Dieu, & de paruc-nir auec ſa Grace au bout de la courſe qui eſt l'eterni-té. Si cette Grace ne peut eſtre apellée ſuffiſante, en-tant qu'elle donne le pouuoir de viure vertueuſement ſans aucun effet, à cauſe de la reſiſtance de la creature, ie ne ſçay pas comment on doit apeller ce qui ſuffit, ou ce qui eſt ſuffiſant pour agir. Qu'on luy donne tel nom qu'on voudra, pourueu qu'on n'en change point la vraye notion & la parfaite idée. Il ne faut point que Ianſenius nous faſſe à croire que la vocation d'E-ſaü, dont parle Sainct Auguſtin, eſtoit purement ex-terieure, puiſque cette-cy ne ſuffit pas pour courir, & moins encore pour paruenir au bout de la courſe.

Or

Or Sainct Augustin nous aprend que si Esaü eut voulu, il eut couru, donc il n'auoit pas seulement vne grace exterieure, car à moins d'estre Pelagien tout à fait
on ne peut soûtenir que la Grace exterieure soit suffisante toute seule pour faire courir & pour faire paruenir au salut, si ce n'est qu'on ait recours à l'explication
d'vn, *si*, impossible qui est ridicule dans les discours
moraux. Car c'est comme si ie disois que si Esaü eut
voulu, il eut changé l'écuelle de lantilles, que luy don-
na son cadet, en des perdrix ou en des faisans : ce qui
est vray au sens de Iansenius ; parce que s'il eut eu la
Grace de faire des miracles, & s'il eut eu la volonté de
se seruir de cette Grace, il eut fait sans doute cette
metamorphose admirable. Mais on ne parle pas auec
tant de subtilitez, ni auec tant d'hypotheses dans les
discours moraux ; Et il est visible que Sainct Augustin écriuant à Simplicien parle fort simplement &
naïuement, & ne va pas chercher toutes les finesses de
la Metaphysique ; Il se contente de luy dire qu'il n'a
pas tenu à Dieu qu'Esaü ne fût aussi homme de bien
que son frere Iacob, mais qu'il a méprisé la vocation
& la Grace interieure de laquelle son cadet a fait vn
bon vsage. I'espere tant de la Bonté Diuine que si elle
pousse quelqu'vn de nos Aduersaires à lire ces Reflexions, elle l'excitera sans doute à ne plus tenir desormais la verité captiue, & à confesser ouuertement que
le Sauueur du monde a répandu ses Graces à l'endroit
de tous ceux de la Synagogue, & qu'il leur a donné le
moyen suffisant d'entrer dedans son corps mystique
qui est l'Eglise.

Et pour finir ce Chapitre par vn mot de Sainct Augustin, qui efface d'vn traict de plume tout le gros volume de Iansenius,& les Apologies qu'on a faites pour
luy,auec ce qu'en a dit Monsieur Arnauld en sa seconde Lettre. C'est que Sainct Augustin au premier Li-

ure *De Pec. Mer.* au Chapitre dernier, apres auoir demandé comment la chair du peché eft euacuée, s'il m'eft permis d'employer ce terme, puifqu'il eft de Sainct Paul, il adjoûte qu'vn enfant baptizé eftant paruenu à l'vfage de la raifon, a le moyen de vaincre la Concupifcence par le fecours de la Grace, fi ce n'eft qu'il l'ait receuë en vain, & s'il ne veut eftre reprouué, *Eamque, concupifcentiam, adjuuante Deo fuperet fi non in vacuum gratiam eius fufceperit, fi reprobatus effe noluerit.* Et il dit en fuite aprés quelques autres chofes, qu'il arriue que nous nous laiffons aller à des chofes illicites par ignorance ou par infirmité, *Non exertis aduerfus eam,* concupifcentiam, TOTIS VIRIBVS VOLVNTATIS, n'employant pas toutes les forces de nôtre volunté contre la Concupifcence. Il eft donc manifefte que nous auons la force de refifter, & que nous ne nous en feruons pas. Or eft-il que nous n'auons pas cette force de refifter de nous-mefmes, & que nous l'auons du fecours de la Grace, donc cette Grace demeure en nous fans auoir l'effet qui luy eftoit propre ; & c'eft ce qu'on apelle Grace fuffifante.

Réponfe à vne Obiection Populaire contre la Grace Suffifante.

J'Auois refolu de ne point parler de cette Objection populaire, que nos Aduerfaires ne font que rebattre à tout propos, difant que la Grace fuffifante n'eft bonne qu'à rendre les hommes fuffifans, & orgueilleux, parce qu'eftant donnée generalement à tous les hommes, il dépend de leur volunté d'en faire vn bon ou vn mauuais vfage, & par confequent que c'eft la creature, & non le Createur, qui fait le difcernement dans le point principal qui touche le falut, puifque c'eft elle qui donne ou qui refufe fon confentement à

la Grace. I'auois dis-je, refolu de paffer cette objection fous filence, & de renuoyer le Lecteur curieux
à ce que nous en auons écrit en noftre Liure Latin,
mais puifque les plus habiles du party contraire con-
tinuënt toûjours à furprendre les fimples par cette illufion, il eft à propos, ce me femble, de la rendre ridicule par cette comparaifon familiere.

Ie fuppofe que deux hommes faifant voyage enfem-
ble s'egarent de leur chemin, & qu'eftant furpris de la
nuit ils defcendent, fans fçauoir comment, dans vn
lieu fort profond & fort dangereux, où ils font acca-
blez du fommeil, iufqu'au lendemain, que quelque
homme fort & robufte paffant aupres de ce precipice, & touché de la mifere de ces pauures in-
fortunez, fait tout fon poffible pour les éueiller, &
non content de les auoir éueillez, & de leur auoir
remontré le peril manifefte d'vne mort fâcheufe,
il leur defcend deux cordes qui font fort propres
pour les enleuer tous deux l'vn apres l'autre : mais il y
en a vne plus forte & beaucoup plus commode que
l'autre. L'vn de ces miferables fe fert de la commodité,
& fe laiffe enleuer par cet hôme fort & robufte; & l'autre fait la fourde oreille, & ayme mieux s'endormir &
prendre le plaifir du fomeil, que de fuiure foncompa-
gnon. Eft-il bien poffible que le premier apres auoir
efté deliuré de ce miferable état, foit fi ridicule que de
dire à fon bien-facteur qu'il ne luy doit rien, & qu'il
n'eft pas obligé de luy rendre des humbles actions de
Graces, parce qu'il n'eft pas le feul qui a eu le moyen
de fe fauuer, & que le difcernement & la difference
qui fe trouue entre luy & fon compagnon, ne vient
que de ce qu'il a voulu confentir à fe laiffer enleuer,
qu'il ne dependoit que de luy de demeurer dans ce
precipice? Se peut-on imaginer qu'vn homme puiffe
dire ces chofes, à moins que d'eftre infenfé, & de me-

riter vne logette aux petites Maisons? Dieu donne
ses Graces excitantes à tous les pecheurs indifferemment, quoy qu'inegalement : Cettui-cy obeït promp-
tement à la voix du Seigneur, & celuy-là fait la sourde
oreille. Le premier peut-il dire qu'il a fait le discernement de la Grace de Dieu contre ces paroles de l'A-
pôtre. *Quis te discernit?* Parce qu'il a donné le dernier consentement à la vocation auec le secours de la
Grace Diuine? Se peut-il vanter qu'il pouuoit demeurer dans le bourbier du peché, & croupir dans
l'extreme misere ? Osera-t'il dire qu'il n'a dependu
que de luy de refuser la Grace? Quoy fol & insensé,
luy diroit quelqu'vn remply de zele & de charité, As-
tu bien l'asseurance de t'attribuër le dernier acte & le
consentement à la Grace, puisque tu ne pouuois former vne bonne pensée de toy-mesme, & que si Dieu
ne t'eut ouuert les yeux, tu serois encore dans l'extremité du crime ? Mais si Dieu n'auoit fait que commancer l'ouurage de ta Conuersion, tu aurois quelque aparence de raison , s'il t'auoit abandonné au milieu de la course, & qu'il t'eut falu donner toy-mesme
la derniere perfection à ton œuure, sans le secours de
qui que ce soit, tu serois excusable, Mais quel Docteur Catholique, Ie n'excepte pas mesme *Molina,*
ou *Lessius,* ou quelque autre Iesuite, à jamais dit que
Dieu commance par le mouuement de sa Grace, l'a-
ction meritoire, & que l'homme l'acheue par les seules
forces de la Nature? Par consequent puisque nous
auons absolument besoin de la Grace Diuine , soit
pour commancer, soit pour continuër, soit pour ache-
uer vne action vertueuse, & meritoire du Paradis, on
ne peut dire auec raison qu'il y a lieu de suffisance &
de vanité à l'homme qui obeït à cette inspiration, encore qu'il ait le pouuoir d'y refuser son consentement.

1.Cor. IV. 6.7.

CHAP.

Chap. V.
De la Grace efficace.

IL y a plusieurs sentimens touchant la notion de
la Grace efficace, lesquels l'Eglise ne condamne
point. Ie pense qu'on peut dire sans faire aucun pre-
judice aux opinions de quelques Docteurs Catholiques, que toutes les Graces ou Inspirations Diuines
sont en vn sens efficaces par elles-mesmes, parce
qu'elles peuuent toutes attirer le consentement de la
volôté à prier ou à faire quelque cômandement, pourueu qu'elle n'y resiste point. Et ainsi toutes les Graces
suffisantes sont efficaces en ce sens : mais parce que le
plus souuent on confond le mot d'efficace auec celuy
d'effectif, ou *d'efficient*, on entend pour l'ordinaire par
le terme de Grace efficace vne saincte Inspiration qui
produit l'entier consentement de la volonté. Les disciples de Iansenius n'admettent que des Graces victorieuses & efficiétes ausquelles nous ne pouuons point
resister en l'état de la nature blessée où nous sommes
maintenant, s'il y en a d'autres, elles ne sont qu'exterieures, disent-ils, ou du moins elles ne dependent
pas des merites de IESVS-CHRIST. Il est vray
que ie ne comprens pas bien ce que ces Messieurs veulent dire par leurs Graces efficaces par elles mesmes :
car tous ceux qui sçauent que veut dire, *efficace*, n'i-
gnorent pas qu'il signifie ce qui fait, ou ce qui peut
faire quelque autre chose. Ainsi le Soleil est efficace
par luy-mesme, parce qu'il produit la lumiere infailliblement, où il n'y a point d'empeschement. De mesme le feu cause la chaleur, & ainsi des autres causes
qui produisent d'elles-mesmes d'autres choses.

P

Mais il est hors de toute aparence que le dernier consentement de la volonté, ou l'action, qui est bonne & vertueuse, puisse estre apellée vne Grace efficace par elle-mesme : & ie supplie ces Messieurs d'en donner vne idée, & vne notion plus parfaite que celle qu'ils ont donnée iusqu'à present. Car où ils entendent par la Grace efficace, par elle-mesme quelque action seulement, ou bien peut-estre le Principe surnaturel de l'action. Ie ne m'explique pas dauantage sur les inconueniens qui naîtront infailliblement de leur réponse quelle quelle soit, iusqu'à ce qu'ils se soient mieux expliquez eux-mesmes, & qu'ils ayent satisfait à ceux qui ont apris la Theologie autre part que dans le Liure de Iansenius, ou dans les memoires que Monsieur de Sainct Cyran en auoit receu auant qu'il fût imprimé.

Proposition de l'Augustin d'Ipre.

1. La Grace donnée à l'homme apres le peché fait agir la volonté par l'efficace & vertu qui luy est propre, & elle n'est point soûmise au Libre Arbitre, mais elle fait inuinciblement que la volonté veüille, & qu'elle agisse cecy ou celà. Iansenius au Liure 2. de la Grace de Iesvs-Christ, au Chap. 4.

Opposition de l'Augustin d'Hyppone.

Dieu agit par deux sortes d'inspirations afin que nous voulions & que nous croyons, soit au dehors par des exhortations de l'Euangile,&c. soit au dedans, où Personne n'a le pouuoir de faire que quelque chose luy vienne en la pensée; MAIS c'est à la volonté propre de donner ou de refuser le consentement. Sainct Augustin au Liure de l'Esprit & de la Lettre, au Chap. 34.

Nous montrerons ailleurs que ce qui est contenu aux deux Chapitres 33. & 34. de ce Liure de l'*Esprit*, & de *la Lettre*, est le vray sentiment de Sainct Augustin, & non vne Objection Pelagienne, comme se l'est imaginé Iansenius ; parce qu'il void que ces passages ruinent entierement son party. Nous remarquerons cependant que Sainct Augustin fait de la difference entre ce qui n'est pas en nôtre pouuoir, tel qu'est le commancement de la Foy, & nos premieres pensées pour le salut, & le consentement dernier de la volonté : & cette difference se void manifestement par cette particule, Mais, qui marque quelque opposition, on l'apelle dans l'école aduersatiue, pour nous montrer qu'il est bien vray que les premiers mouuemens de la Grace ne sont pas en nôtre pouuoir, puis qu'ils viennent de Dieu sans nôtre cooperation libre & volontaire, Mais que le consentement ou le refus est entierement en nôtre pouuoir, puisque nôtre volonté peut consentir ou refuser son consentement à la vocation interieure, & surnaturelle.

Proposition de l'Augustin d'Ipre.

2. *La Grace de l'estat d'Innocence dependoit du Libre Arbitre qui s'en pouuoit seruir ou la negliger, mais celle de l'estat où nous sommes, n'est pas de mesme : car lors qu'on la donne, on donne en mesme temps le consentement de la volonté.* Iansenius au mesme endroit.

Opposition de l'Augustin d'Hyppone.

Tous ceux qui aprennent viennent à moy. Qui ne void qu'il depend du Libre Arbitre, de venir ou de ne point venir ? Sainct Augustin au Liure de la Grace de Iesvs-Christ, au Chapitre 14.

Adjutorium naturæ integræ à liberæ voluntatis nutu pendet, quæ huiusmodi adjutoriũ in vsum assumere & negligere potest. Secundi generis adjutorium non est tale, sed hoc ipso quod datur, simul vsus eius & influxus potestatis datur. Ianf. ibid.
Omnis qui didicit, venit ad me. Quis non videat, & venire quenquam ad Patrem & non venire,

Proposition de l'Augustin d'Ipre.

3. On peut dire plus clairement que la grace de la volonté saine & innocente dependoit de son Libre Arbitre, de sorte qu'il s'en seruoit s'il vouloit, & l'abandonnoit aussi s'il vouloit. Mais la Grace de la volonté malade ne depend en façon quelconque de son Libre Arbitre, en sorte qu'il luy obeïsse ou luy dés-obeïsse, comme il luy plaira. C'est plustôt cette derniere grace qui fait inuinciblement que la volonté veüille & ne la quitte point. Cette difference est enseignée par Sainct Augustin, dans les Ouurages qu'il a faits contre les ENNEMIS DE LA GRACE. Iansenius au mesme endroit.*

Les ennemis de la Grace, dont il est fait icy mention, ne sont autres que les Pelagiens, & les Semipelagiens. Donc ceux, qui disent qu'on peut resister à la Grace, sont du nombre des ennemis de la Grace, & des Pelagiens, ou des Semipel. dans le sentiment de Iansenius.

Opposition de l'Augustin d'Hyppone.

La misericorde de Dieu nous preuient, mais c'est à la volonté propre de donner ou de refuser le consentement à la vocation. Sainct Augustin au Liure de l'*Esprit* & de *la Lettre*, au Chapitre 34.

Ces façons de parler de Saint Augustin nous aprennent que la grace de Dieu n'est pas irresistible, puis qu'on luy peut refuser son consentement. Que si on trouue quelquefois des termes dans Sainct Augustin qui signifient presque la mesme chose que le mot *irresistible*, il les faut entendre des graces de Iesvs-Christ, qui estant beaucoup plus fortes que celles, qui ont esté données à Adam, sont apellées de ces noms excellens:
comme

ex Arbitrio pendere voluntatis? Aug. l de Grat. Chr. c. 14.

Clarius fortasse dici potest quod gratia sanæ voluntatis in eius Libero Arbitr. relinqueretur, vt eâ si vellet desereret, aut si vellet, vteretur. Gratia verò lapsæ ægrotæque voluntatis nullo modo in eius relinquatur Arbitrio vt eam deserat aut arripiat si voluerit, sed ipsa sit potius illa postrema gratia, quæ inuictissime facit vt velit, & à voluntate non deseratur. Quod discrimé tradit Aug. in lucubrationibus, quas aduersùs hostes gratiæ exarauit. Ianf. ibid.

In omnibus misericordia eius præuenit nos, consentire autem vocationi, vel dissentire propriæ voluntatis est. De Spir. & Lit. c. 34.

comme l'on apelle vn grand Capitaine inuincible, non
qu'il ne puiſſe étre vaincu mais, parce qu'il ne l'a point
eſté, ou qu'il l'a eſté fort peu en comparaiſon des autres. Ou bien on peut dire que Sainct Auguſtin ſe
ſert de ces mots ſuperlatifs, pour exprimer le dernier
ſoûpir de la vie qui acheue la perſeuerance actuelle &
finale, comme nous le remarquerons encore ſur le ſujet du Liure de la Correction & de la grace, & i'eſpere
que nôtre Reflexion, qui n'eſt autre que celle de deux
grands Perſonnages, ſera vn rabat-joye à tout le party de Ianſenius.

Remarquez encore que l'on pourroit eſtre ſurpris
par quelques paſſages de Sainct Auguſtin, que Monſieur Arnauld a citez en ſa ſeconde Lettre, & dont la
cabale ſe ſert comme d'vn chou recuit, qui montrent
que la grace de I E S V S-C H R I S T n'eſt point
rejettée du cœur humain, quelque dur qu'il ſoit,
qu'elle excite & attire infailliblement, inuinciblement, efficacement la volonté des hommes, que ſans
elle perſonne ne vit pieuſement, & qu'auec elle perſonne ne vit qu'auec pieté, & quelques autres ſemblables, que ces Meſſieurs entendent indifferemment de
toutes les graces de I E S V S-C H R I S T. Mais ie
les prie de conſiderer que tous ces paſſages ont eſté
parfaitement bien expliquez par quantité de grands
Perſonnages, & particulierement par le Pere Bagot
Ieſuite, & Superieur à preſent de la maiſon Profeſſe
de Paris. Ie diray neantmoins en vn mot, que cette
Infallibilité & Efficace de la Grace, n'empeſche nullement que la volonté de l'homme ne la puiſſe rejeter,
non plus que la connoiſſance tres-infaillible & tres-
certaine, que Dieu auoit de la Perſeuerance des Anges, n'empeſchoit pas qu'ils ne pûſſent faire la meſme
reſiſtance à la Grace, que firent les Demons & nôtre

Sine qua nemo pie
viuit, cum qua nemo
niſi pie viuit. Aug l.3
Operis imperf. n.25.

Gratiæ Chr. Defenſ.
l. 1. c. XXI. Art. VIII.
IX. X. &c.

premier Pere. Qui doute que le moindre degré de Grace ne puisse dompter les plus violens efforts de la Concupiscence, comme nous l'aprend l'Ange de l'école Sainct Thomas? Mais encore qu'vn soldat armé d'vn bon casque, & d'vne cuirasse à l'épreuue soit inuincible en cét équipage, & qu'il soit redoutable à ses ennemis, il peut neantmoins absolument estre vaincu & tué, s'il quitte ses armes, comme il le peut faire sans doute. Ainsi l'homme est victorieux & inuincible, & tout ce qu'il vous plaira, lors qu'il est assisté de la Grace, sur tout de la Sanctifiante & habituelle, & pendant qu'il la conserue cherement, *cum qua nemo nisi piè viuit*; mais cela n'empéche point qu'il ne la puisse rejeter, & se mettre, pour ainsi dire, à la gueule de ses ennemis. Sanson estoit inuincible pendant qu'il conserua sa cheuelure, & toutes les Legions des Philistins ne pouuoient en façon du monde terracer cet Heros; mais il ne laissa pas d'estre vaincu deslors qu'il se laissa couper les cheueux. Ie pourrois étendre ce discours, & l'apliquer à plusieurs autres Histoires fort celebres, mais il suffit de sçauoir que toutes les graces de Iesvs-Christ sont efficaces & victorieuses d'elles-mesmes, pourueu qu'on les conserue, & qu'on n'en fasse point vn mauuais vsage.

Il faut auouër neantmoins que Dieu a dans les Tresors de sa Prouidence des Miracles de Grace extraordinaires qui attirent si doucement & auec des charmes si puissans la volonté des hommes, qu'il est mal-aisé qu'ils y resistent lors qu'il employe la force de son bras. Sainct Augustin a senty des traits de cette Grace, qui l'a apellé & attiré si puissament qu'il estoit plus eleué dans le premier moment de sa conuersion, que le commun des Chrestiens à la fin de leur vie.

Minima gratia potest resistere cuilibet concupiscentiæ & vitare peccatû morta'e .... minima enim charitas plus diligit Deum quàm cupiditas millia auri & argenti. D. Th. 3.part.q.70. art.iv. in corp. & q.62, art. vi. ad3.

Mr. Arnauld en sa seconde Lettre cite ces mots de S. Augustin.

Iudicum. xvi.19.20. 21.

Chap. VI.
Des Semipelagiens.

LEs Semipelagiens croyoient auec les Catholiques, & contre les Pelagiens. 1. Qu'il y auoit
vn peché originel. 2. Qu'outre les graces exterieures, fçauoir la Loy, l'Euangile, les bons exemples, &
outre la grace interieure, fçauoir la remiffion des pechez, il en falloit vne autre qui fut vn fecours neceffaire pour agir vertueufement & meritoirement; mais
ils eftoient dans l'erreur en ce qu'ils ne croyoient pas
que la grace interieure & furnaturelle fut neceffaire
pour former les premieres penfées, & les premiers defirs du Paradis; ce que les Catholiques croyent eftre
abfolument neceffaire.

Il y auroit beaucoup de chofes à dire touchant les
Semipel. qui demanderoient vn difcours plus long
que cet abregé ne peut permetre. Les curieux n'ont
qu'à voir l'*Auguftinus à Baianis vindicatus* du Pere
Annat, & *Libertatis & Gratiæ Chr: defenfio*, du Pere
Bagot, & ce que nous en auions dit vn an auparauant
que ces Liures ne paruffent en vn autre Abregé fait
en Latin imprimé chez Emond Couterot au Bon Pa-
fteur en la ruë S. Iaques l'an 1651. Outre que nous pre-
tendons deduire amplement les erreurs des Semipel.
dans les *Myfteres de la Grace expliquez par S. Paul en
L'Epiftre aux Romains*, que nous efperons mettre au
iour.

Propofition de l'Auguftin d'Ipre.

1. *Les Semipel. croyoient que l'ayde de la Grace inte-*
rieure, actuelle, & veritable, eft neceffaire pour le

Semipelagiani fen-
tiebant neceffarium
effe adjutorium veτς

commancement de la Foy. Ianfenius au Liure 2. De la Grace de I E S V S-C H R I S T, au Chapitre XII.

Oppofition de l'Auguftin d'Hyppone.

Ils montrent, Sainſt Auguftin parle des Semipel. *que l'augmentation de la Foy eft vn don de Dieu ; mais que le commancement de la Foy, par lequel on croid en I E S V S-C H R I S T, vient de l'homme.* Sainſt Auguftin au Liure de la Predeftination des Sainſts, au Chapitre dernier.

Sainſt Auguftin parle là fans doute, des Semipel. répondant aux deux Lettres des Sainſts Profper & Hilaire, qui luy en auoient écrit & fpecifié affez amplement leurs erreurs. Que fi quelques Semipel. font par fois mention d'vne grace interieure qui regarde la Foy, ou ils ne l'ont pas creuë abfolument neceffaire, comme il la faut croire, ou ils ont creu qu'elle n'eftoit que fimplement naturelle & non pas furnaturelle, ou peut-eftre ils ont varié en ces points de la grace. Et nous ne deuons pas toûjours regarder ce que ceux, qui font dans l'erreur, difent fouuent pour fe couurir, il faut voir ce en quoy ils ont efté reprehenfibles. Nous aprennons cela des Conciles, & de l'Hiftoire du temps, comme au fujet de Semipel. nous aprenons leur erreur par les Anathemes du Concile d'Orange, & par la reprehenfion qu'en fait Sainſt Auguftin, au lieu que nous venons d'alleguer, & au Chapitre III. du mefme Liure, & dans tout le refte des deux Liures de la Predeftination des Sainſts, & du don de la Perfeuerance.

CHAP.

CHAP. VII.

De la Grace de Santé, & de la Medicinale.

Propoſition de l'Auguſtin d'Ipre.

1. **L**A difference de la Grace de Santé, & de la Medicinale conſiſte en ce que la Grace de Santé
eſtoit laiſſée au pouuoir du Libre Arbitre, de ſorte qu'il
s'en ſeruoit quand il vouloit, & la rejettoit quand il
vouloit ; mais la Grace de la volonté malade n'eſt en
façon quelconque laiſſée au pouuoir du Libre Arbitre.
Ianſenius au Liure ſecond de la Grace du Sauueur, au
Chap. 4. & aux ſuiuans.

Oppoſition de l'Auguſtin d'Hyppone.

*Nabuchodonoſor a fait penitence, Pharaon n'a pas
voulu la faire. Tous deux ont eſté Rois, Tous deux
ont eſté châtiez auec clemence. Qu'eſt-ce donc qui a
cauſé des fins ſi diuerſes, ſinon que l'vn a pleuré, &
que l'autre s'eſt bandé contre Dieu par ſon Libre Arbitre ?* Sainct Auguſtin au Liure de la Predeſtination
& de la Grace, au Chap. 15.

Si ce paſſage n'eſt pas aſſez conuainquant à cauſe
du Liure d'où il eſt tiré, i'en allegue vn autre qui eſt
écrit auec les rayons du Soleil.

*Tous ceux qui ont eſté apellez à ce banquet preparé
dans l'Euangile, n'y ont pas voulu venir, dit Sainct
Auguſtin, & ceux qui y ſont venus, n'euſſent pû y
venir, s'ils n'euſſent eſté apellez. C'eſt pourquoy ceux
qui ſont venus, ne s'en doiuent pas attribuer la gloire,
& ceux qui n'ont pas voulu venir, n'en doiuent point*

Diſcrimen gratiæ
ſanitatis & medici-
nalis in eo eſt quod
gratia ſanitatis in li-
bero relinquebatur
arbitrio, vt ea cum
vellet, vteretur, &
eam cum vellet, de-
ſereret ; gratia verò
lapſæ ægrotæq; vo-
luntatis nullo modo
in eius relinqueba-
tur arbitrio. Ianſ.l.2.
de Gr. Chr. Sal.c.4.
& ſeq.

Nabuchodonoſor
pœnitentiam egit,
Pharao agere no-
luit, ambo flagellis
clementer admoni-
ti. Quid ergo eorum
fines fecit diuerſos,
niſi quod vnus inge-
muit, alter libero
contra Dei miſeri-
cordiam pugnauit
arbitrio? Aug. de
prædeſt.& gr.c.15.

Ad illam cœnam
in Euangelio præpa-
raram, nec omnes
qui vocati ſunt ve-
nire voluerunt, nec
illi qui venerunt, ve-
nire poſſent, niſi vo-
carétur. Itaque neq;

imputer la faute à vn autre, mais seulement à eux-mesmes, parce qu'il estoit en leur pouuoir de venir apres auoir esté apellez. Sainct Augustin au Liure des 83. questions, en la quest. 68.

Sainct Augustin ne trouue rien à reprendre à ces belles paroles, lors qu'il reuoid cette question en ses Retractations, au contraire il adjoûte ces termes qui sont capables de conuaincre tous ceux qui sont capables de conuiction. *Mais cette vocation qui opere, dit-il, soit dans tous les hommes en particulier, soit dans les peuples, & mesme dans la nature humaine, selon que Dieu iuge le temps commode, apartient à vne Prouidence tres-profonde.*

Notez 1. Que si toutes les vocations & les graces sont efficaces par elles-mesmes au sens de Iansenius, & de plus si Dieu n'en donne point du tout aux vns, & qu'il en donne à ceux qui viennent au banquet, il ne faut pas estre fort profond pour trouuer la cause de ce que les vns sont venus au banquet, & les autres n'y sont pas venus : car il est aisé de dire sans aller au deuin, que les vns ont eu cette Grace efficiente ou effectiue, & que les autres ne l'ont pas euë. Notez 2. Que la vocation à ce banquet de l'Euangile est donnée à plusieurs qui n'y viennent point effectiuement. Donc cette vocation n'est point efficace par elle-mesme. Notez 3. Que Sainct Augustin repassant sur cette question, n'y adjoûte que la misericorde de Dieu dans la distribution de ses Graces preuenantes, lesquelles nous confessons estre absolument necessaires à toutes les actions qui sont pour le salut. Notez 4. Qu'il s'agit des Graces qu'on rejette, & par consequent des suffisantes que Sainct Augustin admet en ce passage. Notez 5. Que Sainct Augustin parle des Graces de la volonté malade, ou des Graces medicinales de IESVS-CHRIST, puis qu'il parle de la vocation

au banquet Euangelique. Notez enfin que ce n'eſt
pas faute de Grace ou de vocation, que quelques-vns
ne viennent pas effectiuement, puis qu'encore qu'ils
ne viennent pas, ils ne laiſſent pas d'auoir le pouuoir
de venir, & ce pouuoir n'eſt pas vn pouuoir éloigné,
c'eſt à dire, ſuppoſé qu'ils euſſent vne autre diſpoſition
d'eſprit, bien differente de celle qu'ils ont, comme
Ianſenius l'a inuenté : Mais c'eſt vn pouuoir fort proche, puiſque Sainct Auguſtin dit qu'eſtant apellez il
eſtoit en leur pouuoir de venir, bien qu'ils ne ſoient
pas venus. Ce mot, *eſtant apellez*, marque vne vocation preſente & ſuffiſante laquelle on mépriſe.

Deux autres Propoſitions

DE L'AVGVSTIN D'IPRE,

Touchant les Graces Actuelles qui ne
ſont pas efficientes, celle de la remiſ-
ſion des pechez, & celle qui eſt apellée
habituelle ou ſanctifiante, qu'il oſte
du nombre des medicinales de IESVS-
CHRIST.

*2. Si quelqu'vn veut ſçauoir la raiſon pourquoy
Sainct Auguſtin n'a iamais apellé la Grace interieure
du nom de Grace congruë, & beaucoup moins de Grace
incongruë, il ſe doit ſouuenir que Sainct Auguſtin ne
reconnoit aucune Grace actuelle pour la veritable Grace
de IESVS-CHRIST, qu'il a donnée à la volonté
comme vn ſage Medecin, (ſi ce n'eſt celle qui commance
& acheue l'effet. Toute autre,* QVELLE QVELLE
SOIT, *n'apartenant pas à* IESVS-CHRIST, *doit
eſtre renuoyée à la Loy, & à la Doctrine.* Ianſenius
au ſecond Liure de la Grace du Sauueur, au Chapi-

Si quis radicem ſci-
re velit, *cur ſcil. Aug.
nunquam internam
gratiam congruam
aut incongruam ap-
pellauit*, meminiſſe
debet nullam gratiã
actualem ab Aug.
pro illa vera Chriſti
gratia agnoſci, quã
tanquam medicus
infirmæ volũtati at-
tulit, niſi quæ agit
& peragit effectum :
OMNIS ALIA,
QVALISCVM-

QVE FVERIT, ab ipfo ad legem do-ctrinamque relega-tur. Ianf. cap. XXXII. lib.2. de gr.Chr.Sal.

Ex quo fit vt neque lex,&c.neque remif-fio peccatorum neq; gratia habitualis, ne que virtutes infufæ .... neque gratia fufficiens.... fit illud adiutoriú quo quod quærimus,&c. neq; fit adjutorium ægræ infirmæque volua-tatis fed fortis & fa-næ, nec ADIV-TORIVM CHRI. STI Saluatoris, fed Adami. ibid. c.5.

Qui hoc dicunt, non intelligunt hu-jufmodi fimultaneos cum humana volun-tate influxus atque cooperationes gra-tiarú habitualium, Addo & actualium quarumcumque ni-hil omnino ad cog-nofcendam Chrifti gratiam facere : ta-les enim tam habi-tuales quam actua-les gratias cum vo-luntate ad opus bo-num concurrentes etiam Angeli Sancti & Adamus habue-runt, quibus tamen Chrifti medicinalis gratia, non erat ne-ceffaria .... Quo-rum quicquam fi homo peccatis lap-fus iam etiam poteft, nec gratia medici-nalis donet vt poffit & velit, libere dico Gratis Chriftus mor-tuus eft. ibid. c.xxi.

tre XXXII. Il eft vray qu'il ne fait icy que l'exclu-fion des Graces actuelles du nombre de celles de IESVS CHRIST, mais il en chaffe encore l'habituelle au Cha-pitre v. du mefme Liure, auec des termes fi clairs qu'il eft-impoffible d'en douter. *D'où vient, dit-il, que ni la Loy, ni la remiffion des pechez, ni la Grace habituelle, ni les vertus infufes, ne font pas le fecours donné à la volonté infirme & malade, mais à la forte & à la faine, & que ce ne font pas des Graces de IESVS CHRIST, MAIS D'ADAM.* Il repete la mé-me chofe en plufieurs autres endroits qui font fi clairs & fi manifeftes, qu'vn petit écholier comprendra fa-cilement par la fimple lecture, que cet Euefque n'a pas feulement parlé d'vne Grace finguliere de IESVS CHRIST, mais qu'il a mefme compris expreffement des termes vniuerfels, qui defignent clairement tou-tes les Graces de IESVS-CHRIST. Ces mots, *Omnis alia, qualifcumque fuerit*, & les autres femblables, fpe-cifient affez toutes les Graces; & lors qu'il parle de la Grace medicinale, il montre nettement qu'il ne fait pas mention de ces miracles extraordinaires de Gra-ce, qui ont efté faits en faueur de quelques illuftres Pecheurs, tels qu'ont efté Sainct Paul, Saincte Mag-deleine, & quelques autres, mais qu'il parle vniuer-fellement de toutes les Graces efficaces par elles-mef-mes, qu'il attribuë à IESVS-CHRIST, à l'exclufion de toutes les autres, quelles quelles foient, habituel-les, ou actuelles, qui font à fon auis de fi petite im-portance pour le regard du falut, qu'il ofe dire libre-ment que IESVS-CHRIST eft mort en vain, fi l'hom-me, qui eft tombé dans le peché, n'en a que de céte na-ture pour fe releuer. Ainfi l'habitude infufe de la Foy & de l'Efperance, qui fubfiftent encore dans l'ame d'vn Chreftien apres auoir peché mortellement, les bons mouuemens furnaturels que Dieu donne à vn

pecheur,

pecheur, qui en fait vn mauuais vsage, ne sont pas
des fruicts de la Passion de IESVS-CHRIST. Ie
laisse les autres consequences horribles, qui suiuent
necessairement de ce pernicieux antecedent. Mais cet
Euesque passe les bornes de la raison, lors qu'il dit que
la remission mesme des pechez n'est pas vne Grace de
I. CHRIST, ce qui est formellement & directement
contre le Concile de Trente, qui prononce anatheme
contre *celuy qui dit que la coulpe du peché originel
n'est pas remise, mesme aux petis enfans, PAR LA
GRACE DE IESVS-CHRIST, QVI EST
DONNE'E AV BAPTESME.* Ceux qui s'o-
piniâtrent à soûtenir les erreurs de cet Euesque, rou-
giront desormais de leur opiniâtreté, à moins qu'ils
ne declarent la guerre à ce sacré Concile, ce qu'à Dieu
ne plaise.

Si quis per Domini I. C. gratiam quæ in baptismate confertur reatum orig. peccati remitti negat.... anathema sit. Conc. Tr. sess. 5. Can. 4. & 5.

Opposition de l'Augustin d'Hyppone.

Sainct Augustin écriuant de la Doctrine & de l'erreur des Pelagiens, au Liure 1. De Peccatorum mer.
au Chapitre 18. ne laisse pas de les aprouuer lors qu'ils
disent *que les petis enfans reçoiuent le Baptesme, afin
que n'ayant pas la generation spirituelle, ils soient
creez en IESVS-CHRIST, & qu'ils soient faits
par ce moyen participans du Royaume des Cieux, &
rendus les enfans & les heritiers de Dieu, & les cohe-
ritiers de IESVS-CHRIST.*

Ce Sainct approuuant, comme il fait, cette Doctrine de Pelagius, reprouue & rejette en mesme temps
celle de Iansenius; puisque celuy-là est moins ingrat à
l'endroit de IESVS-CHRIST, luy rendant graces de la generation spirituelle, & par consequent de
la Grace habituelle que reçoiuent les enfans au Bap-

Dicunt paruulos percipere baptismũ vt spiritualem procreationem non habentes creentur in Christo & ipsius regni Cœlorum participes fiant eo modo filij & hæredes Dei, cohæredes autem Christi. Aug. l. 1. de pecc. mer. cap. 18. *Approbat hanc Pelagii sententiam.*

tefme, que cettui-cy qui ne veut pas que IESVS
CHRIST en foit l'Auteur.

Autre Oppofition de l'Auguftin d'Hyppone.

Les Pelagiens difent außi que la Grace de la Foy, qui eft donnée par la Foy de I E S V S-C H R I S T, qui n'eſt point la Loy ni la Nature, eft vtile feulement pour la remißion des pechez paſſez, & non pour les éuiter à l'auenir. Sainct Auguftin au Liure de la Grace, & du Libre Arbitre, au Chap. XIII.

Sainct Auguftin ne cenfure que la particule, *feulement*, qui fait l'Herefie, mais il approuue affez l'affirmatiue eftant détachée de cette limitation excluſiue. Donc fi la remiffion des pechez paffez eft vne Grace de IESVS-CHRIST, Ianfenius s'oppofe à Sainct Auguftin en ce point, puis qu'il ne veut pas que la Grace de la remiffion des pechez foit vne Grace medicinale, ni qu'elle découle des merites du Sauueur.

Autre Oppofition de l'Auguftin d'Hyppone.

Nouſ difons que la volonté de l'homme eft tellement aydée de Dieu pour faire la juftice, qu'elle reçoit le Sainct Efprit …..… afin qu'ayant receu ces arres du don gratuit, il s'attache auec ardeur à fon Createur. Sainct Auguftin au Liure de l'Efprit & de la Lettre, au Chap. 3.

Puifque tous les Theologiens entendẽt par cet efprit Sainct la Grace habituelle & fanctifiante, & qu'il eft tres conftant que l'Efprit Sainct ne peut eftre don-

né que par les merites de IESVS-CHRIST, ie
ne sçay pas à quoy songeoit Iansenius, lors qu'il nioit
vne verité si manifeste, & ie ne sçay pas ce que veulent dire ses disciples, qui le croyent bien excuser, lors
qu'ils asseurent que cet Euesque a reconnu que la
grace habituelle, la remission des pechez, & quelques
autres mouuemens de la Grace, sont à la verité des
Graces de IESVS-CHRIST, mais non cette Grace
singuliere qu'ils appellent medicinale, puisque tout
ce que nous venons de dire leur oste ce retranchement & le ruine tout à fait, sans qu'il soit besoin de
nous y arrester dauantage.

CHAP. VIII.

De la Grace sans laquelle on ne peut agir, & de celle qui fait agir.

Proposition de l'Augustin d'Ipre.

1. *L A Grace de Possibilité & sans laquelle on ne peut agir, n'apartient point à la Grace medici-nale de IESVS-CHRIST, mais il la faut reduire à l'état de la Nature Innocente, & à la Grace du premier homme.* Ianf. au Liure 2. de la Grace de IESVS-CHRIST, au Chap. 5.

Adiutorium possibi-litatis scil. & sine quo non, ad auxiliũ me-dicinale Christi non pertinet, sed ad gra-tiam primi hominis & naturæ sanæ refe-rendum est. Ianf. l. 2. de gr. Chr. c. 5.

Opposition de l'Augustin d'Hyppone.

Dieu ne donne pas seulement vne Grace à ses Saints, comme il l'a donnée au premier homme, sans laquelle ils ne puissent pas perseuerer : mais encore (Notez bien ce mot, ENCORE, qui marque qu'on a aussi depuis le peché d'Adam l'autre espece de Grace, dont

Deus sanctis suis non tantùm dat ad-jutorium quale pri-mo homini dedit, si-ne quo non possent perseuerare, sed etiã auxilium quo perse-

il vient de parler, sçauoir celle sans laquelle on ne peut perseuerer) *vn secours par lequel ils veüillent perseuerer, afin que le pouuoir & le vouloir soient donnez par la Grace de Dieu.* Sainct Augustin au Liure de la Correction & de la Grace, au Chap. XII.

Il est important de remarquer sur ces deux sortes de Grace, que Sainct Augustin a prises diuersement au Liure de la Correction & de la Grace, & en celuy qu'il a fait *De Gestis Pelagij,* des Actions de Pelage, que Iansenius & apres luy son Apologiste, & depuis peu Monsieur Arnauld en sa seconde Lettre, part. 2. art. IV. pag. 127. ont tres-mal à propos appliqué cet *auxilium quo & sine quo* de Sainct Augustin, c'est à dire la Grace qui agit, & celle qui n'est qu'vne condition sans laquelle on ne peut agir (si on en doit croire Iansenius) à toutes les differantes Graces de IESVS-CHRIST, opposées à celle qui fut donnée à nostre premier Pere en l'estat d'Innocence, comme si seulement celle de nostre premier Pere, pouuoit estre rejettée, & qu'aucune de celles, que IESVS-CHRIST nous a meritées, ne le pût estre ; de sorte que *Monsieur l'Euesque d'Ipre* dit au Liure premier de la Grace du premier homme au Chap. 17. *que sainct Augustin a mis dans cette profonde & docte dispute des trois Chapitres* (10. 11. 12. du Liure de la Correction & de la grace) *LA BASE IMMOBILE ET VERITABLE sur laquelle s'apuye toute la Doctrine de la Grace du Sauueur, & il est necessaire que celuy qui n'en a pas l'intelligence, & qui s'efforce de la tirer par quelque dispute que ce soit hors de son lieu, tombe dans la confusion de plusieurs beuües : de sorte qu'il ne se faut pas estonner si ce fondement estant ignoré, la Doctrine de la grace est déchirée par tant d'altercations, & si tout ce que les Modernes ont inuenté, chacun selon sa phantaisie, n'est fondé que sur des coniectures foibles & incertaines,*

certaines, *& s'ils ne peuuent reüßir dans la Doctrine de Sainct Augustin. En effet C'EST LA CLEF VERITABLE qui doit ouurir les écrits de Sainct Augustin, & celuy qui s'efforce d'y entrer sans en auoir l'vsage, ira comme vn aueugle à tastons en plein midy, & sera dans l'embaras de tant de difficultez, qu'estant comme épouuanté des monstres qui se presentent, il aura de l'auersion pour Sainct Augustin, comme s'il estoit remply de perplexitez, & mesme de mille erreurs, comme quelques-vns ont osé auancer. Mais ceux, qui apres auoir estably ce FONDEMENT, auront suiuy CETTE DISTINCTION, comme le fil dans le labyrinthe de ses écrits, découuriront la tißure admirable des choses, où la fin répond au commancement, le milieu aux deux extremitez, & le tout a absolument vne belle harmonie. En la Geometrie, si vous auoüez les premiers Principes, il faut tout auoüer. Si vous receuez icy les deux graces du Libre Arbitre en l'estat d'innocence & du peché, il y a vne telle suite & vn enchaînement si naturel en tout le reste, que vous pourrez connoître aisement la verité qui est cachée là dedans, ou plustôt elle se presentera toute nuë. Que si vous ruinez CETTE DISTINCTION QVI EST COMME LA BASE DE TOVS LES POINTS vniuersellement, vous serez accablé dans la ruine de tous les mesmes points. Et certes c'est la raison pour laquelle Sainct Augustin l'a bien souuent touchée; mais il NE L'A JAMAIS OVVERTEMENT DECLAREE QVE VERS LA FIN DE SA VIE, &c.*

Il sera fort aisé de réuerser & de détruire tout ce gros volume de Iansenius, qui luy a coûté les vingt & trente années d'étude, & de trauail, si ce qu'il vient de dire tout maintenant, est veritable. Et il y a vn grand sujet d'étonnement que Monsieur Arnauld, qui paroît auoir l'esprit si brillant, ose se vanter depuis peu

T

cesse est, vt non sit vllo modo mirandum si subtracto illo fundamēto tot altercationibus doctrina de gratia lacerata sit, & omnia quæ Recétiores pro suo quisque genio excogitata procuderunt, velut humanis incertisque suspicionibus mixta fluctuent, neque vllum exitum in Aug doctrina reperiat. Hæc est enim vera clauis qua aditus in scripta eius aperiendus est, & sine qua qui ea molitur ingredi, velut cæcus palpabit in meridie ac tot tantisque difficultatibus implicabitur, vt quasi mōstris occurrentibus territus Augustinum tanquā perplexitatibus, imò vt quidā ausi sunt dicere, mille erroribus refertum auersetur. Qui verò iacto isto fundamento distinctionem illam velut filum in labyrintho scriptorum eius secutus fuerit, mirabilis ei occurrit cōtextus rerū, respondēt extrema primis, media vtrisque, omnia omnib⁹. In geometria si prima dederis, danda sunt omnia, hic si duo adiutoria stātis & lapsi, sani & ægri, integri, & fracti arbitrij amplexus fueris, omnia velut ex ipsa re nata ita se consequuntur, vt ipsa tãta rerum omnium concatenatio & consonantia altissimè clamet ibi patere veritatem. Sin verò distinctionem istam velut basim omnium sustuleris, omnium ruina opprimeris. Quę sane ratio est cur eam Augustinus insinuatam quidem sępiùs, nunquã tamen aper. tè traditam tandem in fine vitæ suę luculentissime declarauerit, tantoq; conatu & asseuerantia pręter morem suum asseruerit, vt eam verbis Apostolicis ordiretur, &c. Ians. lib. de Grat. primi hom. c.17.

Vide & lib. 3. de sta. nat. Laps. c. 1. & lib. 9 de gr. Chr. Sal. cap. 15. & alibi passim.

d'auoir soûtenu autrefois la mesme chose que Iansenius, dans ses premieres Theses de Theologie, & qu'il n'ait pas pris garde depuis tant de temps, c'est à dire depuis l'an 1635. à ce que ie m'en vay luy aprendre apres l'auoir apris moy-mesme d'vn grand Personnage que ie nommeray plus bas. Luy dis-je, qui ne faisoit autre chose que de fueilleter les ouurages de Sainct Augustin, & qui y pouuoit bien faire reflexion, s'il eut esté exempt de preocupation, comme il nous le veut persuader dans sa seconde Lettre.

Ie dis donc premierement que si cette Doctrine des deux graces données à l'homme deuant & apres le peché contenuë aux 10. 11. & 12. Chapitres du Liure de la Correction & de la grace de Sainct Augustin est LA BASE, LA CLEF, ET LE FONDEMENT de toute la Doctrine de la grace, d'où vient que ce Sainct a disputé vingt ans ou enuiron contre les Pelagiens, & qu'il n'a iamais parlé de cette distinction au sens que le veut Iansenius? D'où vient, dis-je, qu'il a tellement caché cette clef, cette base, & ce fondement, que ces Heretiques n'en ont iamais pû découurir aucune chose? D'où vient qu'il n'en a parlé que vers la fin de sa vie au moins ouuertement? Est-ce qu'il estoit de ces hommes de cabale & d'intrigue, qui se tiennent toûjours cachez, & qui ont des chifres, des mysteres, & des cas reseruez aux chefs du party, & inconnus à tout le reste? Nous sçauons que le Liure de la Correction & de la grace, est le dernier Liure qu'il a retracté: se peut-il donc faire qu'il ait esté si enuieux aux Catholiques, & aux Heretiques pendant vne vingtaine d'années, qu'il ait teu à ceux-cy la base de toute sa Doctrine de la grace, qui les pouuoit armer contre ceux qui l'attaquoient de toutes pars, & qu'il n'ait point découuert clairement à ceux-là l'vnique moyen de les dés-abuser?

Secondement ſi cette diſtinction eſt la Clef, la Baſe, & le Fondement de la doctrine de Sainct Auguſtin touchant la Grace, d'où vient qu'en tous les deux Liures qu'il a faits en ſuite de celuy de la Correction & de la Grace, où cette diſtinction eſt couchée, & qu'il a compoſez pour defendre ce qu'il auoit établiy contre les Preſtres de Marſeille, il n'en fait aucune mention? Le Liure du Don de la Perſeuerance & celuy de la Predeſtination des Saincts, qui contiennent tous deux plus de quarante Chapitres, ſont-ils de ſi peu de conſequence que Sainct Auguſtin n'y ait point daigné mettre la clef, la baſe, & le fondement de toute ſa Doctrine? Eſt-ce que ce Sainct, qui ne laiſſoit rien en arriere, a obmis par oubly vne choſe de telle importance? Qu'on cite vne ſeule ligne de ces deux Liures touchant cette diſtinction dans le ſens de Ianſenius, & de Monſieur Arnauld, & la querelle ſera bien tôt vuidée.

Troiſiémement, d'où vient que Celeſtin Pape en treize Chapitres qu'il a remplis de tout ce que nous deuons croire touchant la Grace, & que le Concile d'Orange, & celuy de Trente, qui ont dreſſé tant de canons & de regles de la Foy ſur cette meſme matiere, ne touchent en façon quelconque la diſtinction de ces deux Graces, ni l'*Auxilium quo & ſine quo*? Eſt-ce que ces Peres qui ont veſcu apres Sainct Auguſtin ont ignoré en quoy conſiſte le fondement, la baſe, & la clef de la Doctrine de la Grace? où s'ils l'ont ſceuë, l'ont-ils cachée à deſſein que perſonne ne s'en auiſaſt que mille ans apres les plus anciens? A-t'il fallu attendre que Dieu ſuſcitaſt ce bon Corneille du milieu de la Holande, pour nous découurir ce que ces Peres n'ont pû, ou n'ont point voulu faire?

En quatriéme lieu ſi cette diſtinction doit ſeruir de baſe, de clef, & de fondement de toute la Doctrine de

Corneille Ianſenius, Hollandois de nation.

Sainct Augustin touchant la Grace, d'où vient que ce Sainct au Liure de Gestis Pelagij, au Chap. I. explique ces deux sortes de Grace bien autrement qu'en celuy de la Correction & de la Grace? Faut-il que ce qui sert de Principe en vne science, soit equiuoque & à diuers sens? Il dit au Liure des Actions de Pelage, qu'il y a deux sortes de secours, les vns sont de telle nature que sans eux on ne peut faire ce à quoy ils seruent, comme personne ne vogue sans nauire ou sans batteau, personne ne parle sans la voix, personne ne marche sans pieds, persóne ne void sans lumiere, & ainsi des autres choses semblables. D'où vient aussi que personne ne meine vne bonne vie sans la Grace de Dieu. Mais, adjoûte-t'il, il y a d'autres secours qui nous aident tellement que nous ne laissons pas d'agir encore que nous ne les ayons pas, tels que sont les fleaux, auec lesquels on bat le bled,&c.

Il est constant que Sainct Augustin ne parle icy que des secours qui sont comme des causes efficientes, soit qu'elles soient seulemét vtiles, comme sont les fleaux pour battre le bled, soit qu'elles soient necessaires, comme est la lumiere pour voir. Mais au Liure de la Correction & de la Grace, il oppose ce qui n'est qu'vne condition requise pour agir, à la cause que les Philosophes appellent formelle, qui est la forme ou l'acte mesme. Voicy les paroles de Sainct Augustin.

Il y a vn secours sans lequel la chose ne se fait pas, & il y en a vn autre par lequel la chose est faite : Car nous ne pouuons pas viure sans les alimens, & toutefois lors qu'ils sont presens, ils ne font pas que celuy-là viue qui voudra mourir. Donc les alimens sont vn secours sans lequel on ne peut point viure, & non celuy par lequel nous viuons; mais lors que la beatitude est donnée à l'homme, elle le rend incontinent bien-heureux, puis qu'elle n'est pas seulement vn secours sans lequel on ne

fait

fait pas, mais de plus c'eſt vn ſecours par lequel on fait ce pourquoy il eſt donné. Et partant le premier homme qui auoit receu dans le bien de ſa creation la grace de pouuoir ne point pecher, de pouuoir ne point mourir, de pouuoir ne point abandonner ce bien, auoit receu vn ſecours de Perſeuerance, non par lequel il perſeueraſt, mais ſans lequel il ne pouuoit perſeuerer par ſon Libre Arbitre. Mais aujourd'huy Dieu ne donne pas ſeulement ce premier ſecours de Perſeuerance aux Sainĉts qui ſont predeſtinez par la grace Diuine pour le Royaume de Dieu, mais le ſecours de Dieu eſt tel, qu'il leur donne meſme la Perſeuerance, de ſorte que non ſeulement ils ne peuuent pas perſeuerer ſans ce don, mais ils ne ſont que perſeuerans actuellement.

Qui eſt-ce qui ne void que cette Perſeuerance actuelle & cette beatitude meſme, dont parle S. Auguſtin, ſont toutes deux des cauſes formelles, comme on parle dans l'école, qui nous rendent formellement perſeuerans & bien-heureux, ainſi que la veuë nous fait voir, & la parole nous fait parler? Car la beatitude eſt vn acte de complaiſance & de jouïſſance parfaite du ſouuerain bien. Or il eſt conſtant que cette jouïſſance & réjouïſſance eſt vn acte de la perſonne bien-heureuſe, & que l'acte ne fait pas agir en qualité de cauſe efficiente, mais ſeulement en qualité de cauſe formelle. Il s'enſuit donc que Sainĉt Auguſtin ne parle pas en ce lieu de toutes les differantes graces que Dieu donne aux hommes, ni aux Chreſtiens, mais ſeulement de celle qui acheue en effet toutes les actions de la vie, & qui n'eſt propre que des cleux & des predeſtinez, puis qu'il n'apartient qu'à eux de bien finir. S. Auguſtin ne parle pas en ce lieu des mouuemens differens de la grace excitante, ni des vocations ou des inſpirations que Dieu donne à toutes les ames vniuerſellement, ni enfin de toutes les graces

V

non quo fit vt viuamus. At verò beatitudo quam non habet homo, cum data fuerit, continuò fit beatus, adjutoriũ eſt enim, nõ ſolũ ſine quo non fit, verùm etiam quo fit propter quod datur. Primo itaque homini qui in eo bono quo factus fuerat, acceperat poſſe non peccare, poſſe non mori, poſſe ipſum bonum non deſerere, datum eſt adjutorium perſeuerantię, non quo fieret vt perſeueraret, ſed ſine quo per liberum Arbit perſeuerare non poſſet. Nunc verò ſanĉtis in regnum ei per gratiam Dei prædeſtinatis non tantùm tale adiutorium perſeuerantiæ datur, ſed tale vt eis perſeuerantia ipſa donetur, non ſolùm vt ſine iſto dono perſeuerantes eſſe non poſſint, verùm etiam vt per hoc donum non niſi perſeuerantes ſint. *Auguſt. de Correp. & gr. c.XII.*

actuelles & interieures, que le fang de Iesvs-Christ nous a meritées. Il parle feulement de celle qui eft la derniere de toutes,& qui ne met pas feulement l'homme en eftat de pouuoir agir auec merite, mais qui fert de clôture à toutes les actions meritoires d'vn homme de bien. Bref c'eft le dernier foûpir amoureux de la vie temporelle des predeftinez. Cela fe tire manifeftement de ces paroles du Chapitre VI. du Liure du Don de la Perfeuerance, *hoc Dei donum fuppliciter emereri poteft, fed cum datum fuerit amitti contumaciter non poteft, cum enim perfeuerauerit vfq; in finem,neq;hoc donum poteft amittere,nec alia quæ poterat ante finem.* C'eft à dire, on peut bien impetrer ce don par de tres-humbles prieres, mais quand il eft vne fois donné, on ne le peut point perdre par contumace, puis qu'ayant perfeueré iufqu'à la fin, on ne peut plus perdre ce don, ni mefme les autres qui eftoient fujets à fe perdre auant la fin.

Ie tire de tout ce difcours cette confequence manifefte que Ianfenius, fon Apologifte, & Monfieur Arnauld, qui fe feruent tous trois fi fouuent, & fi peu à propos de cette diftinction des graces de l'homme innocent & de l'homme pecheur, me doiuent fatisfaire & me dire s'ils ne reconnoiffent en l'homme pecheur que la grace de Predeftination & de Perfeuerance, qui fait que l'homme ne peche plus? S'ils tiennent l'affirmatiue, ils fe frayeront le chemin vers Geneve ou vers Charéton;car on fçait bien que les Caluiniftes ne reconnoiffent point d'autres graces que celles qui font immuables, & qui ne nous font point données pour vn coup feulement. Que s'ils reconnoiffent des graces differentes de celle qui eft propre des predeftinez,fçauoir de la Perfeuerâce finale,ils ont grand tort de fonder ces graces victorieufes fur les trois Chap.fameux de la Corr. & de la grace qui ne traittent que de

La Foy n'eft pas feulement baillée pour vn coup aux éleuz, pour les introduire au bon chemin , mais pour les y faire, continuër iufqu'au bout. En l'Art. xxi. De la Confeffion de Foy des Caluiniftes.

la Perseuerance actuelle & finale, comme il est manifeste par le passage que nous venons d'alleguer, & par
les deux Liures entiers que Sainct Augustin a faits en
suite de celuy de la Correction, & de la Grace. Sçauoir celuy de la Predestination des Saincts, & celuy
du Don de la Perseuerance, lesquels ne furent compo-
sez que pour defendre principalement la Doctrine qui
estoit contenuë en ces trois Chapitres du Liure de la
Correction & de la Grace. Il ne faut donc pas donner à toutes les graces de IESVS-CHRIST, de quelle
nature qu'elles soient, les titres de Victorieuses, de tres
efficaces, d'inuincibles, & d'autres qui n'apartiennent
proprement qu'au dernier soûpir vertueux & meritoire des Saincts. Il ne faut pas repeter si souuent,
comme fait le Maître & le disciple, cette distinction
des deux graces qui remplit tant de pages inutilement
& hors de propos. Il ne faut pas tirer de ce principe erroné vne consequence plus erronnée, qu'il n'y a point
en l'état de la nature blessée de graces suffisantes, c'est
à dire des secours qui nous poussent à la verité à bien
prier Dieu, ou à agir vertueusement, mais qui sont
sans effet à cause de nôtre resistance criminelle.

Remarquez aussi touchant la grace medicinale de
IESVS-CHRIST, que si elle ne consiste que dans la
victoire de la Concupiscence, comme le veut Iansenius, & tous ses adherans, comment est-ce que nous
la pourrons rencontrer dans la Sacrée VIERGE, qui n'a
iamais senti des mouuemens mauuais de la part de
cette importune maîtresse? y eut-il iamais de victoire sans combat? y eut-il iamais de combat sans ennemy? Or est-il que la Saincte VIERGE a esté toûjours
exemte des fascheuses attaques de cet ennemy. De
plus dirons-nous que les enfans, ou mesme les personnes âgées qui meurent incontinent apres auoir receu
le baptéme, s'en iront dans le Ciel sans auoir aucune

Vt nemini mirum videri debeat OMNEM Christi gratiam qua recte operamur adeoq; bene viuimus, circa ista duo vitia (scil. ignor. & concup. De quibus paulo antè) voluntatis superanda curandaque versari: nam inde profluit, quod si natura non esset istis vitiis sauciata, opitulatio Saluatoris inaniretur & Crux Christi euacuaretur. Ians. l. 2. de Gr. Chr. Sal. c. 2. c.

obligation à IESVS-CHRIST, puis qu'ils n'ont pas eu cette grace victorieuse laquelle ne consiste que dans le triomphe de la Concupiscence?

Et si la Grace de nôtre Chef, qui est IESVS-CHRIST, n'a pas esté employée à dompter la Concupiscence, puis qu'il n'en auoit point, comme tout le monde sçait, pourquoy nous viendra-t'on dire que la Grace qu'il communique à ses membres, a vne entiere disproportion auec la sienne, & que cette cy consiste essentiellement en vne chose, & celle-là en vne autre toute differante? Ie demeure d'accord que la Grace sert bien souuent à dompter cet ennemi domestique; mais ie soûtiens que ce n'est que par accident, & que sa propre nature consiste à nous vnir à Dieu dés cette vie, ou à nous disposer à cette vnion, ou mesme à la perfectionner : ce qui conuient à la Grace de IESVS-CHRIST, à celle de la Vierge, à celle des Saincts, & du commun des Chrestiens, quoy qu'il y ait de l'inegalité dans les degrez, & dans quelques autres choses qui ne sont pas considerables pour ce regard.

Enfin le Canon 25. du Second Concile d'Orange brise & reduit en poudre CE FONDEMENT, CETTE BASE, ET CETTE CLEF de Iansenius & de Monsieur Arnauld, lors qu'il prononce cette maxime fondamentale de la Foy Catholique. *Nous croyons selon la Foy Catholique*, dit ce Concile, QVE TOVS CEVX QVI SONT BAPTI-SEZ *apres auoir receu la Grace par le Baptéme, peuuent & doiuent accomplir, s'ils veulent agir auec fidelité, les choses qui seruent à leur salut, IESVS-CHRIST les aydant, & cooperant auec eux.* Car premierement cet Oracle de l'Eglise veut que toutes les personnes baptisées ayent le pouuoir de faire ce qui est de leur salut, & Monsieur Iansenius veut le

contraire,

Hoc secundùm fidem Catholicã credimus quod accepta per baptismum gratia omnes baptizati Christo adjuuáte & cooperante, quæ ad salutem pertinent, possint & debeant, si fideliter laborare voluerint, adimplere. Concil. Arauf. Can. 25.

contraire, puis qu'il soûtient que la Grace manque
quelquefois aux justes & aux baptisez. Secondement
cet Oracle declare que si ceux qui sont baptisez veulent agir auec fidelité, ils peuuent accomplir ce qui est
de leur salut. Et Monsieur Iansenius dit en cent endroits que ces mots, *si velint*, *si voluerint*, expriment parfaitement la grace d'Innocence, ou le secours
sans lequel on n'agit point, & qu'il est astheure trop
foible pour agir en l'estat où nous sommes. En effet
il proteste que toutes les graces de possibilité sont des
graces Pelagiennes, & que mesme la grace habituelle
ne découle point des merites de Iesvs-Christ. Et
neantmoins que veulent dire ces mots du Concile
d'Orange, *Gratia per baptismum accepta?* Ne signifient-ils pas la grace habituelle ou sanctifiante, que les
enfans mesme reçoiuent au Baptéme? Ces Termes,
Omnes poßint, veulent-ils dire qu'il y en a quelques
vns parmy les fideles baptisez qui ne peuuent pas
prier ou agir? Qui dit, Tovs, n'excepte personne.
Et ces mots, *si voluerint*, ne signifient-ils pas vne
grace qui laisse la volonté dans l'indifferance d'agir,
ou de ne point agir? Enfin ces mots, *Christo adiuuante & cooperante*, ne montrent-ils pas manifeste-
stement que cette grace, qui laisse l'indifferance de la
volonté, decoule du Sang de IESVS-CHRIST,
comme d'vne source tres-viue & tres feconde? Où
est-ce donc qu'on trouuera dans le Concile, qui a fait
comme vn racourcy de toute la Doctrine de Sainct
Augustin touchant la grace, vn seul mot de cette differance si celebre des deux graces, où trouuera-t'on
ce fondement & cette base dont Monsieur d'Ipre &
Monsieur Arnauld font tant de parade? Ne void-on
pas que cette clef est egarée, & que ce fondement est
ruiné?

Que si quelqu'vn demandoit vne raison probable

X

pourquoy la grace suffisante peut estre apellée vne grace medicinale de IESVS-CHRIST, puis qu'eln'empesche point absolument la maladie ni la cheute dans le peché, je croy que l'on peut répondre pertinemment que le moindre degré de cette grace, qui est interieure, & qui penetre le cœur par le mouuement qu'elle luy donne pour desirer la vie eternelle, guerit en quelque façõ l'ame qui est en peché mortel, de l'impuissance où elle s'estoit jettée d'auoir vne bonne pensée pour son salut. En effet n'est-ce pas guerir vn malade que de le mettre en estat de pouuoir manger & cheminer, encore qu'il ne mange & qu'il ne chemine point auec la mesme facilité que ceux qui sont dans vne tres-parfaite santé? N'est-ce pas guerir suffisamment la volonté infirme, puis qu'on luy donne le moyen de prier le Medecin Celeste, & de soûpirer vers le Ciel pour obtenir de graces plus abondantes pour faire son salut? Ie demeure d'accord que la derniere de toutes les graces qui ne donne pas seulement le pouuoir de plaire à Dieu, mais qui luy plaist en effet, & qui acheue tous les momens de la vie d'vn predestiné, est vne grace medicinale de IESVS CHRIST beaucoup plus accomplie, & plus parfaite, que quelques autres graces qui luy sont données dans le cours de la vie, mais il ne faut pas tirer de cet antecedent veritable vne consequence ridicule, sçauoir qu'il n'y a que cette derniere grace qui merite le nom de medicinale de IESVS-CHRIST, comme encore que l'Apôtre apelle la vie eternelle vne Grace de Dieu en l'Epistre aux Romains, & qu'elle soit effectiuement la plus parfaite de toutes les graces medicinales de IESVS CHRIST, il ne s'enfuit pas neantmoins, que les autres graces qui sont données en cette vie ne puissent estre apellées de ce beau nom.

Ceux qui considereront sans passion & auec attention tout ce que ie viens de dire, verront fans aucune difficulté que ce peu de lignes ruine entierement toute cette puiffante machine, & ce grand coloffe du Liure de Ianfenius. Ie dois la gloire de cette belle Reflexion au P. Iean Bagot, Superieur à prefent de la Maifon Profeffe des Peres Iefuites de Paris, qui l'a puiffament établie en fon Liure intitulé *Libertatis & Gratiæ Chriftianæ Defenfio aduersùs Caluinum & Pelagium in Cornelio Ianfenio Batauo rediuiuos vindice Thoma Auguftino.* On peut dire à bon droit que ce Liure a eu iufqu'à prefent LA GRACE VICTORIÊVSE, puis qu'il a donné quantité de conuiêtions fi puiffantes, que ceux du party de Ianfenius, qui font fi prompts à forger des Liures inutiles, & à repeter cent fois les mefmes chofes, ont demeuré fans repartie : parce qu'il eft hors de leur pouuoir d'y répondre pertinemment.

Voyez auffi l'Auguftinus à Baianis vindicatus. l. 7. c. 6. §. VIII. Compofé par le P. Annat, Confeffeur du Roy.

REFLEXION,

Touchant la Clef pretenduë de toute la Doctrine de Sainct Auguftin, forgée par Ianfenius, & mife en œuure par Monfieur Arnauld.

*S*I *i'auois à confulter les plus grands perfonnages de l'Europe en toute forte d'Arts, de Sciences, & de profeffions, & fi ie demandois leur fentiment touchant le fondement & le principe de l'Art ou de la Science qu'ils profeffent, ne m'auouëroient-ils pas que les Principes des fciences doiuët eftre folides, inmuables, clairs, non equiuoques & à double fens ? N'enfeigneroient ils pas que ce qui fert de maxime fondamentale à toute*

*vne fcience, doit regler & mefurer auec vne grande
proportion toutes les conclufions qu'on peut tirer de cette
maxime? Ne diroient-ils pas que comme les lignes que
l'on conduit à diuers points de la circonferance du cercle,
fortent toutes de celuy qui fait le centre & le milieu, de
mefme toutes les veritez qu'on propofe dans vne fcience
ne font établies que fur vne premiere & principale, qui
fert de bafe & de fondement à toutes les autres? Que fi
ce fondement eft mal affuré, ne faut-il pas neceffaire-
ment que tout ce qui en depend foit entierement ruiné?*

*Que deuiendroit toute la Theologie ancienne & mo-
derne, qui a produit depuis feize fiecles tant d'habiles
DD. fi le difcours fondamental que l'on tire des propofitions reuelées de Dieu foit de l'Ecriture, foit de la Tradition, pouuoit étre ruiné par les Athées & par les Libertins? Si les motifs de nôtre Foy, qui font les raifonnables
& capables, de la perfuader aux Infidelles, eftoient equiuoques, & mal établis, auec quelle hardieffe iroit-on à
la Chine, au Iapon, & en Canada, s'expofer à endurer
la mort pour confeffer le Nom de IESVS-CHRIST?*

*Que deuiendroit le droit Canon, fi on ne propofoit
que des Conciles douteux, des Canons & des Loix reuo-
quées, des Decrets des Sainĉts Peres fuppofez, ou du
moins qui ne fuffent conceus qu'auec des termes equiuoques?*

*Que deuiendroit toute la Polytique, fi le Code & le
Digefte n'auoit que des fondemens pleins d'amphibolo-
gie, & des paroles à double fens? Si les Arrefts des
Cours fouueraines eftoient à tout propos fuiets à interpretation, n'ouuriroit-on pas inceffament la porte à toutes les chicanes du monde?*

*La Medecine feroit vne pure illufion, fi on ne prenoit
du fein de la nature & des experiences certaines des
Principes affurez dans le general, & fi la prudence des*
                                                    expers

expers ne tiroit ensuite des conclusions infaillibles en plusieurs circonstances.

L'Histoire passeroit pour vne fable, & les belles let-tres pour vn galimathias, si on ne s'appuyoit que sur des equiuoques, & sur des fondemens incertains.

Faudra-t'il donc que ce raisonnement soit veritable, & hors de toute contestation en toutes les sciences, & en tous les Arts; & qu'il se trouue faux, lors qu'il sera question de decouurir le sentiment d'vn Pere dans les Controuerses qu'il a faites contre des Heretiques? Se peut-on imaginer que la maxime fondamentale de toute la Doctrine de la Grace, ait esté inconnuë à Sainct Au-gustin pendant vne vintaine d'années, où si elle luy a esté connuë qu'il n'en ait parlé que sur la fin de sa vie, & que mesme vn peu deuant sa mort il ne l'ait debitée qu'auec des termes equiuoques? Peut-on croire que cet-te grace de santé & la medicinale expliquée dans le sens de Iansenius & de Monsieur Arnauld, ait esté cachée à tous les Conciles, à tous les Papes, à tous les Saincts Peres, à tous les Docteurs, à tous les doctes, à toute l'E-glise, à la reserue de Iansenius, de Monsieur Arnauld, & d'vne poignée de gens qui n'ont paru que depuis dix ou douze ans?

Mais il n'est pas necessaire de consulter les sçauans ni les oracles de la Sorbone, il ne faut que demander à toutes les personnes de sens commun, si ces nouuelles opinions peuuent subsister ailleurs que dans l'idée des disciples de Iansenius, puis qu'on void que Sainct Au-gustin s'est assez expliqué touchant la distinction de ces deux graces, & qu'il faut auoüer que celle qui n'est don-née qu'à la nature malade & blessée, doit estre sans doute plus forte que celle qui fut donnée à la nature sai-ne & innocente, mais il ne s'ensuit pas que la medici-nale doiue toûjours estre suiuie de l'effet, ou qu'elle soit

Y

efficace par elle-mesme selon le langage du Port Royal.

Il ne reste donc qu'à tirer cette consequence infailli- ble, touchant la C L E F pretenduë de Iansenius, & de Monsieur Arnauld, qu'elle est tout à fait inutile pour ouurir les tresors de la Doctrine de Sainct Augustin, & qu'elle ne doit plus seruir desormais qu'à estre iettée parmy la vieille ferraille.

Chap. IX.

Du Libre Arbitre.

Proposition de l'Augustin d'Ipre.

Definitio Liberi Arbit. quod positis omnibus ad agendũ requisitis potest a- gere vel non agere, Augustino & eius discipulis per multa secula fuit ignotissi- ma. Ianf. l.8. de gr. Chr. c. 19.

1. LA definition du Libre Arbitre qui peut agir ou n'agir pas, supposé qu'il ait tout ce qui est requis pour agir, a esté fort inconnuë à Sainct Augustin, & à ses disciples pendant plusieurs siecles. Iansenius au Liure 8. de la Grace de Iesvs-Christ, au Chapitre 19.

Opposition de l'Augustin d'Hyppone.

Hoc quisq; habere dicitur in potestate, quod si vult facit, si nõ vult, non facit. Aug. lib. de Spir. & Lit. c. 31.

Chacun a en son pouuoir ce qu'il fait s'il le veut, & ne fait point s'il ne veut point. Sainct Augustin au Liure de l'Eprit & de la Lettre, au Chap. 31.

Proposition de l'Augustin d'Ipre.

Duplex necessitas Augustino, coactio- nis & simplex seu voluntaria. Illa, non hæc repugnat liber-

2. Il y a deux sortes de necessité dans la Doctrine de Sainct Augustin. L'vne est de contrainte & de violen- ce, l'autre est simple & volontaire. Celle-là, & non sette-cy repugne à la liberté. Iansenius au Liure 6.

Opposition de l'Augustin d'Hyppone.

Ie ne voy pas qu'on puisse mesme douter que les ames ayent le Libre Arbitre ; car Dieu a jugé que ses seruiteurs seroient meilleurs s'ils le seruoient librement, ce QVI NE SE POVRROIT FAIRE EN FACON QVELCONQVE S'ILS LVY SERVOIENT PAR NECESSITE', Sainct Augustin au Liure de la Vraye Religion au Chapitre 14. Et disputant contre Felix Manicheen. *Vous voyez que sans y penser vous auez confirmé le langage du Libre Arbitre : car il n'a pas dit, ils n'ont pû, mais ils n'ont pas voulu.*

Iamais S. Augustin n'a corrigé ces deux propositions qui montrent que la liberté consiste a pouuoir faire ou à s'abstenir. Au contraire il les authorise & les confirme au Liure de la grace & du Libre arbitre, au Chap. 2. qu'il a fait contre les Pelagiens, où apres auoir raporté ce passage de l'Ecclesiastique tout au long, au Chap. xv ver. 17. *Il vous a mis deuant les yeux le feu & l'eau, étendez vôtre main à ce que vous voudrez. La mort & la vie sont en la veuë de l'homme, & on luy donnera ce qu'il luy plaira,* il adjoûte, *Voilà que nous voyons le Libre Arbitre de la volonté de l'homme exprimé tres clairement.*

Puisque le Libre Arbitre est exprimé tres-clairement lors qu'on dit qu'il peut choisir la vie ou la mort, il s'ensuit que toute sorte de necessité le blesse, si elle precede l'action, car si l'on ne propose que la vie, le Libre Arbitre n'est pas tout entier, de mesme si on ne propose que la mort, le Libre Arbitre n'est qu'à demy, puisque Saint Augustin écriuant contre les Pelagiens, veut que le Libre Arbitre soit exprimé tres claire-

tati. Ianf. l. 6. de gr. Chr. cap. 6.

Ne hoc quidem dubitandum video habere animas liberum arb. tales enim Deus seruos suos meliores esse iudicauit si ei liberè seruirent, quod fieri nullo modo posset, si ei necessitate seruirent. Aug. l. de vera Relig. cap. 14. Et in actis cum Felice Manich. lib. 2. cap. 5. Vides in tuis verbis confirmatum esse etiam à nesciente quid loqueretur liberum arbit. non enim dixit non potuerint sed noluerint. Et lib. de Gra. & lib. arb. c. 2. post illud Ecclesiastici, Apponet tib: ignem & aquam, ad quodcumq; volueris extende manum tuam. In conspectu hominis vita & mors, & quodcumq; placuerit dabitur ei. Ecce apertissime videmus expressum liberum humanæ voluntatis arbitrium. Ecclesiasti. xv. 17.

ment dans la Propoſition ou dans l'Appoſition de la vie & de la mort, & en ſuite dans le chois qu'on peut faire de l'vn ou de l'autre. On ne peut icy rien repliquer qui ait quelque aparence de raiſon : car Sainct Auguſtin n'a iamais rien auancé directement ou indirectement, qui choque tant-ſoit-peu cette verité qu'il a ſi puiſſament établie par quantité de paſſages de l'Ecriture Saincte contre les ennemis de la Grace en ce Liure de la Grace & du Libre Arbitre, où il parle du Libre Arbitre qui nous eſt reſté apres le peché d'Adam.

Propoſition de l'Auguſtin d'Ipre.

Ad merendum vel demerendū non requiritur in homine libertas à coactione. Ianſ. lib. 2. de grat. Chr. c. 4. & ſeq. & l. vi. c. 38. & l. 7. c. 5.

Voyez le nombre ſuiuant immediatement en ce méme Chapitre, où l'on void aſſez la penſée de Ianſenius.

3. *Pour meriter ou demeriter il n'eſt pas requis que l'homme ait la liberté de neceſsité, il ſuffit d'auoir celle de contrainte.* Ianſenius au Liure 2. de la Grace de IESVS-CHRIST, au Chapitre 4. & aux autres ſuiuans. Voyez auſſi le Liure 6. chap. 38. & le Liure 7. chap. 5.

Encore que cette Propoſition ne ſoit pas peut-eſtre mot à mot dans Ianſenius, elle ne laiſſe pas d'y eſtre ſuffiſament, ſi on conſidere les Chapitres que ie viens de citer, & qu'il aſſeure au Chapitre 9. du Liure de la Grace de IESVS-CHRIST, que la grace ſuffiſante, qu'il apelle vne ayde de poſſibilité, ne peut faire qu'vn merite humain. D'ailleurs il eſt ayſé de recueillir par la notion qu'il donne de la liberté, que la ſeule violence la choque & la bleſſe. D'où l'on tire cette propoſition entiere, que nous auons citée, que pour meriter ou demeriter, il n'eſt point requis que l'homme ait la liberté de la neceſſité, mais ſeulement celle de la contrainte. Entendant que pour meriter vrayment & non d'vn merite humain, il ſuffit de vouloir le bien, quoy que cette volonté procede d'vne

grace

grace determinante & neceſſitante. Voylà le vray
ſens de cette Propoſition, qui eſt auſſi celuy de Ianſenius.

Oppoſition de l'Auguſtin d'Hyppone.

Si les mouuemens de la volonté n'eſtoient pas en nô-
tre pouuoir, l'homme ne ſeroit pas loüable lors qu'il s'é-
leue en haut, ni blâmable lors qu'il ſe porte aux choſes
d'icy bas. Sainct Auguſtin au Liure 3. du Libre Arbitre, au Chap. 1.

Cette Propoſition n'a iamais eſté corrigée par Sainct
Auguſtin, au contraire il l'a aprouuée ſouuent dans
les Liures qu'il a faits contre les Pelagiens.

Propoſition de l'Auguſtin d'Ipre.

'4. Nulle neceſsité n'eſt à craindre aux Actes de la
Volonté, mais ſeulement la force & la contrainte. Ianſenius au Liure 8. de la Grace de IESVS-CHRIST,
au Chap. 19.

Oppoſition de l'Auguſtin d'Hyppone.

Si ce mouuement exiſte par nature ou par neceſsité, il
ne peut eſtre coupable en façon quelconque. Sainct Auguſtin au Liure 3. du Libre Arbitre, au Chapitre 1.
& au Liure des deux Ames. *C'eſt vne grande injuſtice*
& vne extréme folie, de dire que quelqu'vn eſt coupa-
ble pour n'auoir fait ce qu'il n'a pû faire.

Ceux qui nous pourront montrer clairement & nettement, que Sainct Auguſtin s'eſt retracté en ce point,
nous obligeront à croire que ceux-là ne ſont pas infa-
tuez, & meſme qu'ils ne ſont pas dans vne folie extréme qui aſſeurent qu'il ſuffit, pour eſtre coupable,

---

Marginal notes:

Motus voluntatis niſi eſſent in noſtra poteſtate, neque laudandus homo cum ad ſuperiora, neque culpandus cum ad inferiora conuertitur. Aug. l. 3. de arb. c. 1.

Nulla neceſſitas formidanda eſt actibus voluntatis, ſed ſola vis coactionis. Ianſ. l. 8. de gr. Chr. c. 19.

Si natura aut neceſſitate iſte motus exiſtit, culpabilis eſſe nullo pacto poteſt. Aug. l. 3. de lib arb. cap 1 & lib. de duabus animabus. Dicere peccati reum teneri quenquam, quia non facit quod facere non potuit, ſummæ iniquitatis eſt & inſaniæ.

d'auoir fait quelque chofe par vne neceſſité ineuita-ble, pourueu que çait eſté ſans force ni contrainte.

Chap. X.

De l'accord de la Grace auec le Libre Arbitre.

Propoſition de l'Auguſtin d'Ipre.

Operatio Gratiæ diametraliter repugnat libertati Philoſophicæ & indiffeͤrētiæ libertatis. Ianſ. l.7. de gr. Chr. c 14.

1. L*'Operation de la Grace eſt oppoſée diametrale-ment à la liberté de la Philoſophie, & à l'indifferance de la liberté.* Ianſenius au Liure 7. de la Grace de IESVS-CHRIST, au Chap. 14.

Oppoſition de l'Auguſtin d'Hyppone.

Liberum Arb. non euacuatur per gratiam, ſed ſtatuitur, quia gratia ſanat voluntatem, vt iuſtitia diligatur. Aug. l. de Spir. & lit. c. 3.

Le Libre Arbitre n'eſt pas aneanty, mais il eſt eſtably par la grace, parce que la grace guerit la volonté pour aymer la juſtice. Sainct Auguſtin au Liure de l'Eſprit & de la Lettre, au Chap. 3.

Ce paſſage eſt tres-fort, eſtant joint à ceux que nous donnerons aux Verſets ſuiuans, qui expriment aſſez ce que ce Pere entend par le Libre Arbitre.

Propoſition de l'Auguſtin d'Ipre.

Illæ paſſim apud Pelagianos Phraſes ſunt, gratiam prouocare, allicere, cooperari volūtati Ianſ. l. ſ. de hær. Pelag. c. xi.

2. *Ce ſont des façons de parler Pelagiennes, la grace prouoque, attire, coopere à la volonté.* Ianſenius au Liure ſ. de l'Hereſie Pelagienne, au Chap. xi.

Oppoſition de l'Auguſtin d'Hyppone.

Cooperando Deus in nobis peͤrficit

Dieu acheue en nous en cooperant ce qu'il commance en

operant, car il opere en commançant, afin que nous voulions, *& il coopere en acheuant en ceux qui veulent.* Sainct Augustin au Liure de la Grace & du Libre Arbitre, Chap. 17. *Celuy qui vous a fait sans vous, ou sans voftre cooperation, ne vous iustifie pas sans vous,* c'eft à dire sans vôtre cooperation. Sainct Augustin au Serm. 15. des paroles de l'Apôtre, Chap. 11.

quod operando incipit, quia ipse vt velimus operatur incipiens, qui volentib⁹ cooperatur perficiens. Aug. de gr. & Lib. Aib. cap 17. Qui ergo fecit te sine te, non te iustificat sine te. Serm.15. de verb. Apostoli. c.11.

Autre Opposition de l'Auguftin d'Hyppone.

Dieu a voulu que l'acte de nôtre volonté fût à luy & à nous, à luy par la vocation, à nous par l'obeyssance. Sainct Augustin au Liure 1. à Simplicien en la Queft. 2. *Ces deux chofes, croire & agir font à nous à caufe de la liberté de la volonté, & l'vn & l'autre eft donné par l'efprit de la Foy & de la Charité.* Sainct Augustin au Liure 1. des Retractations. *Il ne nous ayde pas s'il ne fait rien, & il ne coopere point, si vous ne faites rien.* Auguftinus de verbis Apoftoli, Serm. 13.

Vt velimus & suum esse voluit & nostrú, suum vocando, nostrum sequendo. Auguft. l. 1. ad Simpl. q. 2. Credere & operari vtrumq; nostrú eft propter arbitriú volútatis, & vtrumq; datum per spiritum fidei & charitatis. Aug. l. 1. Retr. c. 23. & lib de præd §. c. 3. Non adiutor eft ille si nihil agit, nec cooperator, si nihil operamini. Aug. de verbis Apost. Serm. 13.

Autre Opposition de l'Auguftin d'Hyppone.

Si ie vous propofois cette Queftion, comment eft-ce que le Pere attire, s'il laisse à vn chacun la liberté de choisir, peut-eftre la foudriez-vous auec difficulté, car comment attire-t'il, s'il laisse à vn chacun le pouuoir de choisir ce qui luy plaift? ET NEANMOINS L'VN ET L'AVTRE EST VRAY, bien que peu de perfonnes le puissent comprendre. Sainct Auguftin au Liure 2. contre Pelilien au Chap. 5.

Puifque cette Propofition de Sainct Auguftin n'a jamais efté retractée, & qu'elle dit si clairement que nonobftant l'attraction de la Grace, l'homme peut

Si tibi proponerem hanc quæftionem, quomodo trahat Pater si dimittit vt quis quod voluerit, eligat, difficilè fortasse eam foluturus esses; quomodo enim trahit, si dimittit vt quis, quod voluerit, eligat? Et tamen vtrumq; verum eft, licet ifta penetrare intellectu pauci valeant. Auguft lib. 2. cont. Petil. c. 5.

choiſir ce qu'il veut, ie m'étonne qu'il ſe trouue des hommes qui ſe veuïllent qualifier les diſciples de Sainct Auguſtin, apres auoir ſoûtenu hardiment que TOVTE LA DETERMINATION DE LA VOLONTE' doit eſtre attribuée à la Grace, en ſorte qu'il faille faire l'excluſion de tous les Actes de la volonté, deſignez par la marque conditionelle, & par ces mots autoriſez par le Concile de Trente, *ſi velit*; & que l'operation de la Grace eſt diametralement oppoſée à la liberté d'indifferance, laquelle ne ſignifie qu'vn pouuoir de conſentir à l'vne des deux propoſitions contradictoires ou oppoſées disjonctiuement par ex. à entendre la Meſſe vn iour de Feſte, ou à ne l'entendre pas.

Autre Oppoſition de l'Auguſtin d'Hyppone.

Si deux hommes ſont dans vne égale diſpoſition d'eſprit & de corps, & qu'ils voyent vn beau viſage, s'ils ſont attaquez d'vne meſme tentation, & que l'vn y ſuccombe, & l'autre demeure toûjours ferme au meſme état où il étoit auparauant, qu'eſt-ce qui paroît, ſi ce n'eſt que l'vn a voulu perdre la chaſteté, & que l'autre ne la pas voulu? Sainct Auguſtin au Liure 12. de la Cité de Dieu au Chap. 6.

Dans l'opinion de Monſieur d'Ipre, celuy qui vainc vne tentation, tombe infailliblement en vn peché d'vne autre eſpece, lors qu'il eſt depourueu de la grace victorieuſe de IESVS-CHRIST, comme il eſt conſtant par le paſſage que nous en citerons au Chap. ſuiuant, outre vne infinité d'autres endroits où il dit la meſme choſe que nous ne citons pas. Donc celuy qui demeure ferme dans le meſme eſtat où il eſtoit auparauant, ne tombe pas en vn nouueau peché ſans la

Grace,

Ianſ. l. 2. de Gr. Chr. c. 23.

Qu'eſt-ce que la liberté d'indifference?

Si duo æqualiter affecti animo & corpore videant vnius corporis pulcritudinem, & ſi eadē tentatione ambo tentētur, & vnus ei cedat atque conſentiat, alter idem qui fuerat perſeueret, quid aliud apparet, niſi vnū voluiſſe, alterum noluiſſe à caſtitate deficere? Aug. l. 12. de ciu. Dei. c. 6.

grace, car s'il tomboit en vn peché nouueau, il ne feroit
pas en la méme difpofition de l'efprit & du corps, parce
qu'il feroit fouïllé d'vn nouueau peché, lequel fans
doute caufe vn changement étrange dans l'efprit. Que
fi celuy qui fuccõbe à la tentation eftoit, auant que de
tomber en peché, dans vne mefme difpofition d'efprit
que celuy qui a demeuré ferme, il s'enfuit qu'il a eu la
grace excitante pour refifter à la tentation auffi bien
que celuy qui a refifté en effet, & que nonobftant cette grace, l'vn a obey & l'autre a dés-obey. Nous auons
expliqué ailleurs fort au long, comment cela fe fait
fans que la nature ait le deffus fur la grace, ie ne m'y
arrefteray point maintenant. Ie fçay les réponfes
friuoles que fait Ianfenius à ce paffage de Sainct Auguftin, mais ie fçay auffi les repliques folides & perti-
nentes que fait le P. Annat en fon *Auguftinus vindicatus lib.* VIII. *cap. 11. pag. 315.* Cét abregé ne me permet pas de mettre icy tout ce qui fe peut dire, principalement lors que les chofes que ie laiffe ne font pas
de fi grande importance.

Propofition de l'Auguftin d'Ipre.

*3. S'il n'y a point d'autre liberté que celle qui a le
chois d'agir ou de n'agir pas, on ne peut point éuiter
de tres-grandes abfurditez, par lefquelles toute la doctrine de Sainct Auguftin eft entierement ruinée.* Ianfenius au Liure 7. de la Grace de IESVS-CHRIST,
au Chap. 14.

Si non eft alia liber-
tas nifi agendi vel
non agendi, grauif-
fima abfurda vitari
nequeunt quibus to-
ta doctrina Augu-
ftini funditus euer-
titur. Ianf. l. 7. de
gr. Ch. c. 14.

Oppofition de l'Auguftin
d'Hyppone.

*Le vouloir & le non-vouloir eft tellement en la
puiffance de celuy qui veut & ne veut pas, qu'il n'em-*

Sic enim velle &
nolle in volentis eft
poteftate, vt diui-

pesche point la volonté de Dieu, ni n'en surmonte le pouuoir. Sainct Augustin au Liure de la Correction & de la Grace , au Chap. 14.

Bien que l'homme ait le pouuoir d'obeïr ou de désobeïr à la volonté de Dieu, il n'en surmonte pas neantmoins la puissance ; parce que Dieu vainc toûjours & châtie celuy qui n'aura pas voulu se tenir dans le deuoir. Nous montrerons plus bas , & sur l'Epistre aux Romains, que l'homme ne peut resister à la volonté absoluë de Dieu , mais qu'il peut resister à la conditionelle, & on verra que les effors de la troisiéme Apologie sont inutiles.

Chap. XI.

Des Pechez.

Proposition de l'Augustin d'Ipre.

1. **L**A liberté de bien faire & de s'abstenir du mal *est perduë , & la necessité de pecher a esté substituée au lieu de la Liberté.* Iansenius en plusieurs endroits. Voyez entr'autres le Chap. xi. & 18. du Liure 3. *De Statu nat. lapsa.*

Opposition de l'Augustin d'Hyppone.

Dieu a mis au pouuoir de vôtre liberté le moyen de preparer le lieu à Dieu ou au diable. Sainct Augustin en l'Homilie 16. des 50.

Ce passage est si fort pour montrer que la liberté d'indifference, n'est point perduë par le peché du premier homme, que ceux qui n'ont pas vne memoire heureuse pour retenir tant de beaux passages que nous auons alleguez à ce sujet, n'ont qu'à bien retenir cettui-cy, qui est fort court, & ils arresteront le plus subtil de tous les ennemis de nostre liberté.

Proposition de l'Augustin d'Ipre.

2. La volonté est incessamment assujetie au poids & à la domination de la Concupiscence, en la mesme façon que la volonté des bien-heureux est assujetie en tous ses mouuemens à l'Amour de Dieu. Ianf.l.1.de Gr.Chr.c.4.

Opposition de l'Augustin d'Hyppone.

Si ce mouuement est coupable.....il n'est pas necessaire, mais volontaire, & il est semblable au mouuement par lequel la pierre descend en ce que comme cettui-cy est propre à la pierre, de mesme celuy-la est propre à l'esprit. Toutefois il est different en ce que LA PIERRE N'A POINT LE POVVOIR DE RETENIR SON MOV-VEMENT VERS LE CENTRE, MAIS L'ESPRIT NE SE MEVT PAS AINSI LORS QV'IL NE VEVT PAS. *.....D'où vient que si quelqu'vn dit que la pierre peche, lors qu'elle tend vers son centre, ie ne dis pas qu'il est plus insensible que cette pierre, mais certes qu'il doit estre pris pour vn insensé.* Sainct Augustin au Liure 3. du Libre Arbitre, au Chap. 1. & 2.

S. Augustin nous enseigne que le mouuement volontaire, & qui n'est pas necessaire, peut estre retenu par celuy qui se meut, tout au contraire du mouuement de la pierre : donc la volonté n'est pas assujetie à la domination de la Concupiscence, comme la volonté des bien-heureux est assujettie à l'amour de Dieu, car on sçait assez que les bien-heureux ne peuuent en façon quelconque retenir l'acte d'Amour de Dieu, au lieu que Sainct Augustin asseure que l'homme peut retenir les actions coupables tout au contraire de la pierre.

Voluntas concupiscentiæ imperio & ponderi indefinenter seruit, eodé modo quo volútas beatorum in omnibus motibus seruit diuinæ charitati. Ianf.l. 1. de gr. Chr. c. 4.

Qui motus si culpæ deputatur .... non est vtique naturalis, sed voluntarius, in eoque similis est illi motui quo deorsum versùs lapis fertur, quod sicut iste proprius est lapidis, sic ille animi : verumtamen in eo dissimilis, quod in potestate non habet lapis cohibere motú quo fertur inferiùs : animus verò dum non vult, non ita mouetur ...... Hinc est quod lapidé si quis dicat peccare, quod pondere suo tendat in infima ; non dico isto lapide stolidior, sed profectò demens iudicatur. Aug. l. 3. de Liber. Arb. c. 1. & 2.

Ie sçay que les disciples de Iansenius tâchent de s'échaper apres leur Maître, & qu'ils nous veulent faire à croire qu'ils ne ruinent pas la liberté d'indifference, parce, disent-ils, que les plus éloignez de croire ou d'aimer Dieu, ne laissent pas d'auoir la liberté de croire, & que les plus abominables ont le pouuoir de se conuertir, si Dieu leur en donne la grace, non qu'ils ayent aucune grace suffisante, disent-ils, mais quand ils l'auront, ils se conuertiront, & bien que Dieu ne la leur donne iamais, & que iamais ils ne se doiuent conuertir, toutefois c'est assez que Dieu la leur puisse donner. Ie m'estonne que des hommes de sens commun n'ayent pas pris garde que si ce pouuoir que Dieu a de donner la Foy & la Charité aux plus impies, & aux plus abandonnez, suffisoit pour dire qu'ils ont la liberté de se conuertir, bien qu'effectiuement ils n'ayent aucune grace interieure, on diroit tout de mesme que nous sommes libres à faire des actions theandriques, c'est à dire qui procedent de l'vnion hypostatique ; parce que si Dieu vouloit il nous la pourroit donner, & nous pourrions agir en cette hypothese diuinement. Il est neantmoins ridicule de dire que nous ayons la liberté d'agir diuinement : bien que l'vnion hypostatique nous puisse estre accordée : parce que ce pouuoir est si eloigné, qu'il est ridicule de l'appliquer à la liberté. Autrement la puissance que les Theologiens apellent d'obeïssance suffiroit pour me rendre libre. Ainsi ie serois libre à ressusciter vn mort : parce que si Dieu me donnoit la grace de faire ce miracle, ie la pourrois effectiuement mettre en execution. Qui ne void qu'il est pour le moins aussi ridicule de dire qu'vn homme debauché, qui dans le sentiment de Iansenius n'a point pour tout de grace du Ciel pour se conuertir, a neantmoins la liberté de faire vne saincte Conuersion, parce que s'il plaisoit au

bon

bon Dieu, il a dans ſes threſors aſſez de graces pour
luy donner l'eſprit de componction & de Penitence?
Ainſi le plus miſerable du monde auroit la liberté de
diſpoſer des threſors de l'épargne : parce que ſi le Roy
luy donnoit ce pouuoir, il en vſeroit ſans doute à ſa
volonté, y a-t'il d'abſurdité au monde comparable à
celle-là?

Propoſition de l'Auguſtin d'Ipre.

*3. Afin que l'on puiſſe dire que la volonté peche depuis
la cheute d'Adam, il n'eſt pas neceſſaire que pendant
qu'elle peche, elle puiſſe s'abſtenir de pecher.* Ianſenius
au Liure 8. de la grace de Iᴇsᴠꜱ-Cʜʀɪꜱᴛ au Chapitre 20.

*Vt voluntas homi-
nis lapſi dicatur
peccare , non eſt
opus, yt dum pec-
cat, abſtinere poſſit
à peccato. Ianſ. l.8.
de gr. Chr. c, 10,*

Oppoſition de l'Auguſtin d'Hyppone.

*De quelle cauſe que vienne la volonté, ſi on ne luy
peut reſiſter, elle eſt ſans aucun peché. Car qui eſt-ce qui
peche, en ce qu'il ne peut euiter en façon quelconque?
Sainct Auguſtin au Liure de la Nature & de la Grace,
au Chap. 67.*

Ce paſſage eſt conuainquant, & il eſt tiré d'vn Liure
que Sainct Auguſtin a compoſé contre les Pelagiens.
Notez que par la volonté il entend l'acte ou l'action,&
non la puiſſance ou la faculté.

*Quæcumque eſt iſta
cauſa voluntatis ſi
non poteſt ei reſiſti,
ſine peccato ei cedi-
tur. Quis enim in eo
peccat quod vitare
nullo modo poteſt ?
Aug. l. de nat. &.gr.
c. 67.*

Propoſition de l'Auguſtin d'Ipre.

*4. La volonté de l'homme eſt bien libre par l'indiffe-
rence d'exercice de ne commettre pas ce peché icy en particulier, ou celuy-là, mais elle eſt neceſſitée quant à l'eſpece ; de ſorte qu'elle peche actuellement toutes les fois
qu'elle agit.* Ianſ. au Liure 4. de Sta. nat. lapſ. c. 19.

*Voluntas hominis
eſt quidem libera ne
committat hoc vel
illud peccatum in-
differentia exercitij;
eſt tamen neceſſita-
ta quoad ſpeciem vt*

peccet actu quotiefcumque agit. Ianf. l. 4. de ftat. nat. lap. c. 14.

Qu'est-ce que liberté de l'exercice, & liberté de l'espece.

Les Philofophes difent que l'homme eft libre quant à l'exercice, lors qu'il peut faire ou ne point faire la mefme chofe; & qu'il eft libre quant à l'efpece, lors qu'il peut faire cecy ou cela, aller icy ou là, &c. Ianfenius foûtient que noftre ame, qui eft attachée au mal en general fans la grace victorieufe, eft neantmoins dans la liberté de choifir ce peché en particulier ou celuy-là, comme vn chien enchaîné peut bien aller à droit ou à gauche, deuant ou derriere, mais dans les termes & dans les limites où la chaîne fe peut étendre, & non au delà. La captiuité eft à l'égard du lieu qui paffe les limites : Et l'indifference ou la liberté eft à l'égard de l'efpace qui eft compris dans les limites. De mefme la captiuité de l'ame confifte en ce qu'elle ne peut s'affrãchir du mal; ce font là fes bornes & fes limites; mais fa liberté confifte en ce qu'elle peut choifir ce peché ou ce crime, comme bon luy femble. Voylà en peu de mots en quoy confifte la myfterieufe liberté de Ianfenius.

Oppofition de l'Auguftin d'Hyppone.

Rogo vos Fratres. Quare Satanas feducit ad peccandũ, cum Deus pofuerit in poteftate veftra non confentire? Aug. hom. 12. ex 50.

Ie vous demande, mes Freres, pourquoy Satan en feduit plufieurs, & les fait tomber en peché, puifque Dieu vous a donné le pouuoir de n'y pas confentir? Sainct Auguftin en l'Hom. 12. des 50.

Sainct Auguftin auroit grand tort de faire cette demande, s'il croyoit que Dieu ne donne point fa grace victorieufe & determinante à ceux qui pechent : car on luy eut pû répondre. Mon Pere il ne faut pas vous étonner fi le diable en feduit plufieurs, puifque Dieu les abandonne, & qu'il ne leur donne pas cette grace determinante fans laquelle il faut abfolument qu'ils fe mettent du party du diable. Ceux qui fe difent les difciples de Saint Auguftin, expofent fa Doctrine à la

cenſure des Sages, & à la riſée des ignorans ; mais
ceux qui ſuiuent l'eſprit de l'Egliſe, qui a toûjours en
ce point fait grand eſtat de ce Pere, ont de quoy s'é-
tonner auec luy, que les hommes qui ſont ſi bien ar-
mez pour ſe defendre contre le diable, manquent
neantmoins de courage, & ſe rendent laſchement entre ſes mains, lors qu'ils luy peuuent reſiſter.

Propoſition de l'Auguſtin d'Ipre.

5. *L'ignorance inuincible n'excuſe point de peché.*
Ianſ. l. 2. de ſtat. nat. lapſ. c. 2.

L'ignorance inuincible eſt vne ignorance des choſes
qu'il nous eſt impoſſible de ſçauoir, & l'ignorance
vincible au contraire, ou craſſe, eſt vne ignorance des
choſes qu'il nous eſt facile ou poſſible de ſçauoir.

Oppoſition de l'Auguſtin d'Hyppone.

*On ne vous tient pas coupable de ce que vous ne ſça-
uez pas ce que vous ne pouuez ſçauoir : mais de ce que
vous negligez de chercher ce que vous ignorez.* Aug.
l.3. de Libero Arb. c. 19. Ce paſſage eſt confirmé au
Liure de la Nature & de la Grace, qui eſt fait contre
les Pelagiens. *L'ame n'eſt pas iugée coupable de ce
qu'elle ne ſçait pas, mais ſeulement de ce qu'elle a negligé de ſçauoir.* Aug. au 3. Liure du Lib. Arb. c.22.

Propoſition de l'Auguſtin d'Ipre.

6. *Les pechez qu'on n'a pû euiter nous rendent coupables.* Ianſ. l. 2. de Sta. nat. lapſ. c.4.

Bb ij

Opposition de l'Augustin d'Hyppone.

Quis verò in eo pec-
cat , quod caueri
nullo modo poteſt ?
Aug. l.3. de lib,arb.
c. 18.

Qui eſt-ce qui peche en ce qu'il ne peut euiter? Aug. l.3. de lib. arb. c. 18.

Ceux qui nous veulent faire à croire que Dieu voyant les hommes engagez dans la maſſe corrompuë du peché originel, exhorte iuſtement ceux qui reſtent dans l'impuiſſance d'agir , & qui ſont ſous la tyrannie de leur concupiſcence , & qu'encore qu'il ne leur donne point de grace pour obeyr à ſes commandemens, il les menace & les châtie auec grande equité, pour auoir contreuenu à ſes Lois, ceux-là, dis-je, feront vn grand ſeruice au public, d'expliquer leur penſée touchant ce que ie m'en vay leur propoſer. N'eſt-il pas vray que l'ignorance, dans laquelle nous naiſſons, eſt auſſi bien vn reſte du peché originel que la concupiſcence, puiſque ſi Adam n'eut pas peché, nôtre eſprit n'eut pas eſté couuert de tenebres dés nôtre enfance, à l'égard meſme des choſes naturelles? Poſons qu'vn Ange, ou bien vn homme fort eclairé , & meſme bien-heureux, ſi vous voulez, commande à vn enfant de quatre ou cinq ans de luy compter tous les Aſtres du firmament, d'en dire les inflences & les vertus occultes, d'étaler toutes les proprietez des ſimples qui ſont dans toutes les quatre parties du monde, toutes les eſpeces des pierres communes & precieuſes, les diuers ordres des mineraux, des vegetaux, & des animaux, & de l'eſprit vniuerſel qui augmente & qui donne la vigueur à toutes ces choſes. Bref tous les threſors qui ſe rencontrent en la nature. Suppoſons que cet Ange ou cét homme châtie rudement ce pauure enfant, qui ne luy ſçait pas rendre raiſon de ces choſes qui ſont audeſſus de ſa connoiſſance, pourrons-nous iuſtifier ce rude châtiment, comme s'il eſtoit fort iuſte & fort equitable,

puis

puis qu'on demande à vn enfant, ce qu'il ne peut ſça-
voir en l'état où nous ſommes? On a beau dire que
cet enfant ne laiſſe pas d'eſtre coupable, parce qu'il
retient encore ce mauuais reſte de la coulpe d'Adam,
qui eſt l'ignorance des choſes naturelles. On a beau
alleguer qu'il a pû ſçauoir toutes ces choſes , puis
qu'il eſt capable de luy-meſme d'auoir la connoiſſance
parfaite de la nature, & que s'il ne l'a pas, c'eſt ſa faute, à cauſe du peché, dont il eſt participant. Ne voylà pas vne belle Doctrine fort propre à eſtre preſchée
dans les Terres neuues , & dans les païs des Infideles?
Quel carnage & quelle boucherie ne pourroit-on pas
faire, ſi on s'imaginoit eſtre illuminé des lumieres &
des Graces Diuines,& que la pluſpart des autres crou-
piſſent dans l'ignorance,qui ne laiſſe pas d'eſtre criminelle,puiſqu'elle eſt volontaire en ſa ſource,ſçauoir en
la volonté de nôtre premier Pere? Que ſi nous n'ozerions attribuër à vne creature raiſonnable l'injuſtice
d'vn commandement, & d'vn châtiment ſi peu equitable, comment eſt-ce que nous ozerions dire que
Dieu, qui eſt l'equité meſme, commande ſouuent à
l'homme ce qui paſſe ſa connoiſſance & ſon pouuoir?
Faut-il épargner la creature, quelque parfaite qu'elle
ſoit, & accuſer le Createur de ce que nous ne voudrions point faire? Permettez , Meſſieurs, que ie
vous die ce que Nôtre Seigneur dit aux Iuifs. *Nolite*   Ioan. vii. 24.
iudicare ſecundùm faciem, ſed iuſtum iudicium iudi-
cate. Ne iugez pas ſelon les apparences, mais rendez
vn iugement equitable.

    Qu'on ne m'allegue pas que les Pelagiens & les Se-
mipel. ont fait la meſme objection à Sainct Auguſtin,
parce que ie repliqueray que ces Heretiques faiſoient
ces oppoſitions, impoſant à ce Sainct Pere la doctrine
de la neceſſité ineuitable de pecher, comme Ianſenius
la luy a impoſée : mais Sainct Auguſtin & ſes veri-

tables disciples ont repoussé viuement cette calomnie, comme il seroit aisé de le prouuer, si ie n'auois peur de sortir hors de mon sujet. Ces Heretiques n'en vouloient qu'à la necessité de la grace preuenante, dont ils ne pouuoient comprendre l'ajustement auec la liberté d'indifference , & Sainct Augustin fait tous ses efforts pour montrer que l'vne & l'autre sont en vn parfait accord, & comme ces esprits artificieux ne pouuoient pas soûtenir l'effort des puissans raisonnemens tirez de l'Escriture, dont Sainct Augustin remplissoit ses écrits, ils auoient recours aux calomnies qui ont esté toûjours les armes des Heretiques , & de ceux qui veulent estre dans l'erreur.

Ie veux finir ce Chap. des pechez, par vne remarque tres-importante : sçauoir que Iansenius se contredit ouuertemét en plusieurs sujets; mais particulierement en la difference que l'Eglise reconnoit contre les Caluinistes entre les pechez mortels & les veniels.   Car encore qu'il semble receuoir cette difference au Liure 2. de l'état de la Nature corrompuë, au Chap. xvi & en plusieurs autres endroits, où il fait mention des pechez veniels, neantmoins il établit ailleurs fort souuent vn principe qui ruine cette difference. En effet s'il est impossible , comme il l'assure expressement, *Que celuy qui s'ayme, ne méprise Dieu, & qu'au contraire celuy qui ayme Dieu, ne se méprise soy-mesme, puisque cettui-cy regarde Dieu COMME LA FIN DE TOVS SES DESIRS, & celuy là se regarde soy-mesme*, quel milieu y aura-t'il entre la charité & le peché mortel? Si celuy qui ayme Dieu raporte tous ses desirs à cette fin derniere, & si celuy qui s'ayme soy-mesme, *SIBI SOLI incubat*, comme le dit le mesme Iansenius au mesme endroit vn peu plus haut, c'est à dire s'il est tout à fait attaché à soy-mesme à l'exclusion de qui que ce soit, où trouuerons-

Ians. l. 2. de stat. nat. laps. c. xxv. *post citatum Aug. locum hunc*, Secernunt ciuitates duas amores duo, terrenam scil. amor sui vsque ad contemtũ Dei : cœlestem verò amor Dei vsq; ad contemtum sui. lib 14. de ciu. c. 28. Optime omnino atque verissime , *ait Ians.* impossibile est enim vt amator sui non contemnat Deum , & è contrario vt amator Dei non contemnat se. Nam & ille se ipsum velut finem omnium appetitionum suarum respicit, & iste Deum.

nous le moindre coin pour y mettre le peché veniel? Car celuy qui agit par le mouuement de la grace, n'offense pas Dieu, puisque c'est la grace mesme qui agit en luy sans aucune resistance volontaire de sa part, s'il en faut croire ces nouueaux Docteurs. Or est-il que les OEuures de Dieu sont parfaites, *Dei perfecta sunt opera.* Donc il n'y peut auoir de peché, quelque leger qu'il soit. D'autre part celuy qui s'ayme soy-mesme se regarde comme la fin derniere de tous ses desirs, les raportant à son profit ou à son plaisir, *& sibi soli incubat.* Et n'est-ce pas le charactere du peché mortel, puisque l'on est sorty de la Cité de l'Amour Diuin, pour demeurer en cette Cité mal-heureuse de l'amour de soy-mesme? O qu'il est plus seur de suiure la route commune des Docteurs de l'Eglise! Car autrement on s'engage à tomber dans des egaremens infinis.

Deut. XXII. 4.

Chap. XII.

De la Loy.

Proposition de l'Augustin d'Ipre.

1. LA necessité de pecher a esté tellement *introduite par le premier peché, que l'homme est tenu coupable de quelque peché en toutes les actions, où il pense accomplir la Loy.* Iansenius au Liure 4. de Stat. nat. lapf. c. 18.

Opposition de l'Augustin d'Hyppone.

Qu'est-ce que nous montrent tant de commandemens de la Loy, qu'on ne commette point d'adultere, ni de

Ita peccato primi hominis inducta est necessitas, vt in omni actu quo homo videtur sibi legem seruare, reus alicuius peccati teneatur. Ienf. l. 4. de sta. nat. lapf. c. 18.

Nunquid tam multa quæ præcipiuntur in lege, vt ne adul-

fornication, sinon le Libre Arbitre? Car on ne nous feroit point ces commandemens, si l'homme n'auoit vne volonté propre, par laquelle il pût obeïr aux commandemens de Dieu. Sainct Augustin au Liure du Libre Arbitre, au Chap. 4.

Cette proposition n'a iamais esté retractée par Saint Augustin, au contraire il l'a confirmée en plusieurs endroits, comme nous le verrons bien-tôt.

Proposition de l'Augustin d'Ipre.

2. *Il n'y a rien de mieux fondé en la Doctrine de S. Augustin, que d'asseurer qu'il y a des commandemens impossibles, & que la grace manque par laquelle ils soient rendus possibles.* Iansenius lib. 3. de grat. Chr. cap. XIII.

Opposition de l'Augustin d'Hyppone.

Nous detestons auec execration le blaspheme de ceux qui disent que Dieu a commandé quelque chose d'impossible. Sainct Augustin au Sermon 191. de Temp.

Notez que ce Sermon a esté fait depuis que Sainct Augustin a esté Euesque, & par consequent il n'y a rien à redire, puisque par l'aueu mesme de Iansenius & de ses disciples, il estoit tout à fait desabusé de l'erreur des Semipel.

Autres Oppositions de l'Augustin d'Hyppone.

Nous croyons tres-fermement que Dieu, qui est bon & juste, n'a pû commander des choses impossibles. Sainct Augustin au Liure de la Nature & de la Grace,

au

au Chapitre 69. Il a fait ce Liure contre les Pelagiens,
& depuis qu'il fut Euesque.

Autre Oppoſition de l'Auguſtin d'Hyppone.

Si Dieu jugeoit qu'il vous fût impoſſible de faire ce qu'il vous commande, il ne vous commanderoit pas de le faire. Que ſi conſiderant vôtre infirmité, vous tombez en defaillance ſous le commandement, prennez courage ſur le bel exemple qui vous eſt propoſé. Celuy-là meſme qui vous a donné l'exemple, eſt aupres de vous pour vous ſecourir. Sainct Auguſtin ſur le Pſeaume 56.

Neq; imperaret hoc Deus vt faceremus, ſi impoſſibile iudicaret vt hoc ab homine fieret. Si conſiderans infirmitaté tuã, deficis ſub præcepto, confortare in exemplo ; ſed etiam ad te exemplum multum eſt. Adeſt ille qui prębuit exéplum vt prębeat auxiliũ. *Aug. in Pſ* 56.

Autre Oppoſition de l'Auguſtin d'Hyppone.

Dieu n'a pû commander quelque choſe impoſſible, parce qu'il eſt iuſte, & il ne damnera pas vn homme POVR AVOIR FAIT CE QV'IL N'A PV EVITER, parce qu'il eſt bon. Sainct Auguſtin au Sermon 61. *De Tempore.*

Nec impoſſibile aliquid potuit præcipere qui iuſtus eſt, nec damnaturus eſt hominem pro eo quod vitare non potuit, qui pius eſt. *Auguſt. Serm.* 61. *de Tempore.*

Ne voylà pas des termes ſuffiſament contradictoires à la Propoſition de Ianſenius? Cettui-cy dit que la grace qui rend les commandemens poſſibles, manque meſme quelquefois aux hommes juſtes. Et Saint Auguſtin aſſeure que le Sauueur qui a donné l'exemple, eſt aupres de nous pour nous ſecourir. Peut-on eſtre dans l'impuiſſance d'agir, puis qu'on a toûjours aupres de ſoy vn tel ſecours? Cettui-cy dit que les commandemens ſont quelquefois impoſſibles, (*Secundùm præſentes quas habent vires*) Selon les forces qu'ils ont dans cette circonſtance, & Sainct Auguſtin aſſeure que c'est vn blaspheme execrable de dire que Dieu commande des choses impossibles. Cettui-cy dit qu'il y a depuis le peché d'Adam vne necessité ineuitable de pecher, & Sainct Augustin asseure que Dieu ne peut damner vn homme pour auoir fait ce qu'il n'a pû euiter. Enfin si on ramasse tout ensemble ce que ie viens de dire, l'Augustin d'Ipre dit oüy, & l'Augustin d'Hyppone dit non, & on nous viendra dire que tous les deux n'ont qu'vn mesme sentiment?

Proposition de l'Augustin d'Ipre.

Impotentia implendi præcepta non solum reperitur in infidelibus, sed etiam in fidelibus & iustis, non tantùm quando nolunt præcepta facere, sed etiam quãdo volunt. Ianf. l. 3. de gr. Chr. c. 13.

3. *L'impuissance d'accomplir les commandemens ne se rencontre pas seulement dans les Infideles, mais encore dans les fideles, & dans les justes, non seulement lors qu'ils ne veulent pas accomplir les commandemens, mais encore lors qu'ils le veulent.* Iansenius l. 3. de Gr. Chr. c. 13.

Opposition de l'Augustin d'Hyppone.

Quis non clamet stultum præcepta ei dare cui non est liberum. præcepta facere ? Quis neget esse iniquum eum damnare cui nõ fuit potestas iussa complere? Has ineptias non intelligunt Manichæi se Deo ascribere. Aug. lib. de fide contra. Manich. c. 9. & 10.

Qui est-ce qui ne crie que c'est vne folie de donner des commandemens à celuy qui n'a point de liberté pour les faire? Qui est-ce qui nie qu'il y a de l'iniquité de damner celuy qui n'a pû faire ce qu'on luy a commandé? Les Manicheens n'entendent point qu'ils attribuent à Dieu ces sottises. Sainct Aug. l. de fide contr. Man. c. 9. & 10. *Est-ce que la mesme proposition cessera d'estre vne sottise, parce qu'elle est auancée par ces grands Esprits? Qu'on sçache que l'Augustin d'Hyppone passe encore parmy les hommes de bon sens pour vn plus grand Esprit, que tous ces nouueaux DD. qui nous preschent la Doctrine du temps, & non pas celle de l'Eternité. Qu'ils sçachent que Sainct Augustin*

apellant cette proposition vne follie, vne sottise, ne
s'en est iamais dédit, mais qu'il a toûjours persisté iusqu'à la mort en ce sentiment.

Proposition de l'Augustin d'Ipre.

4. Il y a des tentations & des conuoitises qui acca-
blent en sorte les forces de quelques hommes qu'ils ne les
peuuent pas surmonter. Iansenius l. 3. de Grat. Chr.
cap. 13.

Quarundam cupi-
ditatum tentatio-
nes ita superant ali-
quorum hominum
vires vt eas superare
non possint. Ians. l. 3.
de gr, Chr. c. 13.

Opposition de l'Augustin d'Hyppone.

On peut resister à la cause de cette volonté, quelle
quelle soit; c'est pour cette raison que nous demandons
le secours, Et ne nous induisez point en tentation.
Nous ne demanderions point ce secours, si nous croyons
qu'on n'y peût aucunement resister. Aug. l. 3. de Lib.
Arb. c. 3. Voyez cy-dessus le nombre 15. du Chap. IV.

Potest ei cause re-
sisti, quecumque illa
sit nam propterea
adiutorium postula-
mus. Et ne nos in-
ducas in tentationẽ,
quod adiutoriũ non
posceremus si resisti
nullo modo posse
crederemus. Aug. l. 3.
de lib. arb. c. 16.

Autre Opposition de l'Augustin d'Hyppone.

Dieu ne commande point des choses impossibles, mais
en commandant il auertit de faire ce que vous pouuez,
& de demander ce que vous ne pouuez pas. Sainct Augustin au Liure de la Nature & de la Grace, au Chapitre 43.

Deus impossibilia
non iubet, sed iubé-
do monet & facere
quod possis, & petere
quod non possis.
Aug. lib. de nat. &
grat, c. 43.

Le Concile Trente en la Session VI. au Chapitre XI.
de la Iustification cite ce beau passage de Sainct Augustin, & adjoûte en suite, *ET ADIVVAT VT*
POSSIS, c'est à dire que Dieu apres vous auoir
auerty par le cõmandement qu'il vous donne de faire
de vôtre costé ce que vous pouuez par sa grace, & de

demãder ce qui eſt au deſſus de vos forces preſentes, *il vous ayde auſsi afin que vous puiſsiez* obeïr, pour nous aprendre que ce bon Seigneur eſt toûjours à nos côtez pour nous preſter main forte contre les tentations. Et l'on void clairement qu'il y a vne grande harmonie entre la doctrine de Sainct Auguſtin, & celle qui a eſté toûjours commune dans l'Egliſe, touchant la puiſſance prochaine de prier, ou de faire les commandemens par le moyen de la grace qui n'eſt iamais refuſée, du moins dans les actions importantes pour le ſalut. Il n'y a que quelques Docteurs qui ſe ſoient eleuez depuis dix ou douze ans contre vne verité ſi conſtante, ſous pretexte que Sainct Auguſtin a auancé en quelques endroits obſcurs & ambigus des choſes qui ſemblent choquer ce qu'il a dit & redit en mille autres paſſages tres clairs & tres faciles.

Chap. XIII.

Des œuures des Infideles.

Propoſition de l'Auguſtin d'Ipre.

1. **T**Outes les œuures des *Infideles ſont des pechez, & leurs vertus des vices.* Ianſenius au Liure 4. de Stat. nat. lapſ. c.17.

Oppoſition de l'Auguſtin d'Hyppone.

Nous liſons ou nous ſçauons par oüyr dire ou autrement, que les impies font des actions que non ſeulement nous ne pouuons pas blâmer ſelon la regle de la Iuſtice, mais que nous pouuons meſme loüer à bon droit.

Omnia infidelium opera ſunt peccata & virtutes eorum vitia. Ianſ. l. 4. de ſtat. nat. lapſ. c, 17.

Impiorum quædam facta vel legimus vel nouimus, vel audiuimus quæ ſecundùm iuſtitiæ regulã non ſolum vitupe-

droit. Sainct Auguſtin au Liure De Spirit. & Litt. cap. 27. 28.

Propoſition de l'Auguſtin d'Ipre.

2. *La ſeule abſence de la Foy ſuffit pour faire que tou-tes les œuures des Infideles ſoient de vrays pechez.* Ianſ. l. 4. De Stat. nat. lapſ. c. 3.

Oppoſition de l'Auguſtin d'Hyppone.

Si Polemon eſtant deuenu chaſte, de Luxurieux qu'il eſtoit, eût ſceu d'où venoit ce don, en ſorte qu'apres auoir rejetté la ſuperſtition Payenne il eut adoré Dieu auec pieté, il n'eut pas eſté ſeulement chaſte, mais il eut encore eſté dans la Religion ſalutaire : & cela ne luy eut pas ſeulement ſerui pour l'eſtat vertueux de la vie preſente, mais encore pour l'immortalité de celle qui eſt à venir. Sainct Auguſtin Epiſt. 130.

Remarquez. 1. Que Sainct Auguſtin apelle la chaſteté de Polemon Vn don de Dieu. Par conſequent l'Acte de Chaſteté, qu'il a fait, n'a pas eſté vn vray Peche', bien qu'il fût infidele, parce qu'il eſt conſtant que les dons de Dieu ne ſont pas de vrays pechez. Secondement ſi Polemon eut quitté la ſuperſtition Payenne, & qu'il eut embraſſé le culte du vray Dieu, il n'eut pas fallu qu'il ſe fût repenti d'auoir fait preciſement des Actes de Chaſteté, puiſque Sainct Auguſtin n'adjoûte à ce Don de Chaſteté' que la Religion Salvtaire. Donc les Actes de Chaſteté qu'a fait Polemon dans l'infidelité n'ont pas eſté de vrays pechez.

rare non poſſumus verùm etiam meritò recteque laudamus. Aug. l de Spir. & lit. c. 27. 28.

Sola abſentia fidei ſufficit vt omnia Infidelium opera ſint vera peccata. Ianſ. l. 4. de ſtat. nat. lapſ. c. 3.

Polemo ſi ex luxurioſo côtinens fact' ita ſciret cuius eſſet hoc donum vt etiam abiectis ſuperſtitionibus gentium piè coleret Deum, non ſolùm continés, ſed etiam ſalubriter religioſus exiſteret, quod ei non tantùm ad præſentis vitę honeſtatem, ſed etiam ad futuræ immortalitatem valeret. Aug. Epiſt. 130.

AutreOpposition de l'Augustin d'Hyppone.

Quantò ergo tole-
rabiliùs illas quas in
Impiis dicis esse vir-
tutes diuino muneri
potiùs, quàm eorum
tribueres tantum-
modo volūtati. Aug.
l.4. con. Iul. c.3,

Vous seriez plus supportable, Iulien, *d'attribuer à* VN DON DE DIEV *les vertus que vous dites estre dans les impies, pluſtôt qu'à leur propre volonté.* Sainct Augustin au Liure 4. contre Iulien, au Chapitre 3.

Dieu ne peut estre l'Auteur du veritable peché, & neantmoins Sainct Augustin presse Iulien de reconnoître que Dieu est l'Auteur des Vertus, qu'il disoit estre dans les Impies. Donc toutes les actions des Impies ne sont pas de vrays pechez.

De plus remarquez qu'il y a des vertus qui peuuent estre ainsi apellées absolument, comme l'amour de Dieu ; & qu'il y en a d'autres qu'on ne peut apeller vertus qu'à vn certain égard, & non absolument, telles que sont les vertus Morales des Payens, & celles des Chrestiens qui sont en peché mortel. I'apelle apres Sainct Thomas vne action absolument vertueuse, laquelle nous fait bien viure, & dont nous ne pouuons point abuser. Et ainsi personne ne doute que la Misericorde ou la Temperance d'vn Payen ne merite point cette qualité, puis qu'on en peut abuser la raportant à la vanité, ou à quelqu'autre mauuaise fin. Tout le monde sçait aussi qu'il n'y a que les vertus surnaturelles qui soient bonnes absolument, de sorte qu'on n'en puisse point faire vn mauuais visage. On peut neantmoins apeller la Temperance, la Force, & les autres de cette nature, des Vertus Morales , bien qu'elles soient en vn Infidele, lors qu'elles sont animées d'vn motif, & accompagnées des circonstances necessaires qui ne choquent aucune des perfections

souueraines de Dieu, qui est la regle de toute bonté.
Par consequent si vn Payen donne l'aumône à vn
pauure, parce qu'il est touché de compassion de le voir
dans la misere, & qu'il n'a point d'autre motif que de
le soûlager, ie ne croy pas qu'on puisse accuser cette
action d'aucun vice coupable deuant Dieu. Ie demeure d'accord qu'elle seroit meilleure si elle estoit
faite par le motif d'vn pur amour de Dieu : mais ie nie
constamment qu'on soit obligé de raporter actuellement toutes ses actions à Dieu : c'est assez qu'elles
ayent d'elles-mesmes vn raport essentiel à cette Bonté
Souueraine, par la Bonté morale qui est en elles : c'est
assez, dis-je, pour les empescher d'estre coupables, &
pour faire qu'elles soient des vertus morales, ou à
quelque égard.

Proposition de l'Augustin d'Ipre.

3. *C'est vne sottise, vne réuerie, vne pure folie, &*
vne impieté de croire qu'il y ait aucune action des Infi-
deles exemte de peché. Iansenius l. 4. de stat. nat. lapf.
cap. 17.

Nugæ, delirium, insania, impietas quod infidelium vlla opera sint sine peccato. Ianf. l.4.de stat.nat.lapf.c.17.

Opposition de l'Augustin d'Hyppone.

Les premiers Romains ont étably la Republique, &
l'ont acreuë par les vertus, &c. *Dieu a montré en cet*
Empire-là ce que valoient les vertus ciuiles, qui n'é-
toient pas mesme accompagnées de la veritablè Reli-
gion. S. Aug. Epist. 5. ad Marcellin. Et au Liure 5. de
la Cité de Dieu, au Chapitre 15 *il dit que Dieu a don-*
né aux Romains vne si grande étenduë de l'Empire,
afin que leurs vertus ne fussent pas sans recompense.
Il est asseuré que Dieu ne recompense iamais vne

Remp. Romanam primi Romani constituerunt auxeruntque virtutibus, &c. Deus ostendit in illo imperio quantú valerent ciuiles etiam sine vera religioné virtutes. Aug. Ep. 5. ad Marcellin. & lib. 5. de Ciu. Dei. c.15. ait Deũ dedisse Romanis amplum im

action qui est vn veritable peché. Puis donc que Dieu a recompensé de quelque bien temporel ces vertus ciuiles des anciens Romains, il faut conclure qu'elles n'estoient pas de vrays pechez, encore qu'elles ne fussent pas faites par la conduite d'vne grace habituelle & sanctifiante, comme sont celles des parfaits Chrétiens, c'estoit assez que ces actions ne choquassent point l'honnesteté morale.

Proposition de l'Augustin d'Ipre.

4. *C'est le sentiment indubitable de Sainct Augustin & de ses disciples, que la liberté de l'homme ne peut faire aucune bonne action, mesme moralement, si ce n'est qu'elle soit deliurée par la Grace, non telle quelle, mais par celle de la Foy en I E S V S - C H R I S T.* Ianf. au Liure 3. de la Nature corrompuë, au Chap.14.

Iansenius entend qu'on ne peut faire vne bonne action sans la Foy habituelle ou actuelle, qui nous fait croire expressement & distinctement en Iesvs Christ, comme il paroît par la suite du Texte, où cet Euesque adjoûte qu'il n'est pas libre à vn infidele pendant qu'il medite de faire quelque chose en particulier, comme est de bailler l'aumône, &c. de s'abstenir de pecher, *ante fidem*, auant que d'auoir la Foy. Ce sont les propres mots de Iansenius.

Opposition de l'Augustin d'Hyppone.

Corneille ne croyoit pas en I E S V S - C H R I S T lors qu'il se rendit digne par ses Oraisons & Aumônes, d'être visité par vn Ange, &c. Il y a donc des commancemens de Foy, & des pensées par lesquelles il ne faut pas seulement estre conceu, mais il faut encore naistre pour
paruenir

paruenir à la vie eternelle. Sainct Augustin au Liure 2. à Simplicien, Quest. 2. & au Liure de la Predestination des Saincts au Chapitre 7. *Les aumônes & les prieres de Corneille ont esté exaucées auant qu'il creût en IESVS-CHRIST.*

Voylà donc manifestement des bonnes actions, & des aumônes loüables, *ante fidem*, auant la Foy en IESVS-CHRIST, puisque Sainct Augustin asseure apres l'Escriture Sainte que celles de Corneille ont esté exaucées, *antequam crederet*, deuant qu'il n'eût la Foy expresse & distincte ou parfaitement Chrétienne, bien qu'il eût cette Foy commancée, ou cet Orient de la Foy qui l'excitoit à prier & à donner l'aumône. Nous traitterons au Liure que nous esperons donner au iour de ces deux especes de Foy, dont l'vne est donnée generalement à tous les hommes qui ont l'vsage de la raison, & l'autre n'est propre qu'à ceux qui sont vrays fideles & vrays Chrétiens.

tiones quædam fidei & conceptiones, quibus non tantú concipi sed nasci opus est vt ad vitam peruentatur æternam. Aug. l. 1. ad Simplician. q. 2. & lib. de præd. SS. c. 7. Eleemosynæ Cornelij & orationes exauditæ sunt antequam crederet in Christum.

CHAP. XIV.

Des Actions des Fideles qui ne sont pas raportées à Dieu.

Proposition de l'Augustin d'Ipre.

1. ON ne peut faire du tout aucune bonne action, c'est à dire sans peché, si on ne la raporte à Dieu estant aymé purement & gratuitement pour luy-mesme. Ians. l. 3. de stat. nat. laps. c. 17.

Nullum omnino fieri potest opus bonú, hoc est sine peccato, nisi in Deú propter se gratis & pure dilectú referatur. Ians. l. 3. de sta. na. lap. c. 17.

Opposition de l'Augustin d'Hyppone.

Si quelqu'vn, qui n'a pas la charité, souffre des affli-
ctions de peur de renier I E S V S-C H R I S T, il ne faut
pas blâmer, mais il faut mesme loüer cette patience.
Sainct Augustin au Liure de la Patience, au Chapitre 26.

Ie sçay ce que Monsieur Arnauld dit en sa seconde
Lettre touchant la Bonté morale des actions que les
hommes font sans la grace S I N G V L I E R E de I E S V S
C H R I S T, *dont la priere nous aprend, dit-il, que cette*
Grace est absolument necessaire pour ne point succomber
aux tentations, c'est à dire pour les euiter d'vne manie-
re qui soit exempte de peché, neantmoins les hommes
peuuent sans la grace faire beaucoup d'actions QVI SONT
BONNES EN ELLES-MESMES, *quoy que defectueu-*
ses, en ce qu'elles n'ont point Dieu pour objet. Mais ie
sçay aussi qu'il a pris cette belle pointe de son Maître
Iansenius, qui a dit *que la crainte seruile est bonne en*
elle-mesme, ou entant que c'est vne crainte, bien qu'elle
ne soit point bonne entant qu'elle est seruile, comme
l'ame pecheresse, dit-il, est bonne en elle-mesme, puis
qu'elle est vne creature de Dieu, bien qu'elle ne soit
pas bonne entant que pecheresse. Et ie m'étonne que le
Maître & le Disciple n'ayent pris garde à ce qu'vn
petit écholier de Logique & de Morale n'ignore point,
sçauoir que la crainte ou quelque action que ce soit,
estant prise en elle-mesme, ne peut estre bonne que de
cette bonté generale qui conuient à tous les estres, &
mesme aux demons; mais qu'elle n'est ni bonne ni
mauuaise moralement, puis qu'elle est indifferente au
bien & au mal, selon les diuers rapors qu'on en fera à
la fin bonne ou mauuaise. Toutes les écholes qui sont

Si quis non habens
charitatem ne Chri-
stum neget, patitur
tribulationes, nullo
modo ista culpanda
sunt, imò & hæc
laudanda patientia
est. Aug. l. de patie-
tia. c. 26.

Monsieur Arnauld
en sa 2. Lettre art. XII.
page 205.

Ianf. l. 5. de gr. Chr.
Sal. c. vlt. verf. fin.

partagées en de si differents sentimens, sont dans vn
parfait accord en ce point. Secondement ces mots,
en elle-mesme, denotent l'action sans aucun raport à
vne fin honneste : & Monsieur Arnauld se doit souuenir qu'vne chose prise en elle-mesme est opposée à celle qui est raportée à Dieu, ou à quelque autre chose
quelle quelle soit. Par consequent si vne action est
defectueuse n'estant pas raportée à Dieu, comme le
veut Monsieur Arnauld, & que l'action prise en elle-
mesme ne puisse auoir aucun raport ni à Dieu, ni à
quoy que ce soit. Il s'ensuit manifestement que l'a-
ction prise en elle-mesme est defectueuse ; & par consequent qu'elle n'est pas bonne. Ne voyla pas la Logique de Monsieur Arnauld toute en desordre, puis
qu'elle ne l'empesche pas de tomber en vne manifeste
contradiction ?

J'aurois beaucoup d'autres Reflexions à faire sur
cette Proposition de Monsieur Arnauld, si i'écriuois
en la langue des sçauans, mais parce qu'elles sont trop
subtiles, ie me contenteray de renuoyer le Lecteur iu-
dicieux & habile au Liure du Pere Annat Iesuite, in-
titulé *Augustinus à Baianis vindicatus*, que Monsieur   Lib. 2. c. 2. §. 1. v.
Arnauld ni aucun de son party n'a osé encore atta-
quer, parce qu'on sçait assez la coûtume de ces Messieurs qui se vantent d'auoir refuté vn Liure, lors qu'ils
en ont cité quelque ligne à l'écart, & qu'ils y ont trouué à mordre.

Chap. XV.

De l'*Amour de la Creature.*

Proposition de l'Augustin d'Ipre.

1. ON ne peut donner son affection à aucune creature, & si on la luy donne, on peche indubitablement. Iansenius au Liure 2. De Stat. Nat. lapf. cap. 12.

Nulli omnino rei creatę affectus amoris tribui poteſt., & ſi tribuatur, fine dubitatione peccatur. Ianſ. l. 2. de ſta. nat. lapſ. c. 12.

Opposition de l'Augustin d'Hyppone.

Il y a vne charité Diuine, & vne autre qui est Humaine. Qu'il vous soit permis d'aymer par la Charité humaine les femmes, les enfans, les amis, les villes de vôtre pays. Toutes ces choses ont vn lien de neceßité, & en quelque façon vne attache de Charité : mais vous voyez que les Impies, sçauoir les Payens, peuuent auoir cette Charité. Aug. Serm. 11. de Temp.

Charitas alia eſt diuina, alia humana; liceat vobis humana charitate diligere coniuges, diligere filios, diligere amicos veſtros, diligere ciuitates veſtras. Omnia iſta habeat neceſſitatis vinculum, & gluten quodammodo charitatis ; ſed videtis iſtam charitatem eſſe poſſe impiorum, id eſt paganorum. Aug. Serm. 11. de Temp.

Puisque l'amour des parens & des amis, est selon la Loy de nature, & que c'est vne chose permise au sentiment de Sainct Augustin, on ne peut dire que ce soit vn peché, du moins à ne considerer que cet acte precisément, si ce n'est que par accident on y mesle quelque amour impur. Cette Doctrine de Sainct Augustin est tirée du Chapitre v. de Sainct Mathieu au verset 47. *Et ſi ſalutaueris fratres veſtros tantùm, quid ampliùs facitis? Nonne & Ethnici hoc faciunt?* Si vous saliiez vos freres seulement, que faites-vous de plus recommandable τὶ περισσόν? Les Payens ne font-ils pas cela? C'est donc vne chose honneste aux Payens par la propre bouche du Sauueur, de saluër leurs parens,

rens, puisque si les Chrétiens le font, ils ne font pas
vne chose qui passe la vertu des Payens ; Et c'est ce que
veut dire le mot, *eximium* περισσόν. Donc par la comparaison du plus au moins, cette salutation des Payens
est bonne, quoy qu'elle n'aproche pas de l'excellence
de la salutation Chrétienne.

Chap. XVI.

De l'Amour de la Vertu.

Proposition de l'Augustin d'Ipre.

1. *Eluy qui fait vn acte de vertu parce qu'il est con-*
forme à la droite raison, n'agit pas raisonna-
blement, ni honnestement. Ians. l. 4. de stat. nat. lapf.
cap. 12. 13. &c.

Inhoneste & turpiter agit qui exercet virtutem quia rectæ rationi contentanea est. Ianf. l. 4. de stat. nat. lapf. c. 12. 13.

Opposition de l'Augustin d'Hyppone.

C'est bien à propos que la vertu a esté definie vne ha-
bitude de l'ame conforme à la raison & à la nature.
Sainct Augustin au Liure 6. contre Iulien, au Chapitre 3.

Non absurde virtus definita est habitus animæ, modo & rationi consentaneus. Aug. l. 6. contr, Iulian. c. 3.

Chap. XVII.

De l'amour de Dieu pour nôtre interest.

Proposition de l'Augustin d'Ipre.

1. *'Action qui se fait en venë de la recompense de*
la vie eternelle, comme estant vtile à celuy qui

Operari propter retributionem vitæ æternæ sibi ytilem,

Gg

vitiofum eft. Abfit vt ita operetur Chriftianus. Ianf.l. 5. de grat. Chr.c.10.

agit, est vitieuse. A Dieu ne plaise que le Chrétien agisse de la sorte. Ianf.l. 5. De la Grace de IESVS-CHRIST, au Chap.10.

Opposition de l'Augustin d'Hyppone.

De finibus bonorũ quid fentiã, refpondebo vitã æternam effe fummum bonũ, proinde ad illã adipifcendam rectè nobis effe viuendum. Aug.l.15.de ciu.c.4.

Si on me demande quel est mon sentiment touchant la fin des bonnes actions, ie répondray que la vie eternelle est le souuerain bien; & partant qu'il faut bien viure pour l'obtenir. Sainct Augustin au Liure 15. De la Cité de Dieu.

Sainct Augustin n'exhortoit pas à auoir en veuë la recompense de la Vie eternelle precisement, si c'estoit mal fait de pretendre à cette recompense comme vtile. Et certes pourueu qu'on ne détruise point positiuement l'autre veuë plus noble, qui est l'Amour de Dieu, on ne fait pas vne action mauuaise, par exemple lors qu'on donne l'aumône pour l'amour de la recompense. *Inclinaui cor meum ad faciendas iustificationes tuas in æternum propter retributionem.* I'ay fléchi mon cœur à garder vos Commandemens pour l'amour de la recompense, disoit le Psalmiste. *Psalm.* CXVIII. 112.

CHAP. XVIII.

De la crainte de la peine.

Proposition de l'Augustin d'Ipre.

Propofitum bene viuédi ex timore pœnarum cõcipi principiis Aug folidiffimis directè repugnat. Ianf. l 5. de gr. Chr. c.33.

1. *LE propos de bien viure conceu par la crainte des peines est opposé directement aux maximes tres-solides de Sainct Augustin.* Ianf. l. 5. de grat. Chr. c.33.

Oppoſition de l'Auguſtin d Hyppone.

Il arriue tres rarement, & meſme il n'arriue iamais que quelqu'vn vienne pour ſe rendre Chrétien qui ne ſoit touché de quelque crainte. Aug. lib. de Catechyzandis rudibus, cap.5.

On peut apuyer ce paſſage, que nous venons de citer en faueur de la crainte de la peine, d'vn autre qui eſt encore plus exprez que le precedent. *Dautant que cettui-cy, qui commance d'aprehender les iugemens de Dieu, mortifie ſes membres ſur la terre, d'autant s'éleuent & ſe renforcent les membres Celeſtes, or les membres Celeſtes ſont les bonnes œuures.* Sainct Auguſtin au Traitté 9. ſur l'Epiſtre de S. Iean.

Il n'eſt donc pas vray que le propos de bien viure conceu de la crainte des peines ſoit oppoſé à la doctrine de Sainct Auguſtin. Il y a vne crainte de l'Enfer qui eſt blâmable, lors qu'elle ne nous fait deteſter qu'à demy le peché, ou l'occaſion prochaine du peché, comme lors qu'on dit qu'on déroberoit, ou qu'on ſe vangeroit, s'il n'y auoit poinr de Paradis ni d'Enfer; lors, dis-je, on retient vne ſecrete affection au larcin & à la vengeance. Ainſi le Marchand jette dans la mer ſa marchandiſe pour euiter le naufrage, ce qu'il ne feroit pas ſans cela : d'où vient que le Marchand retient toûjours vne affection ſecrete à ſa marchandiſe. Mais lors qu'on deteſte de bon cœur le peché de peur d'eſtre damné, on ne peut pas dire que cette crainte, quelque imparfaite qu'elle ſoit à la prendre toute ſeule, ne ſoit perfectionnée par l'abſolution du Preſtre aū Sacrement de Penitence ; en ſorte que le Penitent eſt veritablement iuſtifié deuant Dieu apres l'abſolution, encore qu'il n'ait point deteſté le peché preciſement, parce qu'il déplaiſt à Dieu, mais ſeulement parce qu'il

G g ij

l'eut precipité dans les Enfers. Le Concile de Trente
fait le discernement de ces deux motifs, & enseigne
que celuy de la crainte des peines de l'Enfer qui est
inspiré de Dieu, dispose à la iustification. C'est au
Can. 8. de la Session 6. & au Canon 5. de la Session 14.
où il censure ceux qui diront que cette crainte fait que
l'homme agraue son peché. Ie demanderois volontiers
aux disciples de Iansenius si cette crainte de l'Enfer, qui exclud le peché, est vne bonne ou mauuaise
action, puisqu'ils n'en veulent point d'indifferente? Si
c'est mal fait de s'abstenir du peché, parce que Dieu
nous a reuelé qu'il cause la damnation, on se prepare
donc à la grace par vne mauuaise action. Et si c'est
bien fait de quitter le peché de peur d'estre d'estre
damné, Iansenius a donc eu tort d'auancer toutes ces
propositions scandaleuses qui sont en ce Chapitre.

Cela seroit vray, dira vn disciple de Iansenius, si la
crainte de l'Enfer ostoit toute l'affection qu'on a au
peché. Mais il est impossible, dira-t'il, que l'affection
du peché soit entierement ostée par cette crainte; parce que ce qui est fait par le motif de crainte, est en partie volontaire, & en partie inuolontaire. Donc il
reste toûjours vne volonté secrete, & comme à demy
de la chose qu'on ne rejette qu'à demy; si bien que le
cœur est toûjours partagé lors qu'il quitte vne chose
par le motif de crainte; parce qu'il ne la quitte que
parce qu'il aprehende vn plus grand mal s'il la gar-
doit. Donc s'il n'aprehendoit rien, il ne la quitteroit
pas. C'est se mocquer trop ouuertement du Concile
de Trente, que d'auancer cette proposition si cruement, comme fait Iansenius & ses Adorateurs: parce
qu'en la Session 14. au Chapitre 4. ce Concile declare
que l'attrition qui a pour motif la laideur du vice & la
crainte des peines, auec l'esperance du pardon est vn
don de Dieu si elle exclud la volonté de pecher. Il suppose

poſe donc que la crainte des peines peut auoir ce bon
effet, & qu'en vertu de ce motif il ne demeure plus en
l'ame aucune affection ſecrete au peché.

Secondement nôtre Sauueur ne nous auroit pas
commandé en l'Euangile de Sainct Luc, de craindre   Luc c. XII. ſ.
celuy qui apres auoir tué, a le pouuoir d'enuoyer à la
gehenne, & il n'auroit pas inculqué par deux fois ces
paroles, *Timete eum*, & de rechef, *ita dico vobis hunc
timete*, Craignez-le, & ie le vous dis, craignez-le, ſi
toute ſorte de crainte des peines eſtoit accompagnée
d'vne affection ſecrete au peché; parce qu'il eſt impoſſible que Dieu nous commande l'affection au peché,
ni aucun acte qui la comprenne.

Ie dis en troiſiéme lieu que lors que la crainte eſt
fondée ſur les motifs que la ſeule Foy en Iesvs-Christ
nous aprend, & qu'elle nous fait deteſter le peché, c'eſt
ſans doute ſans reſeruer aucune ſecrette affection à ce
que l'on deteſte; parce que la Foy, ou l'Eſperance
étant des Vertus & des habitudes ſurnaturelles, ou des
Vertus qui ſont abſolument Vertus, parce qu'on n'en
peut point abuſer, elles ne nous peuuent porter d'elles-meſmes qu'à des actions qui ſont abſolument in-
compatibles auec toute ſorte de peché. *Impoſſibile*   Ianſ. l. 4. de ſtat.
eſt vt peccatum à virtute fluat, dit fort bien Ianſenius;   nat. lapſ. c. xi.
Il eſt impoſſible que le peché puiſſe reconnoître vne
Vertu pour ſa mere, & pour ſa ſource. Donc lors qu'vn
homme s'abſtient d'offenſer Dieu, parce qu'il luy a reuelé par la Foy les peines eternelles qui ſont preparées
aux pecheurs impenitens, il ne peut ordinairement retenir l'affection à l'offenſe de Dieu. Ie dis ordinairement, à conſiderer la nature & l'inclination de ces
deux habitudes ſurnaturelles, parce qu'il peut arriuer
par accident, ou par la foibleſſe, ou par la malice particuliere de quelque Chrétien, qu'il pourroit s'atta-
cher volontairement à la complaiſance d'vn crime, s'il

H h

n'y auoit point d'Enfer, & il pourroit s'arrester auec
trop de reflexion à la volupté qu'il s'imagine être dans
le crime, & lors sans doute il y auroit du peché, mais
ce ne seroit que par accident, & ce ne seroit pas l'effet
propre de la crainte des peines que la Foy nous a reuelées, mais seulement de quelque cause étrangere.
Enfin lors que les Philosophes asurēt que ce qui se fait
par le motif de crainte, est en partie volontaire, & en
partie inuolontaire, ils n'entendent pas cette maxime
d'vne mesme chose, mais de deux differantes qui sont
comprises toutes deux dans vne mesme action, parce
que nous venons de montrer clairement que le propos de s'amender pour la crainte l'Enfer est volontaire
à l'égard de l'amendement, que si cette action est en
quelque façon inuolontaire, ce n'est qu'à l'égard de la
peine qu'on aprehende de souffrir qui est comprise
dans le motif de l'action : parce que qui dit, *Peine &*
difficulté, dit en mesme temps quelque resistance
naturelle de la volonté pour le moins selon la partie
inferieure. D'où vient que l'action est apellée inuolontaire pour ce regard. l'aplique cette Doctrine à
mon sujet, & ie montre clairement que lors que ie
fais quelque chose parce que i'ay de la crainte, ie n'ay
pas en mesme temps de l'amour & de l'auersion d'vne
mesme chose, mais de deux differantes. Par exemple
lors que ie me confesse de quelque peché de peur d'é-
tre damné. Ie veux la Confession, & ie ne veux pas la
damnation, parce que c'est vne peine extréme que la
Foy me reuele. Et par consequent ie veux & ie ne
veux pas diuerses choses, je veux faire quelque chose,
& ce que ie ne veux pas, ou ce que i'aprehende, me
sert de motif pour la faire. En vn mot cette declaration & detestation de mes pechez, est volontaire à l'é-
gard de l'objet, bien qu'elle soit inuolontaire à l'égard
du motif : ou du moins à l'égard d'vne chose qui est

comprife dans le motif. Il feroit à fouhaiter que ces
Meffieurs n'euffent pas tant d'auerfion des fubtilitez
de l'échole qu'ils en témoignent en effet, car ils ne
tomberoient pas fi fouuent en des beueües ridicules,&
ils fe rendroiët plus foûmis aux definitions de l'Eglife.

Ie pourrois encore expliquer nettement comme
vne mefme action eft volontaire & inuolontaire, fi on
la confidere diuerfement : car comme nous dirons au
Chapitre xx. felon les Principes de la Doctrine de
Sainct Thomas, le Iuge a quelque volonté ou velleité
que celuy qui a tué vn homme, ne meure pas, à le
confiderer en qualité d'homme , quoy qu'il veuïlle
qu'il meure, le confiderant comme meurtrier : & bien
que ces deux volontez femblent eftre contraires,
neantmoins elles peuuent fubfifter toutes deux en vn
mefme fujet & en vne mefme perfonne; parce qu'elles
ont diuers égards,& qu'elles font apuyées fur des motifs differens: car celle qui defire la vie,ne côfidere que
fimplement l'homme , fans s'arrefter à aucune circonftance du temps, du lieu, & de l'action; mais celle qui
veut la mort, s'arrefte à toutes les circonftances dans
le particulier. Il en eft de mefme du Marchand qui
jette fa marchandife dans la mer, car il veut que fa
marchandife ne periffe pas, à confiderer la chofe fans
auoir égard aux circôftances particulieres:mais faifant
reflexion aux circonftances de la tempefte & du danger ineuitable de fa propre perfonne, il veut que la
marchandife periffe. Nous pouuons dire la mefme
chofe de celuy qui a de la peine à declarer fes penfées
les plus fecretes, & fes pechez les plus enormes à vn
Preftre qui eft homme comme luy, car il ne veut pas
la peine & la difficulté qui fe rencontre dans cette declaration,à la confiderer generalement & fans aucune
circonftance : mais faifant reflexion que la Foy luy
aprend que c'eft vn moyen infaillible d'obtenir le fa-

lut & d'aller en Paradis, il veut souffrir volontairement cette peine & essuyer cette honte : de sorte qu'il
deteste de bon cœur ses pechez, & forme vne resolution genereuse de ne les plus commettre. Cette volonté qui s'arreste à toutes les circonstances d'vne
action est apellée consequente par Sainct Thomas,
qui dit qu'elle merite simplement le nom de volonté,
puis qu'elle s'arreste à l'action, comme elle est en particulier.   Il est donc visible que celuy qui deteste ses
pechez de la sorte, c'est à dire par vne volonté absoluë, a vne disposition suffisante pour receuoir la grace,
pourueu qu'il ait l'absolution, & qu'il ne retiéne point
d'affection secrete au peché, comme le Marchand à sa
marchandise : puisqu'il a tout ce que le Concile demande d'vn pecheur qui veut receuoir le Sacrement de Penitence, comme nous le dirons au Chapitre suiuant.

Proposition de l'Augustin d'Ipre.

Qui solo timore pœnę peccatum cauere volunt, coram Deo peccati rei sunt
Ianf. l. 5. de gr. Chr. c. 33. & seq.

3.   *Ceux qui veulent euiter le peché par la seule crainte de la peine, sont deuant Dieu coupables de pe-ché.* Ianf. l. 5. de gr. Chr. c. 33. & seq.

Opposition de l'Augustin d'Hyppone.

Vbi vermis eorũ nõ
moritur, & ignis nõ
extinguitur. Audiũt
hoc homines & ti-
ment, & continent
se à peccato. Timét
quidem, sed non a-
mant iustitiam : dum
autem timent & se
continét, fit consue-
tudo iustitiæ, & in-
cipit amari quod
durum erat, & dul-
cescere Deus. Aug.
in Psal. 127.

*Où le ver de leur conscience ne meurt pas, & le feu ne
s'éteind pas.   Les hommes écoutent cecy, & aprehen-
dent, & s'abstiennent de pecher; ils ont de la crainte, &
par la crainte ils s'abstiennent de pecher, ils craignent
bien, MAIS ILS N'AIMENT PAS LA
IVSTICE, toutefois pendant qu'ils craignent, &
qu'ils s'abstiennent, ils s'accoûtument à faire la Iustice,
& ils commancent d'aymer les choses rudes, & Dieu
commance de paroître doux.* S. Augustin sur le Psf. 127.

Ce passage est conuainquant, & toutes les Legions
des

des plus subtils & des plus rafinez parmy les Aduersaires ne pourront iamais empécher que les personnes dés-interessées ne crient que l'Augustin d'Hyppone est en ce point aussi bien qu'aux autres formellement opposé à l'Augustin d'Ipre ; puisque voyla vn homme qui s'abstient du peché parce qu'il craint, quoy qu'il n'ayme pas encore la justice. Qu'est-ce à dire qu'il n'ayme pas encore la justice, puisqu'il ne peche plus? C'est qu'il n'ayme pas encore son Dieu d'vn amour des justes, & d'vn amour parfait. Il craint, il n'ayme point, & neantmoins il s'abstient de pecher. Donc la seule crainte exclud l'affection du peché, & on n'est pas deuant Dieu coupable de peché.

Proposition de l'Augustin d'Ipre.

4. L'esprit qui est touché de la seule crainte, ne peut pas tellement detester ou euiter le peché, qu'il ne soit encore coupable deuant Dieu dans le fond de sa volonté. Ianf. l. 5. de grat. Chr. c. 31.

Opposition de l'Augustin d'Hyppone.

Cette crainte qui n'est pas encore chaste, aprehende les peines & la presence du Seigneur, l'hōme fait par crainte tout ce qu'il fait de bien, non de peur de perdre le bien, mais de peur de souffrir ce mal, il ne craint pas de perdre les embrassemens de l'époux, mais il craint d'estre condamné au feu d'Enfer. CETTE CRAINTE EST BONNE ET VTILE. Sainct Augustin sur le Pseaume 127.

Ce passage met encore plus que le precedent tous les Partisans de Iansenius hors de defense, puisque voyla vne crainte de l'Enfer, qui n'est pas fondée sur la perte des embrassemens de l'époux, mais seulement

Animus qui solo timore, *etiam gehennæ*, detinetur, non ita potest peccatum declinare aut detestari, quin corã Deo adhuc in ipsa voluntate sit reus. Ianf. l. 5. de gr. Chr. c. 31.

Ille timor nondum castus præsentiam Domini & pœnas timet, timore facit; quidquid boni facit, non timore amittēdi bonum, sed timore patiēdi illud malum, non timet ne amittat amplexus sponsi, sed timet ne mittatur in gehennã ignis. Bonus est, & vtilis timor. Aug. in Psal. 127.

sur la peur de souffrir le mal, & neantmoins Sainct
Augustin asseure que cette crainte est bonne & vtile,
& l'Augustin de Hollande asseure au contraire qu'elle nous fait coupables deuant Dieu. Quel de ces deux
pesera plus dans vostre esprit, l'Augustin Flamend, ou
l'Afriquain?

Proposition de l'Augustin d'Ipre.

*5. On declare plus amplement que la crainte de la
peine ne vient pas de la grace de IESVS-CHRIST,
parce qu'elle fait vne iustice qui naist de la Loy, &
qu'elle est nostre, & non de Dieu.* Ians. 5. au Liure de
la grace du Sauueur, au Chap. xv. quoy qu'il y ait
mal dans mon Liure, xxv. au titre du Chap.

Opposition de l'Augustin d'Hyppone.

Sainct Augustin au Liure de la Grace & du Libre
Arbitre, au Chapitre 18. expliquant ces paroles de
l'Apôtre : *Dieu n'a point donné l'esprit de crainte,* dit-
il, *qu'en considerant ce témoignage de l'Apôtre nous ne
deuons pas croire que nous n'ayons point receu l'esprit de
la crainte de Dieu, qui certainement est vn grand don
de Dieu ……… & que ce n'est pas la crainte qui fit que
Sainct Pierre reniast IESVS-CHRIST : mais que
c'est celle dont le mesme Sauueur dit, Craignez celuy
qui a le pouuoir d'enuoyer à la gehenne le corps & l'ame
………ce sont de grands biens ; mais d'où viennent-
ils ? de Dieu le Pere, & du Seigneur IESVS-
CHRIST.*

La contradiction de l'vn & de l'autre Augustin paroit manifestement, en ce que celuy d'Ipre asseure
que la crainte de la peine est bonne à la verité, mais
qu'elle ne passe pas l'ordre de la nature, ou qu'elle

Amplius declaratur
timorem pœnæ non
esse ex Christi gratia
quia facit iustitiam
inde natam ex lege,
& iustitiam nostrã,
non ex Deo. Ians.l. 5.
de Grat. Sal. c. xv.
*in mea autographo
est. cap. xxv. sed per-
peram.*

Aug. l. de gr. & lib.
arb. c.18. *Explicans
illud Pauli.* Non de-
dit Deus spiritum ti.
moris. Inquo sane
Apostoli testimonio
cauere debemus, *ait
Aug.*ne nos arbitre-
mur non accepisse
spiritum timorisDei
quod sine dubio ma-
gnum est donũ Dei
…… non quo timo-
re Petrus Christum
negauit, sed illius
timoris spiritum ac-
cepimus de quo di-
cit ipse Dominus
Christus. Eum time-
te qui habet potesta-
té & animã, & corp'
perdere in gehẽnam
…. *Mox.* Magna bo-
na, sed dicat vnde? A

vient de la Loy & non de l'esprit de la Grace, & que
neantmoins c'est le commancement de la sagesse. Et
Sainct Augustin asseure au contraire que c'est vn don
de Dieu, & vne Grace de Iesvs-Chrïst. L'vn
est Pelagien tout ouuertement, puisqu'il veut que ce
qui n'est qu'vn don de nature & de la Prouidence generale, serue en quelque façon de disposition à la sagesse & à la justice : & l'autre combat les Pelagiens,
nous enseignant que cette crainte est vn grand don de
Dieu, & de Iesvs-Christ; c'est à dire en vn mot
que c'est vne grace medicinale pour le salut.

Deo patre, & Do-
mino Iesu Christo.

Chap. XIX.

De l'Attrition dans le Sacrement de Penitence.

Proposition de l'Augustin d'Ipre.

1. *L*A Doctrine enseignée par les Scholastiques touchant la douleur des pechez conceuë par la seule
crainte de l'Enfer, est non seulement contraire aux maximes les mieux fondées de Sainct Augustin, mais encore au Concile de Trente. Ians. lib. 5 de Grat. Chr.
cap. 34.

Doctrina quam tra-
dunt Scholastici de
dolore peccatorum
ex solo gehennæ
motu non solũ prin-
cipiis Augustini fun-
datissimis repugnat,
sed etiam Synodo
Trid. Ians. l. 5. de gr.
Chr, c. 34.

Opposition de l'Augustin d'Hyppone.

L'écriture recommande non seulement la bonté, mais
encore la seuerité de Dieu, comme vne chose salutaire :
parce que Dieu est aimé & craint vtilement. Sainct
Augustin au Liure 1. contre les Aduersaires de la Loy
& des Prophetes, au Chap. 16.

Salubriter non so-
lùm bonitatē verùm
etiam seueritatem
Dei Scriptura com-
mendat, quoniam
& amatur Deus vti-
liter & timetur. Aug.

Opposition du Concile de Trente.

Si quelqu'vn dit que la crainte de l'Enfer, qui nous fait auoir recours par la douleur, à la misericorde de Dieu, OV QVI NOVS RETIRE DV PECHE', est vn peché, qu'il soit anatheme. Le Concile de Trente en la Sess. 6. au Canon 8.

Proposition de l'Augustin d'Ipre.

2. *C'est vne chose admirable que quelques-vns enseignent que la douleur, qui fait repentir quelqu'vn de son peché à cause de la crainte des peines de l'Enfer, est vne disposition suffisante à la iustification qu'on doit receuoir au Sacrement de Penitence.* Iansenius au Liure 5. de la Grace de IESVS-CHRIST, au Chap.33.

Opposition du Concile de Trente.

Bien que l'Attrition qui prouient de la crainte de l'Enfer ne puisse pas d'elle-mesme sans le Sacrement de Penitence faire obtenir la iustification au Pecheur, toutefois elle le dispose à impetrer la Grace de Dieu dans le Sacrement de Penitence. Le Concile de Trente en la Sess. 14. c. 4.

Il faudroit n'auoir iamais leu Iansenius, ou n'auoir iamais parlé de ces matieres auec quelqu'vn de ses disciples, pour ignorer qu'ils se flattent d'auoir pour eux le Concile de Trente ; parce qu'il dit en la Session XIV. au Can. 4. que la Penitence a trois parties qui seruent de matiere à ce Sacrement ; sçauoir la Contrition, la Confession, & la Satisfaction. Et au Canon v. il parle encore de la Contrition comme d'vne chose necessaire à ce Sacrement. Donc l'Attrition seule ne suffit pas, disent-ils, auec l'absolution, pour donner la grace, si par l'Attrition on n'entend qu'vne douleur d'a-

uoir

uoir offensé Dieu, parce que le peché nous priue du
Paradis, ou qu'il nous rend sujets aux peines eternelles. Secondement le mesme Concile en la Session vi.
au Chapitre 6. dit que la veritable disposition que
doiuent auoir les personnes âgées pour receuoir le
Baptesme, est de commancer d'aymer Dieu comme
la source de toute Iustice. Donc il faut dire la mesme
chose du Sacrement de Penitence, puisque la mesme
raison se rencontre en ces deux Sacremens. Mais il
faut estre bien peu éclairé si on ne sçait point que le
mesme Concile s'explique assez touchant le mot de
Contrition, qu'il ne prend en ce lieu que pour vne
douleur imparfaite conceuë par le motif de la perte
de la beatitude eternelle. Voicy comme l'Oracle de
l'Eglise parle, [Si quelqu'vn dit que la Contrition qui
se forme par l'Examen, par la recherche, & par la detestation des pechez, qui nous fait souuenir auec regret des années de nostre vie passée, pesant la grieue-
té, la multitude, & la laideur des pechez, la Perte de
la Beatitvde Eternelle, & que nous auons encouru
la damnation, auec propos de meiner vne meilleure
vie, que cette Contrition, dis-je, n'est ni vraye ni
vtile, & qu'elle ne prepare pas à la grace, mais qu'elle
rend l'homme hypocrite & plus grand pecheur, enfin
que c'est vne douleur forcée & non libre & volontaire, Soit Anatheme.] Quel est l'homme si peu intelli-
gent qui ne voye, à moins qu'il se serue des fausses
lunettes de Iansenius, que la Contrition, dont parle
icy le Concile, est vne douleur d'auoir offensé Dieu, à
cause que les pechez sont enormes & hydeux, ou bien
à cause qu'ils nous priuent du Paradis, ou bien parce
qu'ils nous rendent coupables de l'Enfer? Et n'est-ce
pas là l'expression tres sincere & tres claire de l'Attrition, comme on l'a toûjours enseignée? Voyez com-
le Concile frape d'anatheme ceux qui disent que l'At-

K k

Illumque tanquam
omnis iustitiæ fon-
tem diligere inci-
piunt. Sess. vi. c. 6.
Conc. Trid.

Si quis dixerit eam
Contritionem quæ
paratur per discus-
sionem collectioné
& detestationé pec-
catorum qua quis
recogitat annos suos
in amaritudine ani-
mæ suę ponderando
peccatorum suwiú
grauitaté, multitu-
dinem, fœditatem,
amissionem æternæ
beatitudinis, & æ-
ternæ damnationis
incursum, cum pro-
posito melioris vitæ
non esse verum &
vtilem nec præpara-
re ad gratiam, sed fa-
cere hominem ma-
gis hypocritam &
magis peccatorem,
demú illam esse do-
lorem coactum & vo-
luntarium; anathe-
ma sit. Conc. Trid.
Sess.xiv. Can. 5.

trition qui a les motifs, que nous auons désja assez exprimez, ne prepare pas à la grace. Que si elle prepare à la grace, comment est-ce que l'esprit, qui n'est touché que de la simple attrition, ou de la seule crainte des peines de l'Enfer, est encore coupable deuant Dieu lors qu'il reçoit l'absolution du Prestre, comme l'asseure Iansenius?

Si on considere aussi ce que veut dire le Concile parlant des dispositions necessaires aux personnes âgées pour receuoir le Baptéme, on verra qu'il fait entierement perdre la cause aux Ianfenistes : parce qu'il dit des pecheurs qui veulent s'aprocher dignement de ce Sacrement, [qu'apres auoir esté comme brisez vtilement par la crainte de la justice Diuine, ils se tournent vers la misericorde de Dieu, & s'éleuent dans l'esperance, & dans la confiance que Dieu leur sera propice à cause de I E S V S-CHRIST, & qu'ils commancent de l'aymer comme la source de toute justice, & que pour cette raison ils ont de la haine & de l'horreur de leurs pechez.] Il y a deux sortes d'Amour de Dieu. Le premier est vn amour de bien-veillance, & c'est l'Amour des Saincts & des Parfaits, qui ayment Dieu pour luy-mesme. L'autre est l'amour de Concupiscence, & c'est l'amour des commançans qui ayment Dieu, pour l'esperance de la recompense. Il est constant que le Concile parle là du second, & non pas du premier, comme ces termes nous l'aprennent. Ils s'éleuent, dit-il, dans l'esperance que Dieu leur sera fauorable *Deum sibi propitium fore.* Ie ne m'étens pas d'auantage parce que cela est trop clair, & que tous ceux qui sçauent que veut dire, Esperance, ne peuuent ignorer ce que ie viens de dire.

Au reste ces paroles du Concile que nous auons citées, *Bien que l'Attrition qui prouient de la crainte de l'Enfer, ne puisse pas d'elle-mesme sans le sacrement de*

A Diuinæ iustitiæ timore quo vtiliter concutiuntur ad cõsiderandam Dei misericordiam se conuertédo in spem eriguntur fidentes Deú SIBI propter Christum propitium fore, illumque tanquã omnis iustitiæ fontem diligere incipiunt, ac propterea mouentur aduersùs peccata per odium aliquod & detestationem. Conc. Trid. Sess. VI. c. 6.

Sess. XIV. c. 4.

Penitence faire obtenir la iustification, marquent euidemment que cette douleur est hors du Sacrement
vne disposition trop eloignée, & par consequent in-
suffisante, pour obtenir la grace & la iustification,
D'où il s'ensuit que les paroles qui suiuent dans le
mesme Chapitre du Concile; *toutefois elle dispose à
impetrer la grace de Dieu dans le sacrement de Penitence*, marquent vne disposition derniere, & acheuée
pour auoir la grace habituelle & iustifiante. De mesme que le dernier degré de chaleur & de secheresse,
fait l'acheuement de tout ce qui est requis pour faire
que le bois se brûle. Donc la proposition de Iansenius
est tres fausse, qui nie *que la douleur du peché à cause
des peines de l'Enfer soit vne disposition suffisante à la
iustification qu'on doit receuoir au Sacrement de Penitence*. Ce terme, *disponit*, dont se sert le Concile
ne signifie point que l'Attrition soit auec le Sacrement vne disposition suffisante pour faire vne acte de
Charité, lequel seul nous iustifie, comme quelques-
vns des disciples de Iansenius ont pensé, car le Concile ne parle point du tout de cet acte de Charité, puis
qu'il oppose directement ce Chapitre, & le Canon
cinquiéme de cette mesme Session à l'erreur de Luther, qui dogmatisoit alors que l'Attrition qui estoit
conceuë par les motifs de l'esperance du Paradis, ou
de la crainte de l'Enfer rendoit l'homme plus grand
pecheur qu'il n'estoit auparauant, & que ceux qui ne
formoient que des motifs de cette sorte, estoient indi-
gnes de receuoir l'absolution. Cette erreur de Luther
est raportée & refutée par le Docteur Tapper, aussi
bien que cette-cy, qui n'est qu'vne suite de la premiere, & qui est fort aprochante, ou pluftôt la mesme que
celle de ces Messieurs. *Secundò*, ce sont les propres
paroles de cet Heresiarque au rapport de Tapper,
Paratur contritio per intuitum & contemplationem

Tales omnes indig-
ne absoluuntur. Lu-
therus apud Tappe-
rum,

speciosissima iustitiæ, hæc facit verè pœnitentem, quia amore iustitiæ id facit; & hi sunt digni absolutione. Secondement la Contrition est formée par le motif de la justice tres-excellente & parfaite, & cette-cy rend l'homme vrayment penitent, parce qu'il fait pour l'amour de la justice ce qu'il fait. Et ceux-cy meritent d'auoir l'absolution. Si bien que selon la pensée criminelle de Luther ceux qui s'aprochent du Sacrement de Penitence auec la crainte de l'Enfer seulement, & qui n'ont point l'Amour de Dieu sans aucun mélange d'interest s'en aprochent indignement, & agrauent leur peché, bien loin de receuoir l'absolution du Prestre. N'est-ce pas toute la mesme doctrine de Iansenius? Ne vient-on pas de lire auec horreur que *ceux qui veulent euiter le peché par la seule crainte de la peine, sont deuant Dieu coupables de peché, & que l'action qui se fait en veuë de la recompense de la vie eternelle, comme estant vtile à celuy qui agit, est vicieuse?* Il ne se faut donc pas étonner si cet Augustin d'Ipre ne veut point que cette crainte ou cette esperance, soient des dispositions suffisantes à la iustification qu'on doit receuoir au Sacrement de Penitence, puisque ce qui est vicieux ne peut seruir de disposition legitime pour auoir la iustification. Ie ne croy pas que des hommes qui ont tant-soit-peu de zele pour la gloire de Dieu, & pour la paix de l'Eglise, puissent lire ces propositions auancées & soûtenuës auec vne si grande hardiesse, par des personnes qui portent le nom de Catholique, sans se mettre à genoux pour faire chacun selon son pouuoir, vne espece de reparation d'honneur, pour tant d'injures qu'on fait encore tous les iours à l'Epouse vnique de IESVS-CHRIST.

Voyez le Chapitre XVII. & XVIII.

CHAP.

Chap. XX.

De ce qui regarde le salut.

DE LA VOLONTÉ DE DIEV
touchant le salut de tous les hommes.

Proposition de l'Augustin d'Ipre.

1. **O**N *ne peut établir vne volonté generale par laquelle Dieu veuïlle que tous les hommes soient sauuez.* Cecy eſt tiré du Chapitre 20. du Liure 3. De la Grace de IESVS-CHRIST, de Ianſenius.

Il eſt neceſſaire de remarquer auec ſoin que quoy que la volonté de Dieu ſoit tres-ſimple en elle-méme, puiſque ce n'eſt qu'vne meſme choſe que l'eſſence Diuine qui eſt tres-ſimple, & qui ne ſouffre point de diſtinction réelle, à moins que l'oppoſition qui ſe rencontre dans les relations perſonnelles ne nous oblige à croire qu'il y ait diſtinction entre le Pere, le Fils, & le Sainct Eſprit : neantmoins nous pouuons faire quelque diſcernement des volontez de Dieu, puiſque l'Ecriture Sainte nous en donne la liberté. *Les œuures de Dieu ſont grandes,* dit le Saint Eſprit dans le Pſeaume cx. 2. *& diſpoſées à faire ſes volontez,* C'eſt pourquoy toute la Theologie fait quelque diſtinction de raiſon entre la volonté abſoluë de Dieu & celle qui n'eſt que conditionnelle. La premiere a pour objet tout ce qui arriue ſans aucune condition, & qui eſt arreſté abſolument dans le conſeil de Dieu, comme eſt le iour du jugement, & quelques autres choſes. La ſeconde a pour objet ce que Dieu ne veut qu'à quelque égard, & à condition que la creature le veuïlle, &

Non poteſt ſtatui voluntas generalis qua Deus velit omnes homines ſaluos fieri. Ianſ. ex lib. 3. de grat. Chr. c. 20.

Magna opera Domiui exquiſita in omnes voluntates eius. Pſal. cx.2.

Matth. xix. 17.

c'eft de cette volonté que l'écriture parle lors qu'elle dit, *Si vis ad vitam ingredi ferua mandata.* Si vous voulez entrer en la vie, gardez les Commande-mens.

De plus on diftingue encore la volonté de Dieu an-tecedante d'auec la confequente, en ce que la premie-re eft ainfi apellée, parce qu'elle donne à l'ame tout ce qui eft neceffaire pour la preparer à faire vne action libre & volontaire, & ainfi tout ce qui precede quel-que action que ce foit, en qualité de principe ou de condition requife, eft vn effet de cette volonté ante-cedante. La feconde eft vne volonté Diuine qui de-note l'action dans toutes les circonftances qu'elle aura en effet.

Toute la Theologie fuppofe la Doctrine que ie viens d'établir, & s'oppofe en mefme temps à la Propofition de Ianfenius. Elle auoüe bien que la volonté abfoluë de Dieu eft toûjours accomplie, & que c'eft de celle-là qu'il faut entendre l'écriture, lors qu'elle dit que per-fonne ne peut refifter à fa volonté, mais elle a toû-jours tenu iufqu'à ce miferable fiecle rempli de diui-fions & de fchifmes, que la volonté conditionelle de Dieu ne s'accomplit que lors que la condition, qui dé-pend de la liberté de la creature, s'accomplit. Et pour en donner vne conuiction manifefte & fans replique, il faut que Monfieur Arnauld & ceux de fon party fe fouuiennent que Dieu vouloit fans doute que nôtre premier Pere ne mangeaft point de la pomme, puis qu'il luy deffendoit d'en manger; & neantmoins il ne laiffa pas de permettre que l'homme refiftât à cette volonté, ce qui eût efté hors de fon pouuoir, fi Dieu eut voulu abfolument que l'homme ne mangeât point du morfeau deffendu. Il eft donc tres-conftant que l'on peut refifter à la volonté conditionelle de Dieu, quoy qu'on ne puiffe point refifter à fa volóté abfoluë.

Ie demeure auffi d'accord auec toute la Theologie
que la volonté confequente qui eft en Dieu, s'accomplit infailliblement, puis qu'elle enuifage dans le fentiment de Sainct Thomas & de tous les Theologiens,
toutes les circonftantes d'vne action acheuée. En effet il y auroit de la contradiction manifefte, fi nous di-
fions que la creature refifte à la volonté Diuine qui
denote l'action & tout ce qui la concerne, & qui fait
que cette action foit acheuée & parfaite. Mais ie foûtiens que la volonté antecedante qui eft en Dieu ne
s'accomplit pas toûjours, parce qu'encore qu'elle
donnne les principes naturels & furnaturels, qui font
requis à l'action : toutefois la creature à la liberté de la
faire ou de ne la point faire, & par confequent cette
volonté ne s'accomplit pas toûjours, du moins quant
à l'effet dernier, & principal ; bien qu'il foit indubitable qu'elle eft toûjours accomplie à l'égard de l'effet
qu'elle enuifage de plus prez, fçauoir à l'égard du
principe & des moyens neceffaires à faire l'action,
qu'elle donne toûjours.

En vn mot le fentiment commun de l'Eglife a toûjours efté contre Ianfenius, que Dieu a vne volonté
generale, antecedante, & conditionnelle que tous
les hommes foient fauuez, leur prefentant la grace, &
ce qui eft requis pour faire leur falut, de forte qu'il ne
tienne pas à luy, mais aux hommes, s'ils ne font pas
fauuez. Et pour montrer qu'il ne tient pas à luy, il
prefante la grace à ceux-là mefmes qui refiftent à fa
Volonté.

I'explique encore toute cette doctrine par vn excellent paffage que ie prens du Docteur Angelique,
lequel auoit donné trois fens à ces paroles de l'Apôtre, *Dieu veut que tous les hommes foient fauuez*, &
s'arreftant enfin fur l'explication de Sainct Iean Damafcene, il nous oblige *à confiderer que Dieu veut cha-*

Confiderandum eft
quod vnumquodq;
fecundum quod bo-
num eft, fic eft voli-

tum à Deo. Aliquid autem poteſt eſſe in prima ſui conſideratione ſecundùm quod abſolutè conſideratur bonum vel malum, quod tamē prout cum aliquo adiuncto cōſideratur, quæ eſt conſequens conſideratio eius, è contrario ſe habet. Sicut hominem viuere eſt bonum, & hominem occidi eſt malũ ſecundùm abſolutam conſiderationē. Sed ſi addatur circa aliquem hominem quod ſit homicida vel viuens in periculum multitudinis, ſic bonum eſt eum occidi, & malũ eſt eum viuere. Vnde poteſt dici quod Iudex iuſtus antecedenter vult omnem hominē viuere, ſed conſequenter vult homicidam ſuſpendi. Similiter Deus antecedenter vult omnem hominem ſaluari, ſed conſequenter vult quoſdam damnari ſecũdùm exigētiam ſuæ iuſtitiæ. Neque tamen quod antecedēter volumus, ſimpliciter volumus, ſed ſecundum quid, quia voluntas comparatur ad res ſecundùm quod in ſe ipſis ſunt, in ſe ipſis autem ſunt in particulari. Vnde ſim-

que choſe ſelon le degré de bontè qu'ell'a. Or eſt-il que quelque choſe peut eſtre bonne ou mauuaiſe ſelon la premiere conſideration, & ſi on la regarde abſolument, laquelle neantmoins eſt en effet le contraire, lors qu'on la joint par la penſée auec quelque autre choſe. Ainſi il eſt bon qu'vn homme viue, & il eſt mauuais de le faire mourir, à ne conſiderer cela que detaché & ſeparé de toute autre choſe. Mais ſi on adiouſte à cet homme la qualité de meurtrier & de perturbateur du repos public, il eſt bon de le faire mourir, & il eſt mauuais de le laiſſer viure. D'où vient que l'on peut dire qu'vn Iuge, qui eſt iuſte, veut par vne volonté antecedante que tous les hommes viuent, mais qu'il veut par la conſequente que le meurtrier ſoit pendu. Semblablement Dieu veut par la volonté antecedante que tous les hommes ſoient ſauuez, mais par la conſequente il veut que quelques-vns ſoient damnés, comme ſa juſtice le demande. Toutefois nous ne voulons pas ſimplement ce que nous voulons par cette volonté antecedante, mais à quelque égard; parce que la volonté eſt comparée à l'égard des choſes, comme elles ſont en elles-meſmes, or elles ſont en elles-meſmes dans le particulier. D'où vient que nous voulons ſimplement vne choſe lors que nous la voulons apres en auoir conſideré toutes les circonſtances en particulier, & cette volonté eſt apellée conſequente. On peut recueillir de ces choſes que le Iuge equitable veut ſimplement que le meurtrier ſoit pendu, mais qu'il voudroit à quelque égard qu'il veſcut, ſçauoir entant que c'eſt vn homme. D'où vient que l'on peut dire que c'eſt pluſtôt vne velleité qu'vne volonté abſoluë; & ainſi l'on void clairement que ce que Dieu veut ſimplement eſt exequté, bien que ce qu'il veut par vne volonté antecedante ne s'execute pas.

L'Auteur de la troiſiéme Apologie que pluſieurs croyent eſtre Monſieur Arnauld, a coupé ce paſſage,

& n'en

& n'en a rapporté que ce qu'il s'imagine luy fauo-
rifer. Il eft croyable que ce n'a pas efté fans myftere.
On void donc dans ce beau paffage deux fortes de
mouuemens tout à la fois, qui agitent le cœur du Iuge, fçauoir le defir que l'homme viue & la volonté que
le meurtrier foit puni de mort. De mefme on peut
confiderer en Dieu deux fortes de volontez pour le
moins, *Ex parte volitorum*, comme le mefme Sainct
Thomas l'auoit remarqué immediatement auant ce
paffage, c'eft à dire, *du cofté des obiets*, car on fçait
bien qu'il n'y a en Dieu qu'vne volonté fimple en effet,
quoy qu'il y en ait deux de la part des objets, fçauoir
l'antecedante, & la confequente, auec cette differance neantmoins, que la volonté antecedante du Iuge
n'eft qu'vne fimple velleité fterile : qui ne produit rien
au dehors & dans la perfonne de cet homide, mais
la volonté antecedante qui eft en Dieu eft vne volonté propre & efficace de fa part, puis qu'elle donne
les principes naturels & furnaturels, pour agir vertueufement & meritoirement, fçauoir la volonté libre & la grace Diuine, qui découle du fang tres precieux du Sauueur.

Mais il y a lieu de s'étonner que cet Auteur & la
3. Apologie ayent traduit auec fi peu de fincerité
les mots Latins, *fimpliciter, & fecundùm quid*, qu'vn
petit Logicien, qui s'en fert affez fouuent, en pourra
faire des rifées, & fi nous n'eftions pouffez d'vn autre
efprit que cet Auteur, nous luy pourrions aprendre
auec de termes plus aigres, que ceux que i'employe
par modeftie, que *fimpliciter*, ne veut pas dire, proprement, ni, *fecundum quid*, improprement, comme
il fe l'eft imaginé, car fi on confidere tout le paffage de
Saint Thomas, on verra qu'il s'explique luy-mefme fi
clairement qu'il eft impoffible de douter de fa penfée,
puis qu'il oppofe le terme, *fimpliciter*, qui fignifie,

M m

pliciter volumus a-
liquid , fecundum
quod volumus illud
confideratis omni-
bus circunftantiis
particularib⁹, quod
eft confequéter vel-
le. Vnde poteft dici
quod Iudex iuftus
fimpliciter vult ho-
micidam fufpendi,
fed fecundùm quid
vellet eum viuere,
fcilicet in quantum
eft homo. Vnde ma-
gis poteft dici vel-
leitas quam abfolu-
ta voluntas. Et fic
patet quod quid-
q·id Deus fimpli-
citer vult, fit , licet
illud quod antece-
denter vult, non fiat.
D. Thom. 1. part.
q. xix ad 1.

Apol. 3. Liu. 2.
1. point chap. XII.
pag. 57.

simplement, ou *sans rien adiouster*, à ces mots qui sont compris dans le mesme passage, sçauoir, *cum aliquo adiuncto*, qui signifient, *y adioustant quelque chose.* Par consequent il pouuoit traduire ces mots *secundum quid*, à quelque égard, comme font la pluspart des Philosophes qui parlent François.

Cette traduction infidele a fait que les simples ont pû s'imaginer que Sainct Thomas ait voulu dire que la volonté antecedante qui est en Dieu n'est qu'vne volonté impropre & metaphorique, comme celle du Iuge, quoy que ie n'auouë pas que la volonté qu'a le Iuge à l'égard d'vn pauure criminel, soit impropre & metaphorique, puis qu'elle est effectiuement dans l'ame du Iuge, & qu'elle excite le plus souuent des mouuemens & des affections dans le cœur, qui sont reels & non metaphoriques, & quoy qu'ils ne soient pas si determinez & si arrestez que quelques autres, d'où vient qu'on les apelle, *des velleitez*, toutefois il ne faut pas conclure que ce soient des volontez metaphoriques. Ainsi le Marchand qui est obligé par la violence de la tempeste de jetter en la mer sa marchandise, ne laisse pas d'auoir vne volonté effectiue de la conseruer, il est vray qu'elle n'enuisage pas toutes les circonstances particulieres, puis qu'elles font qu'il prend vne resolution contraire à cette volonté, mais cela n'empesche pas que cette volonté antecedante de conseruer la marchandise, ne soit tres-propre, & non pas metaphorique.

Ie dis de plus que la volonté antecedante de sauuer tous les hommes, qui est en Dieu dans le sentiment de Sainct Thomas, est beaucoup plus propre que celle de ce Marchand, & de ce Iuge ; puisque le Iuge ne produit rien dans le criminel qui le puisse tirer de la misere où il est, ni le Marchand ne peut rien faire à l'égard de la marchandise, supposé qu'il en faille décharger le

Nauire pour ſauuer les perſonnes. Au lieu que Dieu
donne effectiuement des marques ſenſibles de ſa volonté pour le ſalut de tous, puis qu'il répand des lumieres, & produit de bons mouuemens dans les cœurs
de toutes les perſonnes âgées, ſoit pour leur ſalut particulier, ſoit encore pour celuy de leurs enfans, mais la
pluſpart rejettent ces mouuemens, lors meſme que
Dieu les deſtine pour le ſalut des enfans, quelquefois
commançant leur mariage par des brutalitez, ou par
des conſiderations & des intereſts de la chair & du
ſang, quelquefois n'offrant pas à Dieu de bonn'heure
le fruit de leur mariage, enfin ſi nous en croyons à
Sainct Proſper, que nous citerons au Chapitre XXI. la
negligence des parens ou leur infidelité, ou meſme le
mauuais vſage des graces receuës ou preſentées, empeſche en quelque façon le ſalut des enfans. Ie ſçay
bien qu'il n'y a que le peché originel, qui à proprement parler, ferme la porte du Paradis aux enfans decedez ſans Baptéme; mais Sainct Proſper m'aprend
que comme le bon vſage des graces que font les parens peut ſecourir les enfans pour leur impetrer la grace du Baptéme, de meſme le mauuais vſage des graces
où la negligence les empeſche d'impetrer cette grace.

Remarquez le terme, *d'impetrer*, dont ie me ſers,
parce qu'il eſt conſtant que qui que ce ſoit au monde
ne peut meriter la grace pour vn autre, à la reſer-
ue du Mediateur, mais on peut impetrer par de bonnes œuures, & par des prieres tres feruentes, ce qui ne
depend que de la pure liberalité de Dieu, comme eſt
la grace du Baptéme à l'égard d'vn enfant. Et puiſque
nous voyons dans la pratique iournaliere des Confeſſions que les Peres & les meres s'accuſent de la negligence qu'ils ont commiſe, de n'auoir pas offert à Dieu
de bonne-heure les enfans qui doiuent naître d'eux, il
ſemble que par la raiſon des contraires ils peuuent ay-

der par leurs prieres à receuoir la grace du Baptéme.
Voyons maintenant si Sainct Augustin est d'vn sentiment fauorable ou contraire à celuy de Lansenius.

Opposition de l'Augustin d'Hyppone.

*Mais cette lumiere illumine les cœurs de ceux qui
s'employent à garder les Commandemens de Dieu, ce
que TOVS LES HOMMES PEVVENT
S'ILS VEVLENT, parce que cette lumiere illumine tous les hommes qui viennent en ce monde.* Sainct
Augustin au Liure 1. sur la Genese, contre les Manicheens au Chap.3.

*Ce que i'ay dit sur le premier Liure de la Genese que
la lumiere Diuine nourrit les cœurs de ceux qui se con-
uertissent auec pureté de l'amour des choses visibles à
l'obseruance de ses commandemens, CE QVE
TOVS LES HOMMES PEVVENT FAIRE
S'ILS VEVLENT. Que les Pelagiens ne s'ima-
ginent pas que cela est dit à leur faueur. Car il est vray
QVE TOVS LES HOMMES LE PEV-
VENT EN EFFET S'ILS VEVLENT,
Mais la volonté est preparée par le Seigneur.* Sainct
Augustin au Liure premier des Retractations, au
Chapitre 10.

On n'est point Pelagien, & on ne fauorise en façon
quelconque les Pelagiens, disant que Dieu donne sa
lumiere & sa grace à tous les hommes en particulier,
& que tous ceux qui ont l'vsage de la raison peuuent
garder les commandemens de Dieu, *Omnes, omnino,*
Tous sans exception de personne, pourueu qu'on adjoûte que Dieu prepare les volontez par la grace preuenante, ce qui est encore enseigné en termes expres
par S. Augustin écriuant à Boniface, & en diuers autres endroits. C'est donc vne noire calomnie de nous
apeller

Illud autem illumi-
nat corda eorū qui
se ad eius præce-
pta implenda con-
uertunt, quod om-
nes posfūt, si velint,
quia illud lumen
illuminat omnem
hominé, venientem
in hunc mundum.
Aug. lib. 1. in Gen.
contr. Manich. c.3.
  Quod dixi in lib.1.
de Genesi. Diuinum
lumen pascit pura
corda eorum qui ab
amore visibilium se
ad eius præcepta
implenda conuer-
tunt, quod omnes
possunt sivelint,non
existiment Pelagia-
ni secundum eos es-
se dictum. Verum
est .n. omnes OM-
NINO homines
hoc posse si velint,
sed præparatur vo-
luntas à Domino.
Aug. lib. 1. Retr.
cap.10.
Et si sic intelligerēt
quod dictum est si
volueritis , *audieri-
tis me,* vt etiamsi ip-
sam bonam volun-
tatem illum præpa-
rare cōgerentur, de
quo scriptū est præ-
paratur voluntas à
Domino, tanquam
Catholici vterentur

apeller des Pelagiens ou des Semipel. puisque nous confessons auec Sainct Augustin que Dieu prepare les cœurs par sa grace excitante, & qu'il est impossible autrement de se porter à l'obseruance des cõmandemens de Dieu. Mais ceux qui font des exceptions à cette regle vniuerselle de l'Euangile de Sainct Iean, qu'on lit tous les iours à la Messe, ceux, dis-je, qui asseurent que Dieu ne donne point sa lumiere & sa grace par les merites de I E S V S-C H R I S T, qu'à fort peu de personnes, contredisent ouuertement à l'Euangile & à Saint Augustin, qui nous aprennent que T O V S L E S H O M-M E S sans exception, *omnino*, sont illuminez, pourueu qu'ils ayent l'vsage de la raison, & que tous ont la grace d'accomplir les Commandemens de Dieu, s'ils veulent; & par consequent que Dieu a vne volonté sincere, quoy qu'elle soit antecedante, de les sauuer, puis qu'il leur donne le moyen de trauailler à leur salut.

Il n'est pas necessaire que l'effet de cette volonté antecedante, ni celuy de la consequente, soient toûjours differens essentiellement, car il se peut faire que Dieu presente vn mesme degré de grace indiuiduellement à vn homme qui se laissera attirer par ses doux attraits, & à vn autre qui luy resistera : Et cette mesme grace, qui n'est que purement suffisante & inefficace en l'vn, & efficace en l'autre, sera l'effet de la volonté antecedante seulement à l'égard du méchant, & de la consequente à l'égard du bon; parce que Dieu veut que le premier soit sauué seulement d'vne volonté conditionnelle, en cas qu'il obeïsse à la grace qu'il luy presente; & il veut que l'homme de bien soit sauué d'vne volonté consequente, parce qu'il obeït effectiuement à la grace, & en vertu de la grace.

Cette doctrine, qui est si nette & si solide, estant ainsi supposée, ie ne puis assez m'étonner de voir que

hoc testimonio, & non solùm hæresim veterem Manicheorum vincerent, sed nouam Pelagianorũ contererent. Aug. l. 4. ad Bonif. c. vi.

Réponse à vne obje-ction populaire con-tre la grace Suffisan-

te, sçauoir qu'elle n'est donnée que pour nous rendre coupables.

Monsieur Arnauld, l'Apologie troisiéme, & generalement tous les disciples de Iansenius, soûtiennent hardiment que la grace suffisante n'est donnée aux hommes que pour les rendre coupables : car il est visible que la grace attire de son costé la volonté, & que son premier effet, & la fin, & l'intention principale de celuy qui l'a donne, est d'attirer la volonté, quoy que ce soit sans blesser la liberté d'indifferance. Que si la volonté ayme mieux le bien sensible, & qu'elle choisisse, pour ainsi dire, la resistance criminelle à la grace diuine, il ne faut pas crier pour cela contre la grace suffisante, comme si elle auoit rendu cet homme coupable ; au contraire elle l'a attiré, & il n'a pas voulu suiure. Ce n'est donc que sa malice qui la rendu coupable.

Mors est malis, vita bonis. Vide paris sumtionis, quam sit dispar exitus.

La grace suffisante rend les hommes coupables au mesme sens que le corps de I. Chr. est la mort aux méchãs selon la prose du S. Sacrement. Mors est malis, &c. *& comme sainct Paul asseure que la lettre de la Sainte Ecriture tuë.* 2. Cor. III. 6.

Et comme le mesme corps adorable du Sauueur estant receu sous les especes Sacramentelles par vn méchant & par vn bon, ne laisse pas de donner la mort au premier, & la vie au second, quoy qu'ils ayent tous deux receu également selon le corps la mesme viande Celeste (non que le propre effet de ce corps adorable soit de tuër & de meurtrir, puis qu'il n'est offert que pour donner la vie : mais ce mauuais effet n'est que par accident à l'égard du Sauueur, à cause de la mauuaise disposition de celuy qui le reçoit) de mesme la grace interieure étant donnée au bon & au méchant dans le mesme degré indiuiduellement, les attire tous deux de son costé ; de sorte qu'elle est toûjours efficace en puissance & par sa propre inclination, comme le corps du Sauueur donne la vie par sa propre inclination, & elle n'est que purement suffisante par accident, & par la malice de la volonté, comme le corps du Sauueur donne la mort par accident à cause de la mauuaise disposition du sujet. On pourroit étendre ce parallele à d'autres causes generales & benignes, qui n'ont que

de tres-bonnes influences de leur nature, tel qu'est le
Soleil, les Astres, & quantité d'autres agens, qui ne
laissent pas de nuire à cause de la mauuaise disposition
de certains sujets. Ce qui nous aprend que cette objection populaire est vne sophistiquerie toute pure.

Proposition de l'Augustin d'Ipre.

2. *Le sentiment des Modernes est erroné, qui ex-
posent ce passage de l'Apôtre en la 1. à Timothée, au
Chapitre 2.* Dieu veut que tous les hommes soient
sauuez, d'vne volonté qui fait de son costé que tous les
hommes se sauuent. Iansenius au mesme endroit.

Erronea est senten-
tia Recētiorum qui
exponunt locū Apo-
stoli. 1.ad Timot 2.
vult omnes homi-
nes saluos fieri , de
voluntate saluandi
omnes quantum in
se est; ex eodem loco
Ians.

Opposition de l'Augustin d'Hyppone.

*Dieu veut que tous les hommes soient sauuez, & qu'ils
viennent à la connoissance de la verité. Il ne le veut
pas neantmoins de telle sorte qu'il leur oste le Libre Arbitre,* AFIN QV'ILS SOIENT JVGEZ TRES-
JVSTEMENT SELON LE BON OV LE MAVVAIS
VSAGE QV'ILS EN FERONT. *Et quand cela se fait,
les Infideles font à la verité contre la volonté de Dieu,
lors qu'ils ne croyent pas à l'Euangile, toutefois ils ne la
surmontent point, mais ils se priuent eux-mesmes d'vn
grand & d'vn souuerain bien, & ils s'engagent à sou-
frir des maux de peine, deuant éprouuer dans les supplices le pouuoir de celuy dont ils ont méprisé la misericorde dans les dons.* Sainct Augustin au Liure de l'Esprit
& de la Lettre, au Chap. 33.

Vult Deus omnes
homines saluos fieri
& in agnitionē ve-
ritatis venire , non
sic tamen vt eis adi-
mat Liberum Arb.
quo vel bene vel
male vtentes iustif-
simè iudicentur.
Quod cum fit , infi-
deles quidem con-
tra voluntatem Dei
faciunt , cum eius
Euangelio non cre-
dunt, nec ideo tamē
eam vincunt, verùm
se ipsos fraudāt ma-
gno & summo bo-
no, malisque pœna-
libus implicant, ex-
pertuni in suppli-
cis potestatem eius
cuius in donis mise-
ricordiam contem-
ferunt. Aug. de Spir.
& lit. c.33.

Comment est-ce que les Infideles font contre la volonté de Dieu, s'il ne veut pas sincerement que tous
les hommes soient sauuez? Car s'il ne veut pas tout
de bon qu'ils soient sauuez, & au contraire s'il veut
qu'ils soient damnez, ils ne font pas contre sa veritable

volonté, lors qu'ils prennent le chemin de leur damnation. Si Dieu a vne volonté au dedans que les Infideles meurent dans leur infidelité, & qu'au dehors par vne volonté toute contraire, qu'on apelle vne volonté de ſigne, il faſſe ſemblant de vouloir leur ſalut, & qu'ils meurent dans la Foy, que peut-on dire de ces deux volontez ſi contraires en vn Dieu ſi bon & ſi ſage? Quel nom donneroit-on à vn homme qui feroit ſemblant de vouloir du bien à quelqu'vn, & qui en effet & du bon du cœur feroit tout ſon pouuoir pour le perdre? Ie m'eſtonne qu'il y ait des hommes qui portent le nom de Chreſtien dans vn aueuglement ſi étrange. Peut-on attribuer à Dieu ce qu'on n'ozeroit imputer à vn homme ſage & de qualité?

Nous ſçauons bien que Ianſenius & ſes Diſciples crient par tout que S. Auguſtin en ce Liure, & en cet endroit de l'eſprit & de la lettre, ne fait que propoſer l'objection des Pelagiens, mais nous montrerons en nos Reflexions ſur l'Epitre aux Romais, que ce n'eſt qu'vne chymere qui a déja eſté ſifflée par quantité de grands perſonnages.

Propoſition de l'Auguſtin d'Ipre.

3. L'explication des Modernes de la volonté generale, &c. a eſté rejettée des veritables defenſeurs de la grace. Ianſ. l. 3. de gr. Chr. c. 20.

Oppoſition des vrays defenſeurs
de la Grace.

Il faut croire & profeſſer tres ſincerement que Dieu veut que tous les hommes ſoient ſauuez, puiſque l'Apôtre, qui eſt l'Auteur de cette Sentence, commande tres ABSOLVMENT, ce qui eſt gardé auec vne
tres-grande

tres-grande pieté en toutes les Eglises, que l'on prie Dieu pour TOVS LES HOMMES, parmy lesquels s'il y en-a plusieurs, qui perissent, c'est par leur propre faute, & s'il y en-a plusieurs de sauuez, c'est par la grace du Sauueur. Sainct Prosper en la Réponse à la seconde objection de Vincent.

Remarquez que Dieu veut que nous le supplions pour ceux-là mesmes qui perissent, parce qu'il veut sauuer tous les hommes, & qu'il faut croire cela tres sincerement. Dieu n'a pas donc vne simple complaisance sans aucun effet pour le salut de ceux qui perissent, comme il en a pour les choses qui sont purement possibles, & qui ne seront iamais ; parce qu'il veut que ceux qui perissent soient du nombre de ceux pour lesquels on prie dans l'Eglise, & l'on prie pour eux, parce que Dieu veut que tous les hommes soient sauuez. Cette raison de Sainct Prosper seroit inutile, si Dieu n'en vouloit sauuer que quelques-vns, & s'il ne donnoit aucune grace interieure à dessein de sauuer les autres. Car l'Apôtre commande tres-*absolument,* dit-il, c'est à dire sans exception de fidele ou d'infidele, d'Eleu ou de Reprouué, qu'on prie Dieu pour tous les hommes. Donc il faut aussi que Dieu veüille le salut de tous les hommes sans exception de qui que ce soit, parce qu'il ne commanderoit pas tres-absolument de prier pour tous les hommes, qu'il ne voudroit sauuer qu'auec exception, ou bien auec restriction & modification, prenant le mot de tous les hommes pour quelques-vns. Que si lors que Sainct Paul dit que Dieu veut sauuer tous les hommes, vous voulez qu'il ne l'entende que de quelques-vns seulement, on pourroit faire aussi vne exception, lors qu'il commande de prier pour tous les hommes. Or est-il que ce commandement de prier pour tous les hommes est absolu, & qu'il se doit prédre sans aucune limitation de qui que

cut idem Apostolus, cuius ista sententia est, absolutissimè præcipit, quod in omnibus Ecclesiis piissimè custoditur, vt Deo pro omnibus hominib⁹ supplicetur : ex quibus quod multi pereunt, pereuntium est meritū, quod multi soluantur, saluandis est donum. Prosper in Resp. ad. 2. Object, Vincentij.

ce foit, de fidele ou d'infidele, d'amy ou d'ennemy, étranger, ou de domeftique. Donc il faut auffi prendre le mot de tous les hommes que Dieu veut fauuer, fans aucune limitation & abfolument.

Quelque efprit de contradiction s'imaginera que ce raifonnement prouue trop, parce qu'il prouueroit, dira-t'il, que Dieu veut abfolument, & par vne volonté abfoluë le falut de tous les hommes, ce qui eft tres-éloigné de la verité ; puifque fi Dieu auoit cette volonté abfoluë, tous les hommes en particulier feroient fauuez, ce qui eft tres-faux. Mais il eft conftant que Sainct Profper appliquant le mot, *abfolument*, au commandement que fait Sainct Paul de prier pour tous les hommes, il ne l'entend qu'au fens que nous le venons d'expliquer, & il ne s'agit icy que du fens des paroles de Sainct Profper, lefquelles ne peuuent fouffrir qu'on die que Dieu veut abfolument ou par vne volonté abfoluë le falut de tous les hommes en particulier, puifqu'il adjoûte expreffement *qu'il y en a plufieurs qui periffent.* Il ne faut pas donc prendre le mot, *abfolument*, pour vne volonté abfoluë, mais feulement pour vne volonté generale qui n'excepte perfonne. Et certes fi Dieu commande abfolument par la propre bouche de Sainct Paul, qu'on le prie pour ceux-là mefmes qui periffent, il s'enfuit que le commandement de Dieu fuppofe vne volonté efficace de fa part, d'accorder vne grace generale en faueur mefme des reprouuez, en veuë des prieres qu'il commande aux fideles de faire pour eux, & que cette grace fuppofe vne volonté generale de procurer le falut de ceux qui periffent : ce qui choque formellement le fentiment de Ianfenius, & appuye fortement la doctrine commune de l'Eglife.

Autre Oppofition de S. Profper.

Celuy qui dit que Dieu ne veut pas fauuer tous les hommes, mais feulement vn certain nombre de Predeſtinez, auance vne propoſition plus cruë qu'il ne faudroit parlant de la profondeur de la grace impenetrable de Dieu, qui veut que tous les hommes foient fauuez, & qu'ils viennent à la connoiſſance de la verité. Sainct Profper en la Réponſe aux objections des François en la Sentence, fur le Chap. 8.

Ceux qui veulent paſſer pour les diſciples de Sainct Auguſtin me permetront de croire qu'ils ont aſſez de modeſtie pour ne fe preferer pas à Sainct Profper dans l'intelligence de la doctrine de Sainct Auguſtin touchant les matieres de la grace, puiſque cet Eueſque a combattu ſi glorieuſement pour la defenſe de fon Maiſtre qu'il l'en faut croire fans doute, lors qu'il decide quelque point de la Grace & de la Predeſtination. Il aſſeure neantmoins que c'eſt parler trop cruement de dire que Dieu ne veut fauuer qu'vn certain nombre de predeſtinez. Donc pour ne pas parler cruement, il faut dire que Dieu veut mefme fauuer les infideles & les reprouuez. Qu'on explique en fuite nettement la volonté que Dieu a de fauuer vn reprouué, & on verra que fans y penfer la verité fe fera connoître au trauers de tous les nuages, dont on s'eſt efforcé de la couurir iufqu'à prefent : car ſi Dieu n'a donné à Iudas que des moyens infuffifans pour luy procurer le falut, c'eſt en vain qu'on dira que Dieu a eu la volonté de le fauuer, & ſi Dieu n'en a du tout point baillé à vn pauure Infidele, c'eſt encore plus en vain qu'on foûtiendra que Dieu a voulu fon falut. Ce n'eſt pas icy le lieu de m'étendre fur ce fujet ; ie me referue à l'explication de l'Epiſtre de S. Paul aux Romains.

Qui dicit quod non omnes homines velit Deus faluos fieri, fed certum numerũ prædeſtinatorũ duriùs loquitur quàm loquendum eſt, de altitudine inſcrutabilis gratiæ Dei, qui & omnes vult faluos fieri & ad agnitionẽ veritatis venire. Profper in Reſp. ad objectiones Gallorum, fent. fuper cap. 8.

Oppofition des Peres qui ont precedé Sainct Auguftin.

Si nous deuons croire le difciple de Sainct Auguftin, il n'en faut pas rejetter les Maiftres qui font les Peres qui l'ont precedé, que Ianfenius accufe d'erreur par vne hardieffe fans exemple, quoy que Sainct Auguftin protefte en plufieurs endroits qu'il ne fait que fuiure la Tradition dans les matieres de la grace, & qu'il ne fe veut point departir de la doctrine enfeignée par les Peres fes predeceffeurs. Ie n'en veux pas icy faire le denombrement, ie n'en produiray que deux, efperant d'en citer dauantage à quelque autre occafion.

Oppofition de S. Ignace Martyr.

Sainct Ignace d'Antioche en l'Epiftre 6. à ceux de Philadelphe dit. *Nôtre Dieu ayme les hommes & veut que tous les hommes foient fauuez.*

Oppofition de S. Methode Martyr.

Sainct Methode Martyr. *Non que Dieu faffe*, dit-il chez Oecumenius, écriuant fur le Chap. ix. de l'Ep. aux Romains, *que les vns foient gens de bien, & que les autres ne le foient pas. A Dieu ne plaife ! Mais la bonté de Dieu s'étend fur TOVS VNIVERSEL-LEMENT, & autant qu'il eft neceffaire de fon côté, c'eft à dire felon fon deffein & fa volonté, il voudroit que tous les hommes fuffent vertueux & fideles.*

Amator eft hominū Deus nofter, & vult omnes homines faluos fieri. Ignat. Ant. Epift. 6. ad Philadelph.

Non quod alios bonos, alios non bonos faciat, Abfit ! Verùm Dei quidem bonitas ad omnes communiter pertinet, & quantum in ipfo fitum eft, hoc eft fecundum ipfius confilium & voluntatem, vellet omnes probos & fideles effe ac virtute præditos. Methodius Mar. apud Œcum. in cap. 11. Ep. ad Rom.

Oppofition

Opposition des deux Maistres de Sainct Augustin, sçauoir de S. Cyprien, & de Sainct Ambroise.

Sainct Cyprien au 4. Liure de ses Epistres, en l'Epistre 7. 15. fait vn argument que l'on apelle du moins au plus, & dit que si le Soleil materiel se leue pour tous les hommes, à plus forte raison IESVS-CHRIST le Soleil, & le vray iour, répand également ses rayons sur toute sortes de personnes qui sont en l'Eglise.

Si le iour paroît également à tous les hommes, dit Sainct Cyprien, *& si le Soleil répand sa lumiere également sur tous, à combien plus forte raison IESVS-CHRIST le Soleil & le vray iour répand également en l'Eglise la lumiere de la vie eternelle. Nous voyons dans l'Exode vn signe de cette égalité, lors qu'il fit pleuuoir la manne du Ciel, & que prefigurant les choses à venir, il fit connoistre vne image de la nourriture du pain Celeste, & de la viande que le Sauueur deuoit donner. Car chacun recueilloit également parmy les Israëlites la mesure du Gomor, sans auoir égard à la differance du sexe ou de l'âge. D'où l'on voit que la faueur du Ciel, & la grace de IESVS-CHRIST est répanduë sur tous les hommes qui sont le peuple de Dieu sans aucun discernement d'âge, & sans aucune acception de personne.*

Ie ne doute pas que nos Aduersaires mesme ne remarquent dans ces belles paroles de Sainct Cyprien, vne grace generale du moins pour les Chrestiens vniuersellement. Mais en voicy d'autres, qui sont encore fauorables aux Infidelles. C'est en la troisiéme Epistre du premier Liure. *Le Seigneur,* dit-il, *n'a point*

Pp

Si dies omnibus æqualiter nascitur, & si Sol super omnes pari & æquali luce diffūditur, quāto magis Christus Sol verus & dies verus in Ecclesia sua lumen vitæ æternæ pari æqualitate largitur. Cuius æqualitatis sacramentum videmus in Exodo esse celebratū cum de cœlo manna deflueret, & futurorum præfiguratione alimentum panis cœlestis & cibū Christi venientis ostéderet. Illic enim sine discrimine sexus vel ætatis Gomor Singulis æqualiter colligebatur. Vnde appareat Christi indulgentiam & cœlestem gratiā OMNIBVS diuidi sine sexus varietate sine annorum discrimine, sine acceptione personæ super omnem Dei populum gratiæ munus infundi. Cyp. ep. 7. l. 4

Dominus non increpuit discipulos

repris aigrement, ni n'a point fait de menaces grieues à ces disciples qui le quiterent, mais plustôt se tournant vers les Apôtres, il leur dit : Ne voulez-vous pas aussi vous retirer? Gardant certes la Loy par laquelle l'homme est laissé dans le chois, & dans la liberté de se desirer la mort ou le salut.

Ne voyla pas des termes qui supposent visiblement vne grace donnée aux Infideles, pour croire & pour desirer leur salut?

Le mesme Sainct Cyprien fauorise merueilleusement la grace accordée aux infidelles en ce beau Liure qu'il a fait à Quirin, que Sainct Augustin a cité en vne infinité d'endroits écriuant contre les Pelagiens.

La liberté de croire ou de ne point croire depend du Libre Arbitre, dit Saint Cyprien, & il prouue cette maxime par ce beau passage du Chapitre XXX. du Deuteronome. *I'ay mis deuant vous la vie & la mort, le bien & le mal. Choisissez la vie & vous viurez.* Il prouue la mesme chose par ces termes d'Isaïe. *Si vous voulez & si vous m'écoutez, vous mangerez les biens de la terre,* promise, *Mais si vous ne voulez pas m'écouter, le glaiue vous détruira.*

Puisque tous les hommes ont la liberté de croire ou de ne point croire, ils ont par consequent vne grace generale qui les excite à croire, mais on fait la sourde oreille. Sainct Ambroise parle encore plus clairement en faueur de la grace generale, ie me contenteray d'en citer deux excellens passages, reseruant les autres à vne autre occasion.

Le Seigneur IESVS distribuë la viande, & il desire en donner A TOVS, IL N'EN REFVSE A PERSONNE, car il est le dispensateur pour tous. Mais puis qu'il partage le pain, & qu'il en donne aux disciples, si tu ne tens la main pour en prendre ta part, tu tomberas en defaillance au chemin, & tu ne pourras

*pas t'excuser sur luy, puis qu'il donne & distribuë.......
Que répondras-tu, ou quelle excuse prendras-tu, si tu
perds la viande de la vertu qu'il te presente? Tu ne
peux pas dire qu'il n'a point donné à manger,* PARCE
CE QV'IL EN DONNE A TOVS. *Tu ne
peux point dire qu'il n'a pas eu la volonté de te faire
homme de bien, puis qu'il a mis denant toy le bien &
le mal, afin que le bien ne fût pas necessaire, mais libre
& volontaire.........Il dira aussi à celuy qui sera tombé
en defaillance au chemin, N'ay-je point coupé du pain?
N'ay-je pas donné la benediction? N'ay-je pas commandé que l'on t'en presentast? Pourquoy n'en as-tu pas
voulu prendre?*

Le mesme Sainct Ambroise écriuant sur ces paroles du Pseaume *Misericordia tua domine plena est
terra,* qui signifient, *Seigneur toute la terre est remplie de vostre misericorde,* parle en ces termes. *La
Terre est donc remplie de la misericorde du Seigneur,
parce que la remission des pechez a esté donnée A TOVS
LES HOMMES. On commande au Soleil de se
leuer sur tous, & à la verité il se leue tous les iours sur
tous. Mais ce mystique Soleil de iustice s'est leué sur
tous, Il est venu* POVR TOVS, IL A SOVFFERT
POVR TOVS, IL EST RESSVSCITE' POVR TOVS,
ET IL A SOVFFERT A DESSEIN D'ÔTER LE
PECHE' DV MONDE. *Que si quelqu'vn ne croid pas
en* IESVS-CHRIST, *il se priue luy-mesme* DV
BIEN-FAIT GENERAL; *comme si quelqu'vn fer-
moit les fenestres aux rayons du Soleil, ce n'est pas à
dire que le Soleil ne se soit leué pour tous, mais c'est
qu'il s'est luy-mesme priué de sa chaleur. Pour le regard
du Soleil, il conserue tousiours sa prerogatiue, mais
l'imprudent se priue luy mesme de la grace generale
de sa lumiere.*

Peut-on rien voir au monde de plus exprez ni de

Marginal note:

pulis, seu manus nõ
extendas tuas vt ac-
cipias tibi escas, de-
ficies in via, nec po-
teris in eum culpam
tuã referre qui mi-
seretur & diuidit
.... Quid responde-
bis aut quomodo te
excusabis si escam
virtutis, quam ad-
ministrat, amiseris?
Non potes dicere,
quia escam non de-
dit, quia dat OM-
NIBVS. Non po-
tes dicere quia no-
luit te bonum face-
re, ante quem po-
suit bonum & malũ,
vt non ex necessita-
te bonum tuum es-
set, sed voluntarium
...Dicet & ei qui in
via defecerit, nonne
panes fregi? nonne
benedixi? nonne ius-
si dari? Sed cur tu
accipere noluisti?
Ambros. lib. 6. in
Lucam. Ad illud Ac-
ceptis autem, &c.

Plena est ergo ter-
ra misericordia Do-
mini, quia OMNI-
BVS data est remis-
sio peccatorum. Su-
per OMNES Sol
oriri iubetur. Et sic
quidem Sol quotidie
super omnes oritur.
Mysticus autem Sol
ille iustitiæ OMNI-
BVS ortus est, om-
nibus venit, omni-
bus passus est, om-
nib° resurrexit; ideo
autem passus est vt
tolleret peccatum
mundi. Si quis au-

plus manifefte que ces belles paroles de Sainct Ambroife, dont Sainct Auguftin faifoit gloire d'eftre le veritable difciple, puifque c'eftoit par fon miniftere qu'il auoit efté conuerty de l'Herefie des Manicheens? Ne cite-t'il pas des témoignages de ce Pere, prefque en tous les Liures qu'il a faits contre les Pelagiens? N'a-til pas toûjours témoigné vne veneration finguliere pour tous les fentimens de ce Pere? Pourquoy donc ferons-nous fi legers d'efprit & de cerueau, que de croire à vne poignée de gens qui nous veulent perfuader que le difciple, fçauoir Sainct Auguftin, a contredit formellement, & s'eft eleué ouuertement au deffus de fon Maiftre Sainct Ambroife, contre la parole facrée du Sauueur qui dit que le difciple n'eft point par deffus fon Maiftre, *Non eft difcipulus fuper Magiftrum?* Il faut donc auoüer en dépit que nous en ayons que iamais Sainct Auguftin n'a dementy Saint Ambroife, au contraire qu'il s'eft affujety à publier tous fes fentimens dans les matieres de la grace, & par confequent puifqu'il eft tres conftant que le Maiftre a enfeigné que la grace de IESVS-CHRIST, eft donnée à tous les hommes fans exception, & que Dieu a vne volonté generale & fincere de leur donner le moyen de faire leur falut, il eft indubitable que Sainct Auguftin a efté de mefme fentiment.

Oppofition de trois autres Sainéts qui ont fleury en l'Eglife, apres S. Auguftin.

I'adjoûte encore les témoignages de quelques Saints qui ont vefcu apres Sainct Auguftin, & qui ont mieux penetré fon fens que Ianfenius. Sainct Iean Damafcene, au Liure II. de la Foy Orthodoxe au Chapitre 29.

Dieu

tem non credit in Chriftum, generali beneficio ipfe fe fraudat : vt fi quis claufis feneftris radios Solis excludat, non ideo Sol non ortus eft omnibus, quia calore eius fe ipfe fraudauit, fed quod Solis eft, præ-rogatiuã fuam feruat ; quod imprudentis eft, communis à fe gratiam lucis excludit. Ambr. Octonario. c. 48.

Math. x. 24.

Dieu estant excellemment bon, dit-il, *veut que tous soient participans de son Royaume, & il ne nous a point creez afin de nous mettre dans les tourmens & dans les supplices; mais estant iuste, il condamne à la peine ceux qui pechent. La premiere volonté est apellée antecedante ou de bon plaisir, & la seconde consequente.*

Sainct Anselme au Liure sixiéme de la Volonté de Dieu. *Il y a en Dieu vne volonté d'approbation*, dit-il, *par laquelle il veut & fait de son costé que tous les hommes soient sauuez.*

Sainct Thomas d'Aquin écriuant sur les Epistres de Sainct Paul, & particulierement sur celle que l'Apôtre a adressée à Timothée. IESVS-CHRIST *est le Mediateur*, dit-il, *entre Dieu & les hommes, non pas seulement de quelques-vns, mais de tous en particulier, & il n'eut pas eu cette qualité, s'il n'eut pas voulu que tous les hommes fussent sauuez, & qu'ils vinsent à la connoissance de la verité.*

Le mesme Sainct expliquant ce passage de Sainct Paul à Timothée. *Il est la propitiation pour nos pechez, pour quelques-vns efficacement*, dit-il, *& pour tous suffisamment.*

CHAP. XXI.

De la Mort de IESVS-CHRIST pour tous les hommes.

Proposition de l'Augustin d'Ipre.

1. IESVS-CHRIST *n'est pas mort ni crucifié pour le rachat de tout le monde.* Iansenius au Liure 8. de la Grace de IESVS-CHRIST, au Chap. 26.

Deus, vt bonitate præstans, vult omnes regni sui compotes esse, neq; supplicij aut cruciatus causa nos effinxit; vt iustus tamen iis qui peccat pœnam infert. Prior voluntas antecedens seu beneplaciti; secunda cōsequens vocatur. Ioan Damasc. lib. 11. de fide Orthod. c. 19.

Voluntas approbās in Deo est qua vult omnes homines saluos fieri quantùm ad se. Anselm. de volunt. Dei. lib. 6.

Iesus Christus mediator Dei & hominum, non quorundam, sed inter Deū & omnes homines, & hoc non fuisset, nisi vellet omnes Saluos. s. Thom. Lec. 1. in cap. 2. r. ad Tim.

Ipse est propitiatio pro peccatis nostris, pro aliquibus efficaciter, pro omnibus sufficieter. S. Thom Lect. 1. in 1. Tim. 1.

Christus non est mortuus & crucifixus pro redemtione totius mundi. Ianf. l. 8. de gr. Chr. c. 26.

Opposition de l'Augustin d'Hyppone.

La mort du fils de Dieu est le vray & l'vnique remede du peché originel,&c. Le sang de IESVS-CHRIST *est le rachat de tout le monde pour ce qui regarde l'efficace & la grandeur du prix qui s'estend sur tous les hommes, entant qu'ils sont compris dans vne mesme cause.* Sainct Augnstin au Liure qu'il a fait contre les articles que les Pelagiens luy auoient imposez ; dont le premier estoit que *Nôtre Seigneur n'a point souffert pour le salut de tous les hommes.*

Ce passage est decisif, car si le peché originel a infecté tous les hômes sans exception, &que le remede de I.C. apartienne aux mesmes hommes, il faut que le remede ait autant d'étenduë que le mal, & certes il n'estoit pas conuenable à la Bonté Diuine que le mal fut plus grand que le remede, puisque la Bonté & la Misericorde paroit au dela de tous les autres attributs. On demandera comment le remede de IESVS-CHRIST s'est estendu sur les enfans mornais, mais ie répondray qu'on attaque Sainct Augustin par cette demande, & nous y satisferons bien-tôt par Sainct Augustin, & par sainct Prosper, qui estoit son disciple. Voyez plus bas sainct Augustin en l'ouurage imparfait contre Iulien.

Proposition de l'Augustin d'Ipre.

IESVS-CHRIST *n'est pas mort pour le salut des Infideles qui meurent dans leur infidelité.* Ianf. l. 3. de gr. Chr. cap. 20.

Opposition de l'Augustin d'Hyppone.

Le Ciel crie tout brillant de rayons de cet Astre nouueau. Et la terre crie toute troublée par Herode, &c. O Monde immonde, celuy qui te veut racheter, est venu, & tu te troubles? Et tu veux perdre celuy qui a dessein de te deliurer? O Terre des Iuifs que tu es Impie, & que tes projets s'accordent peu auec ceux du Ciel! Le Ciel montre cet enfant afin que tu l'adores, & tu le cherches pour le mettre à mort! Il te presche que Dieu s'est fait homme pour toy, & tu veux perdre celuy qui est venu pour te racheter. Sainct Augustin au 2. Liure du Symbole aux Cathecumenes, au Chapitre 9.

Il se faut creuer les yeux pour ne point voir les rayons de cet Astre d'Afrique qui nous enseigne si clairement que IESVS-CHRIST est venu pour sauuer le monde immonde, & pour sauuer aussi Herode, quoy que reprouué. Et parce qu'il estoit tout troublé auec les habitans de la ville de Ierusalem, il luy remontre le dessein sincere que Dieu a eu de le deliurer & de le racheter. Il est donc tres-faux que IESVS-CHRIST n'est pas mort pour les Infideles qui sont mors dans l'infidelité.

Clamat Cœlum noui syderis radians fulgore; clamat terra turbata per Herodem, &c. O Munde immunde, venit qui te redimat, & turbaris? Et hunc tu vis perdere, quando ille te DISPOSVIT LIBERARE? Q Iudæorum terra impia, non congruis Cœlo! Cœlum demonstrat vt adoretur, tu quæris vt infans necetur. Illud tibi annúciat Deum hominem suscepisse pro te, & tu vis perdere eum qui venit redimere te, Aug. de Symbolo ad Catechumenos. l. 2. c. 9.

Proposition de l'Augustin d'Ipre.

3. Sainct Augustin n'auouë iamais en ses écrits que IESVS-CHRIST s'est donné pour le rachât de tous, sans exception de qui que ce soit, ou qu'il a esté crucifié ou mort pour tous les hommes en particulier. Ians. au Liure 3. de gr. Chr. c. 21.

Augustinus nunquã in scriptis suis fatetur Christum pro omnibus nullo excepto se dedisse redemtionem, vel crucifixum esse, vel mortuum. Ians. l. 3. de gr. Chr. c. 21.

Opposition de l'Augustin d'Hyppone.

Valde ingrati funt pretio fuo, aut multùm fuperbi funt qui dicunt aut illud tam paruum eſſe vt folos Afros emerit, aut fe tam magnos eſſe pro quibus folis fit datum. Non ergo exultent. Non fuperbiant, pro toto dedit, quantum dedit. Mox. Iudicabit orbem terrarum in æquitate, non partem, quia non partem emit. Totum iudicare habet, quia pro toto pretium dedit, Aug. in Pſal. 95.

Ceux-là ſont fort ingrats à l'endroit du prix de leur redemption, ou fort ſuperbes, qui oſent dire que ce meſme prix eſt ſi petit, qu'il n'a racheté que les ſeuls Africains, ou qui ſe croyent eſtre ſi grands qu'il n'a eſté donné que pour eux. Que donc ils ne s'éleuent point par orgueil. Qu'ils n'ayent point tant de vanité. Tout autant qu'il a donné, il l'a donné pour le tout. Et apres Il ne iugera pas ſeulement auec equité vne partie de tout le rond de la terre, parce qu'il n'en a pas ſeulement racheté vne partie. Il iugera le tout, PARCE QV'IL A DONNE' LE PRIX POVR LE TOVT. *Sainct Auguſtin ſur le Pſeaume 95.*

Ceux qui ſçauent leur petit Cathechiſme, n'ignorent pas que IESVS-CHRIST ne doiue vn iour iuger les Infideles decedez dans l'infidelité, auſſi bien que ceux qui ſont mors en la Foy, & dans la Communion de l'Egliſe. Et ceux qui ont apris les regles d'vn bon raiſonnement ſçauent que l'on ne peut ſans erreur tirer vne conſequence d'vn Antecedent, où il y a des termes equiuoques. Par exemple on ne peut point dire ſans impertinence d'vn bel-homme, dont le tableau eſt fort mal fait. Ie n'ayme pas cet homme, parce qu'il eſt mal fait, entendant la perſonne viuante en vne proporſitiõ, & l'image morte & muete en l'autre. Donc ſainct Auguſtin a tres-mal raiſonné, ou il a entendu le mot de TOVT, en l'antecedent pour les hommes ſans exception, puiſqu'il a pris ce meſme terme pour tous les hommes ſans exception en la conſequence. Nous deduirons cette raiſon auec plus d'étenduë & de force en nos Reflexions ſur l'Epiſtre aux Romains, contre l'Auteur de la 3. Apologie, qui eſt ſans doute grand amy à Monſieur Arnauld.

Propoſition

Propofition de l'Auguftin d'Ipre.

4. La mort de I E V S-C H R I S T profite neceffaire-
ment à celuy pour lequel il eft mort, & il n'eft pas mort
pour celuy auquel elle ne profite point. Ianf. l.3. de grat.
Chr. c. 20.

Oppofition de l'Auguftin d'Hyppone.

Vn feul eft mort pour tous, Iulien, ce n'eft pas Augu-
ftin, mais l'Apôtre qui l'a dit. Que dis-je? C'eft IESVS-
CHRIST *mefme qui a parlé de la forte par la bouche de*
l'Apôtre. Et ne dites pas, &c. Car ces PLVSIEVRS
SONT CES TOVS, *dont il dit en vn autre endroit,*
comme tous font morts en Adam, &c. Sainct Auguftin
au 2. Liure de l'ouurage imparfait contre Iulien, au
Chap. 128.

Et tu verras là les petis enfans; parce que IESVS-
CHRIST *eft auffi mort pour eux, mefme par ta propre*
Confeffion, il montre foudain ce qui s'en fuiuroit, di-
fant, Donc tous font morts, & il eft mort pour tous. Au
mefme endroit.

Il femble que S. Auguftin ait voulu faire le procés
à tous ceux qui ofent prendre la qualité de fes difciples, & qui ont la hardieffe de luy contredire à pleine
bouche, car y a-t'il rien de plus exprez pour prouuer
que IESVS-CHRIST eft mort pour tous les hommes en
particulier, & fans aucune exception de fidele ou d'infidele, de petit ou de grand, que ces paroles qui nous
aprennent fans aucune ambage ou obfcurité, que
COMME TOVS LES HOMMES EN PARTICVLIER
meurent en Adam de la mort du peché originel, de
mefme IESVS-CHRIST eft mort pour tous les hommes en particulier? Que s'il eft mort pour tous les

---

Mors Chrifti necef-
farió ei prodeft pro
quo mortuus eft, cui
autem non prodeft,
pro illo mortuus nõ
eft. Ianf. l. 3. de grat.
Chr. c. 20.

Vnus pro omnibus
mortuus eft, Iuliane,
non hoc Auguftin⁹,
fed Apoftolus dixit,
imò ipfe per Apo-
ftolum fuum Chri-
ftus. Nec dicas, &c.
Multi quippe ifti ip-
fi funt omnes de
quibus alio in loco
dicit. Sicut in Adam
omnes moriuntur.
Aug. l 2. operis im-
perf. c. 128.

Et ibi videbis &
paruulos quia & pro
ipfis etiam te confi-
tente mortuus eft
Chriftus, continuò
quod fequeretur
oftendit dicens. Er-
go omnes mortui
funt. Et pro omni-
bus mortuus eft. ib.

enfans en particulier, il leur a donc donné quelque
fruict de son sang & quelque effet de ses merites infinis, car il est ridicule de dire qu'il est mort pour tous
seulement, à cause que le prix de son sang est capable
de luy-mesme de racheter tous les hommes & tous les
enfans en particulier ; parce que l'on seroit sifflé
de tout le monde, si on disoit à vn pauure prisonnier, qui seroit detenu pour quelques detes en la
Conciergerie. Mon amy ayez bonne esperance, il y
a vn grand Seigneur qui est venu pour deliurer tous
les prisonniers, non qu'il ait aucun dessein de vous
deliurer, mais c'est qu'il a vne bourse remplie de pisto-
les, qui sont plus que suffisantes pour vous tirer de la
misere où vous estes. Ne voyla pas vne belle consolation pour ce pauure prisonnier endeté? Au lieu
que dans le sentiment de Sainct Augustin & de toute
l'Eglise, il n'est point d'homme si miserable qu'on ne
puisse consoler, luy representant que Iesvs-Christ a
presenté effectiuement à Dieu son Pere le prix de son
sang, & qu'il ne tiendra qu'à luy de se l'appliquer, &
dans le sentiment de Sainct Prosper il tient aux Peres
& aux Meres de secourir leurs enfans, bien qu'ils
n'ayent pas encore atteint l'vsage de la raison, & qu'ils
ne puissent receuoir le Baptéme.

Ces beaux mots de Sainct Augustin *etiam te confi-
tente*, me donnent lieu de remarquer que les Pelagiens confessoient que Iesvs-Christ est mort pour
les enfans. Si donc ils sont compris sous le mot de tous
ceux pour lesquels Iesvs-Christ est mort, & que
Sainct Augustin en demeure aussi d'accord, & qu'il
n'en excepte personne, il s'ensuit que le sang de Iesvs-
Christ a esté offert pour tous en particulier, sans exception de qui que ce soit, autrement Sainct Augustin
auroit donné prise à son Aduersaire, qui estant fin &
rusé, n'eut pas manqué de faire des exceptions à sa

modé ſur ce paſſage, *ſicut in Adam omnes moriuntur*, comme tous meurent en Adam. Si Sainct Auguſtin en eut fait ſur ces mots, *Pro omnibus mortuus eſt Chriſtus* ; I E S V S-C H R I S T eſt mort pour tous. Nous répondrons ailleurs à toutes les principales ſoupplesſes de l'Auteur de la troiſiéme Apologie, & de tout ce qu'il a pû inuenter pour faire perdre la force de cet excellent paſſage de Sainct Auguſtin contre Iulien, & i'eſpere que ſi l'on a tant-ſoit-peu d'amour pour la verité, on iugera que ce Pere n'a iamais eſté Ianſeniſte.

Ie preuoy cependant qu'vn eſprit ſubtil du party contraire ne manquera pas de me repliquer que ſainct Auguſtin a raiſonné ſelon les principes de l'Heretique Iulien, & non pas conformement à ſes propres maximes. Mais ie ſçay auſſi que cette obiection, qui paroit ſubtile d'abord, eſt en effet ſi ſubtile qu'elle ſe diſſipe d'elle meſme, lors qu'on fait reflexion ſur ces belles paroles de Sainct Auguſtin, écriuant contre le meſme Iulien, *Niez ſi vous oſez qu'vn enfant, qui vient de naiſtre, ſoit mort, puiſque vous ne niez pas que* I E S V S-C H R I S T *ſoit mort pour luy?* C A R V N S E V L E S T M O R T P O V R T O V S, *Donc tous ſont mors.* C E S P A R O L E S S O N T D E L'A P Ô T R E, M A I S E L L E S S O N T A V S S I N O S A R M E S. Puiſque Sainct Auguſtin ſe ſert des paroles de l'Apôtre, & en fait ſes armes propres, il eſt ridicule de dire que ce Sainct n'argumente que, *ad hominem*, c'eſt à dire ſelon les maximes de Iulien, lors qu'il veut prouuer par ce paſſage que les enfans ſont mors dans le peché. En effet ce ſont les armes de Saint Auguſtin. Et celles de l'Egliſe qui détruiſent le Pelagianiſme, & le Ianſeniſme. Le Pelagianiſme, parce que Sainct Paul affirmoit que I E S V S-C H R I S T eſtmoit pour tous, & Sainct Auguſtin argumente de la ſorte. Vous ne pouuez pas excepter vn ſeul enfant nouueau né de la generalité de la mort du peché, puis

Tu nega ſi audes natum mortuum, pro quo Chriſtum non negas mortuũ: vnus E N I M pro omnib⁹ mortuus eſt, ergo omnes mortui ſũt. VERBA SVNT APOSTOLICA, SED ARMA SVNT NOSTRA. Aug. l. 6. cont. Iulian. c. 2.

que vous ne l'exceptez pas, ni ne le pouuez point excepter de la generalité du dessein que Iesvs-Christ
a eu de mourir pour tous. Vous ne le pouuez, dit
Sainct Augustin, *Vnus enim pro omnibus mortuus est.*
comme s'il disoit, Il est mort pour cet enfant né aujourd'huy : CAR IL EST MORT POVR TOVS,
Cette particule, *Enim,* CAR, comprend l'induction
que ie viens de faire, par ce raisonnement. Quiconque est mort pour tous, est mort pour cet enfant. Or
IESVS-CHRIST est mort pour tous, Il est donc mort
pour cet enfant. Que s'il est mort pour les pecheurs
seulement, il s'ensuit que les enfans mesme sont pecheurs. Or ils ne peuuent auoir aucun peché propre
& personnel, ils ont donc contracté l'originel. Ces
paroles ruinent aussi le Iansenisme, puis qu'elles prouuent manifestement que le Sauueur ayant répandu
son sang pour cet enfant en particulier, qui est mort
sans baptéme, il faut que selon la pensée de Saint Prosper il luy ait presenté quelque fruit de son sang, & de
ses merites, en presentant aux parens la grace generale qui profiteroit asseurement à l'enfant, si le pere ou
la mere en faisoit vn bon vsage.

Lors que nous demandons, dit Sainct Prosper au
Liure 2. de la Vocation des Gentils, *comment Dieu
veut sauuer tous les hommes, puis qu'il ne donne pas à
tous le temps ni l'âge necessaire, pour receuoir la grace par le moyen de la Foy volontaire, Ie pense que l'on
peut croire sans scrupule, & entendre sans inconuenient que ces enfans, qui viuent peu de iours, reçoiuent
cette portion de la grace qui a esté* TOÛJOVRS *accordée*
à TOVTES LES NATIONS, *& que* SI LES PARENS
EN FAISOIENT VN BON VSAGE, ILS LES POVRROIENT
SECOVRIR : *Car les commancemens de* TOVS LES
PETIS ENFANS, *& tous les principes de ce bas âge,
qui n'a pas encore l'vsage de raison, sont soûmis à la
volonté*

Cum quærimus quomodo omnes saluos fieri velit qui nõ omnib° tépus illud impertit in quo per voluntariam fidem percipiendæ gratiæ sint capaces. Non irreligiose arbitror credi, neque inconuenienter intelligi quod *Isti paucorum dierum homines* ad illam pertineant gratiæ partem quæ *semper* vniuersis est impensa nationibus, qua vtique, si bene eorum

*volonté des autres, & on ne les peut assister qu'en se
seruant des autres.* Et de rechef. *Comme les enfans,
dit Sainct Prosper, croyent par la confession d'autruy,
aussi est-ce par l'infidelité ou par la negligence des autres qu'ils ne croyent point.*

Ce seul passage de Sainct Prosper est capable d'arré-
ter tous ces Questionneurs qui nous rompent la teste
à tout propos, sur les enfans decedez sans Baptéme,
parmy les Infideles & ailleurs, comme si Dieu leur
auoit refusé de toute eternité tous les moyens necessaires à leur salut. Sainct Prosper, dis-je, nous aprend
ce qu'il faut répondre à toutes ces questions, que Saint
Paul écriuant à son disciple Timothée, apelle *Quæstio-
nes sine disciplina*, c'est à dire des questions sans discipline, sans regle, & sans fruit.   On pourra voir encore le Chapitre XXIV. vn peu plus bas, si ce que nous
venons de dire n'a point satisfait les curieux touchant
le rachapt des enfans decedez auant le baptéme.

Ie diray cependant qu'il est constant que la cause
principale & precise, qui fait que les enfans decedez
sans Baptéme ne jouïssent pas de la vision de Dieu, est
le peché originel, dont ils sont rachez en mourant;
mais cela n'empéche pas que dans le sentiment de
Sainct Prosper, la negligence des parens à offrir à
Dieu leurs enfans, & à le prier de bonne-heure, ne soit
vne cause moins principale, & comme vne condition
qui fait qu'ils ●●ent priuez du bon-heur d'auoir le
moyen de procurer ce remede si necessaire au salut de
leurs enfans.   Car comme dans la nature les semences
sont les causes principales qui font venir & croître les
herbes & les plantes, & neantmoins la rosée & la pluye
naturelle, ou bien l'artificielle, ne laissent pas de seruir de cause moins principale ou de condition, pour
leur donner la nourriture & la croissance necessaire.
Et comme dans la Morale Chrétienne l'homme & la

vterentur parentes,
etiam ipsi per eosdé
iuuarentur: omnium
namq; exordia par-
uulorum, totaque
illa principia nec-
dum rationalis in-
fantiæ sub arbitrio
iacent voluntatis a-
lienæ, nec vllo mo-
do eis nisi per alios
consuli potest *Mox.*
Sicut ex aliena con-
fessione credunt, ita
ex aliena infidelita-
te, aut dissimulatio-
ne non credunt. Pro-
sper. lib. 2. de vo-
cat. gen. cap 22.
Τας ἀπαιδευτις ζη-
τίσεις παραιτοῦ.
1. Timoth.

femme font les caufes principales, & les Miniftres ef-
fentiels du Sacrement de Mariage, bien que la prefen-
ce du Curé en qualité de témoin, & la publication des
bans y foient neceffaires, comme eftant des conditions que l'Eglife y a mifes, & fans lefquelles le contract eft du tout nul : de mefme bien que la coulpe
originelle foit la caufe principale de la damnation des
enfans mornais, toutefois la negligence ou l'infidelité
des parens eft vne caufe moins principale qui fait que
les enfans decedent fans Baptéme, & fans auoir la
jouïffance de la vifion de Dieu. Il n'eft donc pas neceffaire d'auoir recours à cette reprobation abfoluë, &
à ce decret horrible, comme Caluin mefme eft contraint de l'auouër, puifque l'on peut donner d'autres
caufes plus fenfibles, & plus conformes à l'analogie de
la Foy, & qui ne choquent pas le fens commun, comme font toutes les fuites funeftes de la Reprobation
abfoluë.

Propofition de l'Auguftin d'Ipre.

Chriftus pro iis tan-
tùm mortuus eft, qui
faluantur. Ianf. l. 8.
de grat. Chr. c. 28.

5. *IESVS-CHRIST n'eft mort que pour ceux qui font fauuez.* Ianfenius, au Liure 8. de la grace de IESVS-CHRIST, au chap. 28.

Oppofition de l'Auguftin d'Hyppone.

Projecit Iudas pre-
tium argenti quo ab
illo Dominus ven-
ditus erat, nec ag-
nouit pretium quo
ipfe à Domino re-
demtus erat. Aug. in
Pfal. 58.

Iudas a jetté le prix de l'argent par lequel le Seigneur auoit efté vendu, & il n'a pas connu le prix, par lequel il auoit efté racheté. Sainct Auguftin fur le Pfeau-
me 58.

Il eft affeuré que Iudas n'eft pas fauué, & neantmoins faint Auguftin nous aprend que IESVS-CHRIST
l'a racheté. Donc il n'eft pas vray que IESVS-CHRIST
ne foit mort que pour ceux qui font fauuez.

Autre Opposition de l'Augustin d'Hyppone.

Les Iuifs n'ont pas donné ce dont le Sauueur auoit soif estant sur la Croix, car il auoit soif de leur salut, & ils luy ont donné du vinaigre. Sainct Augustin sur le Pseaume 61.

On void que sainct Augustin ne se contente pas de dire que le sang de IESVS-CHRIST est suffisant de luy-mesme de racheter tous les hommes, comme le dit Ianfenius, mais qu'il adjoûte qu'il auoit vne soif, c'est à dire vn desir tres-ardent, du salut de ceux qui luy donnerent du vinaigre, c'est à dire qui méprisent ses graces, & qui se sont damnez; pour nous aprendre que cette proposition, IESVS-CHRIST est mort pour les reprouuez, ne s'entend pas seulement de la suffisance du prix, mais encore de l'intention & du dessein de IESVS-CHRIST, puisque sainct Augustin asseure que *sitiebat ipsos*, qu'il auoit vne soif ardente pour le salut de ceux qui n'ont pas esté sauuez, ou du moins qu'il desiroit & procuroit des graces à ceux qui les rejettoient. Autrement que veulent dire ces mots, *sitiebat ipsos, at illi acetum dederunt?*

Iudæi hoc non dederunt quod Christus in cruce positus sitiebat, ipsos enim ille sitiebat, at illi acetum dederunt. Aug. in Psal. 61.

Autre Opposition de l'Augustin d'Hyppone.

Les peuples méprisant à cause de leur superbe l'humilité de Dieu, ont crucifié leur Sauueur, & en ont fait le vengeur de leur crime. Saint Augustin au Traitté 4. sur sainct Iean.

Nous montrerons ailleurs que toutes les defaites de l'Apologiste, dont il se sert pour eluder ce beau passage, sont de pures illusions. Nous en auons dit quel-

Populi spernentes propter superbiam suam humilitatem Dei crucifixerunt Saluatorem suum, & fecerunt damnatorem suum. August. tract. 4. in Ioan.

que chose en nôtre Liure Latin *De Concordia Libertatis & grat.* page 118. 119. Et nous en traitterons plus à fond dans nos Reflexions sur l'Epistre aux Romains.

Autre Opposition de l'Augustin d'Hyppone.

Vous voyez les playes que vous m'auez faites. Vous connoissez le costé que vous auez percé. C'est par vous & pour vous qu'il a esté ouuert, & toutefois vous n'auez pas voulu entrer. Saint Augustin au Traitté qu'il a fait sur le Symbole pour les Catechumenes.

Ce passage est tres conuainquant & tres-clair, de sorte qu'il n'est pas necessaire d'y adjoûter aucune Reflexion, aussi-bien a-t'il esté fait pour les nouueaux conuertis à la Foy. C'est pourquoy sainct Augustin s'est estudié de leur parler clairement, & de leur expliquer les Mysteres de nôstre Foy, en sorte qu'il ne leur restast aucun doute.

Proposition de l'Augustin d'Ipre.

6. IESVS-CHRIST n'a point prié pour ceux qui ne sont pas sauuez, non plus que pour la deliurance du diable. Ians. l. 3. de gr. Chr. c. 20.

Opposition de l'Augustin d'Hyppone.

Il prioit pour le pardon de ceux qui luy faisoient iniure; car il ne regardoit pas qu'ils le faisoient mourir, mais bien qu'il mouroit pour eux. Sainct Augustin au Traitté 31. sur sainct Iean.

Il faut que ie finisse ce Chapitre de la Mort du Sauueur, par quelque témoignage de mon iuste ressentiment

ment contre toutes ces plumes importunes, & ces
langues difertes, qui ont voulu donner des bornes &
des limites au merite infini du fang de Iesvs-Christ,
& que ie leur faffe paroître quelque peu de zele qui
ne fera pas indifcret, puis qu'il vange les outrages
qu'on a faits à mon Maiftre depuis dix ou douze ans.
Et certes puifque fainct Auguftin n'a pû laiffer paffer
fans quelque mouuement de colere, les reproches in-
fames que Iulien vouloit faire à fa mere, qui eftoit deuant Dieu, pour ie ne fçay qu'elle imperfection de
ieuneffe qu'il auoit luy-mefme découuerte en fes con-
feffions, pourquoy ne me fera-t'il point permis de
m'émouuoir vn peu, voyant que l'on impute au Redempteur de tous les hommes, ou de l'hypocrifie, faifant femblant de vouloir que tous les hommes fe fau-
ment, quoy qu'il n'en ait aucun deffein, ou vn cœur
fans pitié, ne regardant la plufpart de fes freres felon
la chair que comme les demons condamnez abfolument aux flammes eternelles? N'aurons-nous pas autant de zele pour l'honneur de Iesvs-Christ, que
fainct Auguftin en a eu pour celuy de fa mere? Ouurez, Meffieurs, ouurez vôtre poitrine, découurez
ces fecrets myftericux que vous cachez il y a fi long-
temps? Expliquez-nous ces chifres, & ces mots à double entente qui tiennent en fufpens quantité de bonnes ames qui s'attachent à vous; parce qu'elles ne pe-
netrent pas dans l'interieur de tout ce qui s'eft paffé en
diuers endroits de ce Royaume? Pouuez-vous dire
fans horreur que Iesvs-Christ ce bon, ce doux, &
ce debonnaire Sauueur n'a non plus eu de deffein de
mourir pour vn Canadois qui eft mort y a mille ans,
que pour Lucifer ou pour Beelzebuth les Princes des
puiffances de l'Enfer? Aurez-vous bien toûjours la
hardieffe de foûtenir que S. Auguftin a efté de ce fentiment? Ferez-vous toûjours la part du demon plus

Tt

grande que celle de IESVS-CHRIST, non feulement
quant à l'euenement, ce qui n'eft que trop vray, mais
encore felon le deffein irreuocable de Dieu fon Pere,
lequel, à ce que vous dites, fans auoir égard au mal.
que doiuent faire la plufpart des mortels, les deftine
& les predeftine à eftre des victimes malheureufes de
fa vengeance? Si ie confidere l'étenduë des merites
de mon Sauueur, ie trouue que vous imitez ces mauuais œconomes & intendans des Princes qui roignent
par baffeffe d'efprit, & par vne auarice infatiable les
prefens & les liberalitez que leurs Maîtres font à leurs
fujets fideles : car apres auoir veu dans l'Efcriture, &
dans fainct Auguftin, que la magnificence du Redempteur s'eftend fur toute forte de perfonnes fans exception de qui que ce foit, il femble que vous limitez
la belle qualité de Redempteur de tous les hômes qui
eft deuë à I. CHRIST, foit par des equiuoques, foit par
d'autres limitations & reftrictions criminelles. Mais
confiderons toutes les circonftances de cette mauuai-
fe épargne. Le temps de la Loy de Nature auant Moï-
fe n'a produit, à ce que vous dites, que des monftres
dépourueus de la grace medicinale du Sauueur, à la
referue de fort peu de perfonnes. Celuy de la Lòy n'a
fait qu'vne Synagogue ; *Laquelle en cette qualité n'é-*
toit qu'vne troupe de gens charnels qui ne feruoient
Dieu que pour l'amour des chofes de la terre. Celuy de
la grace n'empefche point que tous les Payens, les
Iuifs, les Turcs, & tous les Infideles, ne foient priuez
abfolument de toutes fortes de graces du Sauueur ; &
mefme parmy les fideles, combien y-en-a-t'il au dire
de ces Meffieurs? Car tous les petits enfans qui meurent en bas âge, font hors du nombre de ceux que
IESVS-CHRIST a rachetez, non feulement ceux qui
meurent fans Baptéme, ce qui feroit fuportable, fi
fainct Auguftin ne difoit point à Iulien qu'il ne falloit

pas mesme leur enuier l'honneur d'auoir vn Redempteur, comme nous le dirons bien-tôt ; mais encore
les enfans baptisez qui meurent auant l'vsage de la
raison, ce qui est horrible, & qui est neantmoins vne
suite necessaire de la doctrine de Iansenius : car si la
grace habituelle & sanctifiante, qui leur est donnée au
Baptéme, n'est point vne grace de IESVS-CHRIST,
comme l'asseure cet Euesque , & comme nous l'auons
prouué ailleurs, il s'ensuit par vne consequence infaillible que les enfans n'estant pas capables de cette
grace efficace par elle-mesme , ou victorieuse de la
Concupiscence, laquelle seule doit estre attribuée à
IESVS-CHRIST,& n'ayant que celle qui n'en est point
l'ouurage, ni l'effet, ils ne sont pas rachetez par le
Sauueur du Monde. Que restera-t'il donc à ce precieux sang pour trouuer matiere de Redemption ?
Vn petit nombre de predestinez qui auront acheué
heureusement leur vie par quelque acte meritoire de
la vie eternelle. Est-ce là tout l'effet de la mort du
Sauueur ? Est-ce que la perseuerance finale des personnes âgées est la seule grace de IESVS-CHRIST,
parce qu'elle est la plus excellente ? Croyez-vous que
ce Pere debonnaire n'ait qu'vne sorte de benediction ?
Croyez-vous qu'encore qu'il tuë le veau gras au re-
tour de ce cadet prodigue, il n'ait pas reserué d'autres
festins, ni d'autre demonstration de joye pour son aî-
né ? En vn mot vous alterez l'Escriture qui dit en tant
d'endroits que IESVS-CHRIST est mort pour tous,
vous corrompez les termes de S. Augustin qui explique ces beaux passages d'vn dessein tres sincere qu'a
eu le Sauueur de presenter son sang à tous les hommes en particulier. Vous ruinez la Tradition de l'E-
glise,& le consentement vnanime des Peres qui disent
la méme chose que S. Augustin. Vous opposez l'Eglise
moderne à l'ancienne, comme si cette-cy nioit ce que

Gen. XXVII. 38.
Luc. XV. 13.

celle-la a enseigné depuis 400. ans dans les écholes, a
presché dans les chaires, a chanté dans les Hymnes, a
publié par tout ; & par autant de bouches qu'elle a eu
de Predicateurs, de DD. de Confesseurs, de Professeurs
& de Maistres. Est-ce que la partie sera plus grande
que le Tout ? Ie veux que vous ayez des esprits rauis-
sans, de talens rares, & vne science infuse. Ie veux
que vous ayez employé les vingt & trente années à
lire sainct Augustin, & les autres Peres. Aprennez
neantmoins ce que Iesvs-Christ dit de soy, & au
nom de l'Eglise son Epouse, *Qui non colligit mecum
dispergit.* L'on ramasse dans vn crible percé tout ce
que l'on ramasse contre l'autorité de l'Eglise.

Iesv Redemptor omnium.

Luc. xi, 23.

Chap. XXII.

De la Predestination.

Proposition de l'Augustin d'Ipre.

1. Qviconque penetre les principes de Sainct Augustin, *void aisement que les predestinez sont
deliurez par la grace & par la gloire, auant la preuision
des bonnes œuures.* Ians. l. 9. de grat. Chr. c. 15.

Opposition de l'Augustin d'Hyppone.

*L'election ne precede pas la iustification, mais la iu-
stification precede l'election : car nul n'est éleu à moins
qu'il ne soit separé de celuy qui est rejetté. D'où vient
que ie ne vois pas que ces paroles de l'Escriture, Qui
nous a éleus deuant la creation du monde, puissent estre
extenduës*

Principia Augustini quisquis percipit, facile videt homi-
nũ predestinatorum liberationem siue ad gratiam siue ad glo.
riam, meritorum præuisionem ante-
cedere. Ians. l. 9. de grat. Chr. c. 15.
Electio non præce-
dit iustificationem, sed iustificatio ele-
ctionem ; nemo. n. eligitur nisi iam di.
stans ab illo qui rejicitur : Vnde qui

entenduës autrement que de la prescience. Sainct Augustin au Liure 1. à Simplicien, en la q. 2.

Si on est éleu en vertu de la prescience que Dieu a des actions meritoires, l'élection ou la predestination, que forge l'Augustin d'Ipre, est contraire à celle qu'a enseigné l'Augustin d'Hyppone. Notez que c'est icy vn des principaux fondemens de toute la doctrine de la grace, lequel a aussi peu reüssi à Iansenius, que l'*Auxilium quo & sine quo.* Voyez plus haut le Chapitre IV. 17. & 18. & nos remarques touchant cette question 2. à Simplicien.

elegit nos ante mundi constitutionem, non video quomodo dictum sit, nisi de præscientia. Aug. l. 1. ad Simplic. q. 2.

CHAP. XXIII.

De la Reprobation.

LEs passages que nous venons d'alleguer de Saint Augustin touchant la Predestination, qu'il asseure constamment estre fondée sur la prescience, ou sur la connoissance infaillible que Dieu a du bon vsage de la grace que feront les éleus iusqu'à la fin du Monde, nous peuuent seruir en ce Chapitre, & ils sont encore plus forts pour prouuer que la Reprobation suppose aux personnes âgées le mauuais vsage de la grace qui leur aura esté presentée, parce qu'il y a bien plus d'inconuenient de faire que Dieu qui est souuerainement bon, destine les personnes âgées aux peines eternelles, sans auoir égard à leur coulpe actuelle, que de dire qu'il veut donner la gloire à quelques-vns sans faire aucune mention des autres. Toutefois nous découurirons quel a esté le vray sentiment de Sainct Augustin touchant la Reprobation, proposant celuy d'vn des plus anciens, & des plus zelez disciples qu'il ait iamais eu, qui a teu son nom par modestie, & a defen-

Il est aussi necessaire d'auertir le Lecteur, que S. Augustin a souuent confirmé ce sentiment, bien loin de l'auoir iamais retracté ou corrigé. Les scauans pourront voir le Sermon 7. De Verbis Domini, & le Sermon 233. de Tempore, Le second Liure des Retractations, au Chap. 1. & le Liure de la Predestination des Saincts, au Chapitre IV. Il est à croire que ce Saint est mort dans ce sentiment, puis qu'il a composé les deux derniers Liures que nous venons de citer, vers la fin de sa vie.

du la doctrine de son Maître auec toute la netteté &
la vigueur imaginable.

· Proposition de l'Augustin d'Ipre.

1. Pour ce qui concerne ceux qui seront reprouuez, Dieu a deuant quelque connoissance que ce soit du peché actuel, vne ferme volonté de les laisser en cet estat, duquel il a resolu de tirer les autres, & cet estat est la damnation. Ianf. l. 10. de gr. Chr. c. 2. c'est comme l'abregé & le sens de tout le Chapitre.

> Circa eos qui reprobandi sunt : ante omnem præuisionē peccati actualis Deº habet voluntatem fixā eos relinquendi in eo statu ex quo ceteros liberare statuit, ille autem status est damnationis. Ianf. l. 10 de gr. Ch. c. 2. hæc est capitis summa.

Opposition de l'Augustin d'Hyppone.

Il faut tenir constament cette regle dans cette dispute, que les pecheurs ont esté preueus dans leurs maux deuant qu'ils fussent en la nature, & que la peine leur a esté destinée conformement à la prescience que Dieu en a euë. L'Auteur de l'Hypognosticon qui est fort ancien, & zelé pour la Doctrine de S. Augustin, & mis entre les œuures de ce Pere. l. 6.

> Tenenda est inconcussa huius disputationis regula peccatores in malis propriis antequam essent, prescitos esse, pœnam autem eis prædestinatam secundum quod præsciti sunt. Hypognosticon circa mediū, lib. 6.

Proposition de l'Augustin d'Ipre.

2. Dés-là que quelques-vns sont rejettez, ils ne sont pas seulement damnez negatiuement, mais encore positiuement ; parce que non seulement Dieu ne les veut pas deliurer, mais encor il les veut laisser positiuement dans la damnation. Ianf. lib. x. de gratia Christi, cap. 2.

> Hoc ipso quod aliqui relinquuntur, ij non tantùm negatiue, sed etiam positiue, damnati sunt, quia Deus non solùm non vult eos liberare, sed eos etiam positiue, vult in dānatiōne relinquere. Ianf. l. 10. de gr. Ch. cap. 2.

> Ceteros Deus punit, quos ideo punit quia quod essent futuri præsciuit, non

Opposition du mesme Ancien Disciple de l'Augustin d'Hyppone.

Dieu punit les autres, & il les punit parce qu'il les a

connus tels qu'ils seront vn iour, toutefois il ne les a pas creez ou predestinez pour les punir. Hypognosticon vn peu apres le commancement du Liure 6.

Proposition de l'Augustin d'Ipre.

3. *On ne peut pour tout donner aucune cause de la part de l'homme, pourquoy de deux hommes tâchez du pechê originel cettui-cy, & non celuy-là est reprouué de Dieu; mais cela depend du seul decret de Dieu.* Ianf. l. 10. de gr. Chr. c. 4.

Opposition de l'Augustin d'Hyppone.

IESVS-CHRIST est venu mais premierement pour sauuer, & puis pour iuger, condamnant à la peine ceux qui n'ont point voulu estre sauuez, & conduisant à la vie ceux qui en croyant n'ont point rejetté le salut. Sainct Augustin au Traitté 36. sur S. Iean. Et le mefme au Sermon 32. LE SANG D'E IESVS-CHRIST, SI VOVS VOVLEZ, A ESTE' REPANDV POVR VOVS, ET SI VOVS NE VOVLEZ PAS, IL N'A PAS ESTE' REPANDV POVR VOVS.

Ces belles paroles de Sainct Augustin suffisent pour montrer qu'il y a d'autres causes de la reprobation des personnes âgées (car c'est de celle-là dont parle Ianfenius) que le seul decret de Dieu, & pour fermer la bouche aux plus habiles du party contraire. Car Sainct Augustin n'eut pas dit, *Si vous voulez,* en preschant au peuple & au Sermon 32. si cette volonté eut esté hors du pouuoir de ceux qui sont absolument reprouuez, comme la crû Monsieur d'Ipre. Il est ridicule d'auoir recours au peché d'Adam; car de quelque costé que vienne l'impuissance de vouloir, il est imper-

---

Marginal notes:

tamen fecit puniendos vel prædestinauit. Hypogn. l. 6. sub initium.

Cur è duobus quorum vterque originali culpa maculatus est, hic non iste reprobetur à Deo, rei illius nulla omnino causa ex parte hominis dari potest, sed pendet à puro proposito Dei. Ianf. l. 10. de grat. Chr. c. 4.

Venit Christus, sed primò saluare, postea iudicare, eos iudicando ad pœnam qui saluari noluerüt, eos perducendo ad vitam qui credendo salutem non respuerunt. Aug. Tr. 36. in Ioan. Sanguis Domini tui, si vis, datus est pro te, si nolueris, non est datus pro te. Aug. Ser. 32.

tinént de dire à vn homme qui ne peut vouloir, *Si vous voulez*, puifque le, *Si*, eft d'vne chofe impoffible qui n'a point de lieu dans les exhortations. Et il ne faudroit iamais dire, *Si vous voulez*, fi cela ne dépendoit que du feul decret Diuin : mais il faudroit dire, *fi cela eft ainfi refolu dans l'eternité.*

Reflexion importante fur le Myftere de la Predeftination, & de la Reprobation.

IE croy que nous pouuons faire icy vne Reflexion bien importante touchant la Predeftination & la Reprobation, fçauoir que le filence & le refpeƈt font fort conuenables à la creature, quelque éclairée qu'elle foit, lors qu'elle enuifage les perfections, & les decrets de Dieu, & tout ce qui touche de plus prés cette Majefté infinie, qui quoy qu'elle foit vne lumiere tres-claire en elle-mefme, & à l'égard de ceux qu'elle illumine entierement dans la poffeffion de la gloire eternelle, eft neantmoins apellée de l'Apôtre vne lumiere inacceffible au commun des mortels, parce qu'ils ne la peuuent regarder qu'au trauers de la nuë de la Foy, & dans les tenebres & l'obfcurité des connoiffances limitées. D'où vient que les Cherubins d'Ezechiel fe couurent le vifage & le corps tout entier, & que les plus hautes intelligences reconnoiffent parfaitement leur foibleffe & leur infirmité, lors que voulant contempler le Trône de la gloire tout rayonnant de lumiere, elles ne la peuuent voir fixement par les effors de leur propre nature limitée & bornée, parce que cette lumiere eternelle & diuine eft trop vifible, comme celle du Soleil de midy, qui éblouït les yeux des mortels, quelques

ques perçans qu'ils foient, parce qu'elle eft trop éclatante. Ce qui a fait dire à toute la Theologie que la
Nature de Dieu eft'dans vne fi haute & fi eminente
perfection, qu'elle eft en quelque façon obligée de
mettre comme vn voile, & comme vn moyen entre
elle, & les creatures intelligentes, afin de fe communiquer & de s'vnir à elles. Et cet entre-deux eft vne
difpofition furnaturelle, qui fait que la creature con-
noît & ayme, comme il faut, fon Createur, c'eft à fçauoir comme Auteur de la Grace: parce que nos cœurs
font trop étroits & menus pour comprendre vn eftre
fi vafte & fi capable, à moins qu'il ne les dilate luy-
mefme, & qu'il ne les étende par quelque emanation
d'vn ordre fuperieur, afin qu'il y ait quelque proportion entre la notion & l'objet, & entre l'aymant & la
chofe aymée.

Que fi l'homme apres auoir formé par fon propre
genie des notions imparfaites de la Diuinité, vient à
les comparer les vnes auec les autres par vne Reflexion purement naturelle, il y trouue fouuent de la
contradiction apparente, quoy qu'en effet il n'y en ait
aucune; comme lors qu'on luy dit qu'vn homme eft
Dieu, ou bien qu'on luy annonce que l'impaffible eft
deuenu paffible, & que l'immortel a fouffert la mort.
Car comme le point, qui fert de centre & de principe
aux deux lignes qui fe diuifent & qui s'étendent à l'infini, joint & vnit imperceptiblement ces deux lignes
dans leur commancement; bien qu'à mefure qu'elles
s'en éloignent, elles deuiennent en quelque façon in-
compatibles, eftant paruenuës à vne diftance infinie
l'vne de l'autre. De mefme les notions & les idées imparfaites qui découlent comme des lignes diuerfes de
ce point eternel, ou pour parler plus clairement qui
ont Dieu pour objet & pour terme, ont bien fouuent
quelque efpece de repugnance & de contrarieté appa-

X x

rante, lors qu'elles font l'expreſſion des attributs, ou
des decrets Diuins, à ne les conſiderer que dans leur
ſource naturelle, & dans leur eſtre finy ; ou bien à les
comparer entre elles-meſmes, auec tout l'embaras &
toute l'imperfection des eſpeces creées, que l'on meſle
ſans y penſer auec la pureté des choſes eternelles : parce que ces notions eſtant ainſi conſiderées s'éloignent
infiniment de leur centre & de leur principe, qui n'eſt
autre que Dieu, entant qu'il eſt eleué incomparable-
ment pardeſſus toutes les connoiſſances creées, quelques parfaites qu'elles ſoient.

Mais ſi on aproche ces lignes de leur centre, & qu'on
les examine par l'vnique regle de la Reuelation & de
l'obeïſſance à la Foy de l'Egliſe, on verra incontinent
que toute cette repugnance & contrarieté, & que toute cette multitude d'eſpeces, d'idées, & de notions diuerſes, ſe perdra & s'abyſmera dans cette vnité infinie
& dans l'ocean de toutes les perfections. Car l'Eſſence Diuine eſt le principe vniſſant, la boucle, & le lien
de toutes les contradictions apparentes. Et tout ce
que nos petis eſprits ne peuuent ajuſter dans les diuers
termes, & dans les diuerſes propoſitions qu'ils forgent
eux-meſmes à cauſe de l'imperfection de leur nature,
s'ajuſte & s'accorde tres-parfaitement, eſtant comparé
auec la Puiſſance, auec la Bonté, & auec toutes les
autres perfections infinies, qui doiuent toûjours eſtre
conſiderées, comme eſtant pardeſſus nos foibles intelligences.

C'eſt ainſi que dans le Myſtere adorable de la tres-
ſainte Trinité, nous croyons fermement que le nombre de Trois à l'égard des perſonnes, ne rompt & ne
diuiſe point l'vnité de l'Eſſence Diuine. C'eſt ainſi que
nous croyons auſſi tres fermement qu'il y a dans le
Myſtere de l'Incarnation vne tres étroite & tres admirable vnion entre le Fini, & l'infini, entre le Mortel &

l'Immortel, entre l'homme & Dieu. C'est enfin de
la sorte que dans le Mystere de la Predestination & de
la Reprobation, les Anges & les hommes ne pensent
qu'auec étonnement à la contingence des decrets Diuins, qui sont vne mesme chose auec l'immutabilité
de l'essence eternelle. Ils croyent sans hesiter l'infallibilité des euenemens qui sont predits, & le pouuoir
de faire le contraire. Ils sçauent en vn mot que la liberté d'indifference à l'egard du choix des moyens,
n'est pas incompatible auec la necessité de l'intention
à l'egard de la fin. Et toutes ces choses si releuées étant
prises separement ou conjointement, les obligent de
baisser les yeux, & de captiuer leurs entendemens à
l'obeïssance de IBSVS-CHRIST, & de ne pas fouil-
ler trop curieusement dans les secrets impenetrables
des Mysteres Diuins, cela mesme oblige tous les Predicateurs & les Auteurs de ne rien proposer au peuple
qui ne soit conforme à la reuelation qu'en a receu l'E-
glise, qui est la depositaire de tous les secrets Diuins,
& qu'il ne faut pas en proposant ces Mysteres au peuple d'vne maniere toute extraordinaire & toute éton-
nante, agir contre l'intention de l'esprit de Dieu, qui
anime son Eglise, & qui n'enseigne pas vne Doctrine
vtile pour le salut qui ne soit proportionnée en quelque façon à la capacité des plus simples, de peur qu'il
n'arriue à ceux qui se conduisent par vn esprit particulier, ce qui arriue bien souuent à ces curieux qui appliquant trop leur esprit à des subtilitez creuses, le
perdent tout à fait, & qui deuiennent cruches à force
de songer à ces vaisseaux d'ignominie & reprouuez
absolument : car c'est ainsi qu'ils font parler l'Apôtre
en l'Epistre aux Romains contre son intention.

Si tous les Libertins & les Esprits inquiets de ce
temps, qui ayment la nouueauté dans les Mysteres
mesmes de nôtre Religion, faisoient vne Reflexion

tres-ferieufe fur la maxime que nous venons de propofer, ils donneroient affeurement le repos à l'Eglife,
& ils ne le troubleroient pas fi fouuent par des queftions curieufes, & par des opinions erronées & fcan-
daleufes. Et pour le regard de la Predeftination, &
de la Reprobation, ils fe contenteroient de croire
auec Sainct Auguftin, & auec l'vn de fes difciples
des plus zelez qui ait iamais efté, fçauoir l'Auteur
fort ancien du Liure intitulé, *Hypognofticon*, que
ce qui fe fait dans le temps, a efté preueu dans
l'eternité en la mefme façon que la chofe fe paffe
en cette vie; & par confequent que la grace preuenante deuoit eftre donnée au Libre Arbitre auant
la Concomitante pour l'ayder, & non pour le détruire, & que la grace Concomitante deuoit eftre donnée
auant le don de la Perfeuerance, & ce don auant la
poffeffion de la gloire : fi bien que dans le mefme moment que Dieu a preueu qu'il donnera la grace excitante, il a auffi preueu que fi on confent, & que l'on
perfeuere, il donnera la recompenfe eternelle. Et fi on
rejette la grace (qu'il ne manque iamais de prefenter,
du moins aux actions importantes, comme nous l'a-
uons apris de Sainct Auguftin) & qu'on veüille perfi-
fter dans l'obftination, il a preueu qu'il feroit obligé
de decerner la peine proportionnée à la coulpe. De
forte qu'on peut dire fans s'éloigner de l'efprit de l'E-
glife, que la Predeftination & la Reprobation, fuppofent dans nôtre maniere de comprendre la prefcience
& la connoiffance que Dieu a du bon ou du mauuais
vfage de la grace que doit faire la creature.

S'il refte encore quelque ombrage & quelque nua-
ge dans les Efprits, nous le diffiperons Dieu aydant,
le plus nettement qu'il nous fera poffible dans les Reflexions, fur l'Epiftre aux Romains que nous efperons donner au iour dans quelque temps.

Chap.

Chap. XXIV.

Des petis enfans.

Propofition de l'Auguftin d'Ipre.

1. **D**ieu ne veut point fecourir les enfans qui meurent fans eftre baptifez. Ianf. l. 9. De Grat.
Chr. cap. 18.

Oppofition de l'Auguftin d'Hyppone.

Excellens Predicateurs vous prefchez I E S V S-
C H R I S T, *en forte que vous ne voulez pas qu'il
foit le* I E S V S *des petis enfans.* N'E N V I E Z P A S
L A Q V A L I T E' D E S A V V E V R A V X
E N F A N S Q V I N E S O N T P A S S A V-
V E Z. Sainct Auguftin au 1. Liure de l'Ouurage im-
parfait contre Iulien, au Chap. 30.

Il eft mal-aifé de difputer vn quart-d'heure touchant les matieres de la Grace auec les Partifans de
Ianfenius, qu'ils ne vous rompent la tefte, & qu'ils ne
vous mettent deuant les yeux ces enfans mornais,
qu'ils priuent de toute forte de fecours, & il leur faut
dire & redire fouuent ces belles paroles de fainct Auguftin. *N'enuiez pas la qualité de Saueur aux enfans qui ne font pas fauuez:* car s'il eft vray que I E S V S
C H R I S T eft le Saueur mefme de ces enfans mornais, il s'enfuit qu'il a procuré leur falut pour ce qui le
touche, mais n'a point voulu rompre le cours des caufes fecondes, ni ofter la liberté qu'ont les parens, de
fecourir leurs enfans de bonne-heure, comme nous

Paruulis fine baptif-
mo morientib° Deus
fubuenire non vult.
Ianf. l. 9. de gr. Chr.
c. 18.

Præclari Prædicato-
res fic prædicatis
Iefum, vt eum ne-
getis paruuloru effe
Iefum, nolite Salua-
torem pueris non
faluis inuidere. lib. 1.
Operis imperf. con-
tra Iulian. c. 30.

Sinite Chriftu par-
uulis effe Iefum. ib.
Si non eruutur par-
uuli de poteftate te-
nebrarum, non funt
mortui, fi non funt
mortui, non pro iis
mortuus eft Chri-
ftus, quia autem &
pro his mortuum
effe confiteris, & idē
Apoftol° dicit, vnus
pro omnibus mor-
tuus eft, ergo omnes
mortui funt, con-
clufio Apoftoli in-
uicta manet. Aug.
l. 6. cont. Iul. c. 4.

l'auons prouué au Chapitre XXI. par le sentiment de S. Prosper.

Permettez que le Christ soit le Iesus, ou le Sauueur des petis enfans, dit Sainct Augustin au mesme endroit. *Si les enfans ne sont pas tirez de la puissance des tenebres, ils ne sont pas morts, s'ils ne sont pas morts,* IESVS-CHRIST *n'est pas mort pour eux: mais parce que vous auoüez que* IESVS-CHRIST *est mort pour eux, & que le mesme Apostre dit, vn homme est mort pour tous, donc tous sont morts. La consequence de l'Apostre demeure inuincible.* Sainct Augustin au Liure 6. contre Iulien, au Chapitre 4. Voyez encore le Chapitre XXI. cy-dessus, ce que nous auons dit des petis enfans decedez sans auoir eu le Bpteſme.

Ie pourrois alleguer le témoignage de Sainct Gregoire de Nysse au discours qu'il a fait des enfans qui sont mors auant l'vsage de la raison, & de quantité de Docteurs celebres, lesquels au raport de feu Monsieur de Gamache, Docteur & Professeur de Sorbonne tiennent pieusement & probablement que Dieu par vne voye extraordinaire fait quelque grace aux enfans, que l'on ne peut secourir ordinairement par le Baptéme, en veuë des prieres & des bonnes œuures que font les parens. Les doctes pourront lire Iean Gerson Chancelier de l'Vniuersité de Paris, au Sermon 3. de la Natiuité de la Vierge. Gabriël Biel appellé communement le Docteur Profond, qui a écrit fort nettement & fort doctement sur le Maître des Sentences. Le Cardinal Caïetain l'ornement de son siecle, & de l'ordre de Sainct Dominique. Le Docteur Tilman qui a ramassé tout ce qu'en ont dit les Anciens, & confirme cette opinion par quantité de raisons & d'autoritez. Thomas Elisius Docteur Nea-

Gamachæus. 3. part. Quæst. LXVIII. cap. 2. p. 289.

Ioannes Gerson. 3. parte operum. Serm. 3. de Nat. B. Virg. Marie. Consid. 2. Gab. Biel in 4. Dist. 4. Quæst. 2. Dub. 2. O. Thom. Caiet. in 3. part. D. Th. super quæst. 68. Art. 1. & 2. Tilmannus Segebergensis De 7. Sacramentis

politain qui en a aussi traitté à fond , & plusieurs autres Docteurs qui ont esté du mesme sentiment, qu'il
n'est pas necessaire d'alleguer de peur d'ennuyer le
Lecteur.

Ie me contenteray seulement d'alleguer les propres
termes du Docteur Gerson qui sont pris d'vn Sermon
de la Natiuité de la Vierge qu'il prononça en la presence des Prelats assemblez au Concile de Constance,
ce qui rend cette autorité plus sacrée & plus vene-
rable.

*Il est constant , dit-il, que Dieu n'a pas tellement
attaché la misericorde du salut aux Loix communes de
Tradition Chrestienne , ni aux Sacremens , qu'il ne
puisse sans preiudice de cette Loy sanctifier par le Baptéme de la grace , ou par la vertu du Sainct Esprit , les
enfans qui sont encore dans le ventre de leur mere.
Donc les femmes enceintes & leurs maris doiuent faire
des prieres à Dieu,&c. afin que si l'enfant est pour mourir auant que d'estre baptizé , le Seigneur IESVS
souuerain Pontife le veüille preuenir misericordieusé-
ment par le Baptéme de l'Esprit : car qui est-ce qui sçait
si Dieu n'exaucera point , les prieres des humbles , & de
ceux qui esperent en luy? Cette consideration profite
pour exciter la deuotion des parens, & pour les consoler
lors que leur enfant meurt sans estre baptizé, parce que
toute l'esperance n'en est pas ostée.*

Ceux qui ont tant-soit-peu de genie pour l'intelligence des Autheurs, peuuent tirer des paroles que
nous venons de citer, l'induction qui en suit naturellement.

C'est donc auec beaucoup de raison que fû Monsieur
de Gamache, l'honneur & l'ornement de toute la Sorbonne , a tenu que le sentiment de cès Autheurs est
pieux & probable, qui croyent que Dieu à égard aux

cap.1. Thomas Eli-
sius in clypeo ad-
uers. hæreses. cap,
de Bapt. Art.3.

Constat Deum mi-
sericordiam salua-
tionis suæ non ita
legibus communi-
bus traditionis ipsis
alligasse, quin abs-
que præiudicio le-
gis eiusdem possit
pueros nondum na-
tos extra vterum in-
tus sanctificare gra-
tiæ suæ baptismo,
vel virtute Spiritus
sancti. Debent igi-
tur mulieres præg-
nantes similiter &
viri sui per se& alios
diligentiùs preces
fundere Deo, &c.
quatenus infans nõ-
dum natus, si fortè
moriturus est, prius-
quam ad Baptismi
fluminis gratiam
peruenire valeat, di-
gnetur ipsum Do-
minus Iesus sum-
mus Pontifex bap-
tismo spiritus sancti
præueniendo mise-
ricorditer consecra-
re. Quis enim scit si
fortè exaudiat Deus,
imò quis non deuo-

prieres feruentes, que luy font de bonn'heure les Peres & les Meres en faueur des enfans, & que par vne voye extraordinaire il leur peut procurer le salut, encore qu'ils ne soiét pas ondoyez dans l'impossibilité d'auoir le Baptesme, parce que Dieu n'est pas tellement attaché aux signes visibles & Sacramétels, qu'il ne puisse se seruir d'autres moyens extraordinaires, pourueu qu'il n'y ait aucun mépris n'y aucune negligence de la part de ceux qui doiuent faire tous leurs efforts possibles de procurer le Baptesme de ces petis enfans.

Il dit que ce sentiment est *Pieux*, parce qu'il donne lieu aux parens, d'offrir comme en sacrifice ces petites victimes, & de les consacrer au plustost au seruice de Dieu, ce qui est vne marque de pieté.

Il adjouste que ce sentiment est aussi *Probable*; parce que l'on peut sans temerité defendre vne opinion que plusieurs grands Theologiens ont tenüe, lors principalement qu'elle est appuyée de plusieurs belles raisons. On n'a qu'à lire les Autheurs que nous venons de citer, pour iuger si les raisons & les authoritez qu'ils aportent sont de cette qualité, sans que ie sois obligé de les soustenir ou de les refuter.

En effet ie ne pretens pas garentir ou defendre l'opinion de ces Autheurs, il me suffit de dire qu'elle est *Pieuse & probable*, dans le sentiment de Monsieur Gamache, dont la memoire est en benediction, & dont l'authorité est plus recommandable dans l'Eglise, que celle du plus habile & du plus renommé parmy les Aduersaires, sans excepter qui que ce soit, non pas mesme Iansenius, n'y Monsieur Arnauld.

tiùs sperare valeat, quo î orationem hu. mil um & in se sperantium nequaquã despiciat ? Proficit hęc consideratio ad excitationem deuotionis in parentib', proficit ad leniendã eorum ángustiam, dum sine baptismo discedit puer, quia non omnis inde spes salutis ablata est. Ioan. Gers. Serm. 3. de Natiuitate. B.M. consideratione 3. part. 3.

CHAP.

Chap. XXV.

De la Perseuerance.

Proposition de l'Augustin d'Ipre.

1. **P**Ar la cheute d'Adam le pouuoir de bien viure *& de perseuerer s'est retirée, & a quitté les forces du Libre Arbitre.* Ians. au Liure vnique de la grace du premier homme, au Chap. 9.

Opposition de l'Augustin d'Hyppone.

Ils ne s'excuseront pas, disant pourquoy sommesnous damnez, puisque nous n'auons pas receu la Perseuerance? On vous dira, ô homme, en ce que vous auiez oüy & receu, vous pouuiez perseuerer, si vous eussiez voulu. Sainct Augustin au Liure de la Correction, & de la Grace, au Chapitre 7. & au Chapitre XIII. *Ils reçoiuent la grace de Dieu, mais ils sont temporels, c'est à dire changeans comme le temps, ils abandonnent & sont abandonnez.* Et au Liure de la Nature & de la Grace, au Chapitre 26. *Le mesme Dieu ayant conduit l'homme à la parfaite Iustice, qui est la vie de l'ame, n'abandonne point, s'il n'est abandonné.* Et vn peu aprez. *Dieu donc guerit & ne se contente pas d'effacer nos pechez, mais de plus il fait en sorte que nous ne pechions point.*

Que veulent dire toutes ces belles expressions de Sainct Augustin, sinon que Dieu ne manque pas de son costé de nous donner le secours necessaire pour perseuerer, & qu'il ne tient qu'à nous si nous ne perse-

Per lapsum Adami potestas bene viuédi & perseuerandi auolauit à viribus liberi Arb. Ianf. l. singulari de gra. primi hom. c. 9.

Non se excusabunt dicétes. Quare damnamur, qui perseuerantiam non accepimus? Dicetur tibi. O homo in eo quod audieras & tenueras, in eo perseuerares si velles l. de correp. & grat. c. 7. & c. 13. Gratiam Dei recipiunt, sed temporales sunt, deserunt & deseruntur. Et lib. de nat. & gr. cap. 26. Ipse enim Deus cum ad iustitiam deduxerit, aliàs perduxerit, non deserit nisi deseratur, &c Sanat ergo Deus nõ solú vt deleat quod peccauimus, sed vt præstet etiã ne peccemus, ibid.

uerons pas en effet, Ié dis qu'il ne tient qu'à nous, sans
qu'il soit besoin d'auoir recours au peché d'Adam. Lequel est à la verité la source & comme la porte de tous
les pechez actuels, mais il ne faut pas aller si loin,
puis qu'on trouue des causes plus proches & immedia-
tes de la damnation & du defaut de la Perseuerance.

Ie croy que ces Oppositions formelles de l'Augustin d'Ipre, & de l'Augustin d'Hyppone, suffisent pour
détromper par auance tous ceux qui se sont imaginez
que ces deux Augustins n'auoient qu'vn mesme nom
& vn mesme sentiment. Mais parce qu'il y en a encore
plusieurs qui sement par tout que Sainct Paul fauorise entierement la nouuelle doctrine de Monsieur d'I-
pre, & de ses partisans dans son Epistre aux Romains,
& particulierement dans ces paroles : J'AY AYMÉ
IACOB ET I'AY HAÏ ESAÜ, & dans cettes-cy,
IL FAIT MISERICORDE A CELVY QV'IL VEVT,
ET IL ENDVRCIT CELVY QV'IL VEVT, & dans
quelques autres passages, i'espere que le Lecteur sage
& prudent verra en peu de temps dans vn Liure qui a
pour titre LES MYSTERES DE LA GRACE EX-
PLIQVEZ PAR S. PAVL EN L'EPISTRE AVX
ROMAINS, que l'Apôtre est encore moins fauorable aux erreurs de Monsieur d'Ipre, que Sainct Augustin.

Remarques sur la Possibilité de l'Estat de la pure Nature.

J'AY mis ces Remarques sur la fin de mes Oppositions, afin que le Lecteur qui n'a point penetré assez profondement les matieres de la Grace, & qui desire en sçauoir les fondemens, prenne garde .1. Que la

premiere Propofition de Ianfenius que nous auons
mife tout au commancement de ce Liure, fe doit entendre de l'eftat purement poffible d'vne nature intel-
ligente fujette aux miferes du corps ou de l'efprit à
l'exclufion du peché, car il eft hors de doute, que Dieu
qui eft tres-bon & tres-fage, ne peut point creer
l'homme dans l'état du peché, mais on tient communement dans l'Ecole que Dieu a pû creer les Anges &
les hommes, fans eftre obligé de leur donner la grace,
& fans les produire dans l'état du peché, quoy que fujets à l'ignorance, à la concupifcence, & aux autres
miferes de l'efprit ou du corps, felon que les natures
intelligibles ou fenfibles en peuuent eftre capables. 2.
Que toute la nouuelle doctrine eft fondée fur l'impof-
fibilité de l'état de la pure nature, quoy que fainct Auguftin die formellement que cét état a efté poffible,
puifqu'il affeure, comme nous l'auons veu au premier   Pag. 3.
Chapitre de ces Oppofitions, que la grace d'immortalité eftoit vn effet de l'arbre de Vie, & non du temperament naturel. Par confequent Dieu a pû refufer
abfolument ce qu'il n'a accordé que par vne faueur
finguliere. Monfieur d'Ipre & fes difciples s'oppofent   *Fondement de la Do-*
à fainct Auguftin, difans que Dieu eftant tres-bon, &   *Etrine de Ianfenius.*
tres-fage, il n'a pû deftiner l'homme que pour la bea-
titude furnaturelle, & que pour cette fin il a efté obligé de le creer en eftat de Grace & de Sainteté originelle, mais qu'Adam ayant perdu cette juftice par le premier peché, il a efté plongé auec tous fes defcendans
dans la corruption qui eft fi enracinée en toute la nature, qu'il faut vn miracle dans l'ordre de la Grace, &
vn don extraordinaire, victorieux, & efficace par luy
mefme pour le deliurer, & que Dieu a refufé abfolument de toute eternité, cette forte de grace à la plus
grande partie des hommes. Ces Meffieurs veulent
donc que le peché originel fe communique phyfique-

ment par la Concupiscence, qui comme vn venin subtil se coule, & penetre en tous les indiuidus qui des-
cendent du premier homme par la voye ordinaire.

*Le sentiment com-
mun.*

Nous disons au contraire auec Sainct Augustin, &
auec les Peres, que nous citerons incontinent, que
Dieu n'estoit nullement obligé de creer l'homme pour
le voir face à face dans la gloire eternelle, & que neantmoins par vne faueur toute particuliere il l'à destiné
pour le Paradis, & que pour cette fin il luy à accordé
la iustice originelle, auec cette condition qu'il ne mangeroit pas du fruit de l'arbre de Science du bien & du
mal. C'a esté le premier pacte, & le premier contract
de toute la Nature. Iansenius se mocque de ce pacte
& de cette conuention, parce qu'elle ruine entierement toute cette machine de la Reprobation absoluë,
& de la corruption physique de tous les hommes. Ie
ne me veux arrester à present qu'à bien étably ce pacte, puisqu'il ruine tout le dessein de Iansenius, me reseruant de traitter ailleurs à fond de l'opinion en elle-
mesme, & des suites dangereuses qu'elle a, dans l'explication que ie pretens faire de l'Epistre aux Romains.

*Fondement de Ian-
senius ruiné.*

Sainct Augustin fauorisant ce pacte entre Dieu &
l'homme ruine entierement le fondement de Iansenius, qui plonge toute nostre nature dans vne corruption si profonde & si étrange, qu'il a fallu inuenter
des chymeres pour purger cette infection, & pour
guerir cette ladrerie. C'est au Liure 16. de la Cité de
Dieu, au Chapitre 27. que l'oracle de toute l'Afrique
voire de toute l'Eglise parle de la sorte, exposant ces
paroles de la Genese au Chapitre XVII. vers. 14. *Cette
ame-là sera effacée du milieu de son peuple, parce qu'elle
a violé mon pacte.* On peut emouuoir cette question,
dit Sainct Augustin, *comment il faut entendre ce qui
est dit icy, le masle qui ne sera pas circoncis le huitiéme
iour*

Delebitur anima
illa de populo suo
quia pactum meum
irritum fecit. Ge-
nes. XVII. 14.
Potest mouere quo-
modo intelligi opor.

iour en la chair de son prepuce, sera retranché de son peuple, par ce qu'il a violé mon Testament, puisque ce n'est point la faute de l'enfant, dont l'ame doit perir, & que ce n'est pas luy qui a violé le pacte fait auec Dieu, mais les parens qui le deuoiët circoncire, & qui l'ont negligé. C'est que les petis enfans ont violé le pacte fait auec Dieu, non par des actions propres & personnelles, mais par la commune origine de tout le genre humain, & par cet vn, auquel tous ont peché. Car il y a plusieurs pactes ou Testamens que Dieu a passez, outre ces deux grands, le Vieux & le Nouueau, que chacun peut connoistre par la simple lecture. MAIS CERTES LE PREMIER DE TOVS LES PACTES OV TESTAMENS QVI A ESTE FAIT AV PREMIER HOMME EST CELVY-LA, VOVS MOVRREZ DEZ LE JOVR QVE VOVS MANGEREZ.

Et sainct Ierôme sur ces paroles du Prophete Osée. *Ils ont violé mon pacte comme Adam, ils m'ont offensé en ce lieu là,* introduit la Majesté de Dieu qui parle en ces termes. *Ils ont imité Adam, en sorte que ce qu'il auoit fait dans le Paradis,* VIOLANT MON PACTE, *& ma Loy, ceux-cy le feroient en la terre. Et en ce lieu là; c'est à dire au Paradis, tous m'ont offensé, imitans le peché d'Adam: car il n'estoit pas de merueille si ce qui a precedé au Pere, est condamné aux enfans.*

Sainct Iean Chrysostome en l'Homilie sixiéme sur l'Epistre de sainct Paul aux Colossiens, expliquant le Verset 14. du Chapitre second. *Effaçant l'obligation scellée contre nous de l'Arrest,&c. De quelle obligation entend parler cet Auteur?* dit sainct Iean Chrysostome, *De ce qui fut dit à Moyse, Nous ferons tout ce que Dieu a dit. Ou bien du pacte qui fut fait auec Adam. Dés le iour que vous mangerez de ce fruit, vous mourrez de mort.*

Voyez aussi sainct Ambroise & Theophilacte sur le

Zz

teat quod hic dictū est, Mascul' qui non circumcidetur carne preput' j sui octauo die, interibit anima illa de genere suo, quia testamentum meum dissipauit; cum hæc nulla culpa sit paruuli cuius dixit animam perituram, nec ipse dissipauerit. testamentum Dei, sed maiores qui eū circumcidere non curarunt, nisi quia etiā paruuli non secundum communem generis humani originem omnes in illo vno testamentū Dei dissipauerunt in quo omnes peccauerūt. Multa quippe apellantur testamenta Dei, exceptis illis duobus magnis vetere & nouo, quod licet cuiq; legendo cognoscere. Testamentum autem primum quod factum est ad hominē primum, profectò illud est. Qua die ederitis, morte moriemini. *Aug.l.16.de ciu.Dei. cap. 27.*

Hieronym. in c. vi. Oleæ 7.ad illa verba. Ipsi sicut Adam transgressi sunt pactum meum, ibi præuaricati sunt in me: ipsi autem, *inquit,* imitati sunt Adam, vt quod ille in paradiso fecerat, pactū meum legem.

que præteriens, isti in terra facerent. Et ibi, hoc est in paradiso, omnes præuaricati sunt in me in similitudinem præuaricationis Adam : non enim mirum si quod in paréte præcessit, in filiis condemnetur.

Delens quod aduersùs nos erat chyrographum decreti. Quodnam, *inquit*, chyrographum Auctor intelligit? quod ad Moysen dixerat. Quæcumque dixit Deus, faciemus, aut id quod fecerat ad Adamum dicens, quacumque die comederis ex hoc ligno, morte morieris. Chrysostom. in c. 1. Coloss. 14.

Sicut per vnius delictu in omnes homines in condemnationem, sic & per vnius iustitiam in omnes homines in iustificatione vitæ; sicut enim per inobedientiam vnius hominis peccatores constituti sunt multi, ita & per vnius obeditionem iusti constituentur multi. Rom. v. 18. 19.

Chapitre 2. de l'Epistre aux Colossiens. Rupert au Liure cinquiéme sur la Genese au Chap. 33. & quantité d'autres qui parlent de ce pacte. Ie demande aux disciples de Iansenius si ces Peres pris ensemble sont à rejetter?

Au reste sainct Paul nous aprend ce pacte en l'Epître aux Romains. 5. par ces paroles *auquel tous ont peché, In quo omnes peccauerunt*, puisque tous les hommes ont esté compris moralement, dans le chef de toute la nature. Et le mesme Apôtre parle encore plus clairement de ce pacte, au verset 18. & 19. de ce mesme Chapitre v. *Comme donc par l'offense d'vn homme*, dit-il, *tous les autres ont esté condamnez, de mesme par la iustice d'vn homme tous les autres ont esté iustifiez : car comme par la des-obeïssance d'vn homme plusieurs ont esté faits pecheurs, de mesme par la iustice d'vn homme plusieurs ont esté faits iustes.* Il est certain que IESVS-CHRIST n'a point profité aux hommes sans vn pacte ni sans vne acceptation volontaire & reciproque, entre le Pere & le Fils. Donc la dés-obeïssance d'Adam n'a point perdu les autres sans vne condition & vn pacte precedent entre Dieu & le premier Homme, qui a stipulé pour tous ses descendans. Autrement le, *Sicut*, ou la comparaison de sainct Paul n'auroit point de force. Ce pacte nous montre que Dieu n'a accordé la grace à Adam qu'à certaines conditions, qui ayant esté violées, il ne donne point aux enfans qui viennent de luy dans le bannissement, l'immortalité, & les autres biens qu'ils eussent eus si leur premier Pere n'eut point peché. Ce pacte nous montre encore que le peché originel n'est pas formellement, & proprement vne corruption physique & naturelle de la Concupiscence. Ceux qui auront l'esprit tant-soit-peu eclairé, verront bien l'importance de ce pacte, qui ruine tout le dessein de Iansenius.

La raiſon que l'on propoſe pour établir l'impoſſibi-lité de l'eſtat de la pure nature, eſt que Dieu eſt obligé de donner à l'homme ce dont il eſt capable. Or il eſt capable d'auoir la beatitude non ſeulement naturelle, mais encore la ſurnaturelle. Dieu donc eſt obligé de donner à l'homme cette beatitude ſurnaturelle, & les moyens pour y paruenir, qui ſont la iuſtice & la ſain-teté. Par conſequent Dieu n'a pû creer l'homme ſans luy donner la Iuſtice & la Sainteté, ou dans l'eſtat de la pure nature, parce que perſonne ne doute que Dieu, qui eſt ſouuerainement bon, n'a pû creer l'hom-me en eſtat de peché. Donc par la meſme raiſon il n'a pû le deſtiner au deſſous de la beatitude ſurnaturelle dont il eſtoit capable. Mais cette raiſon eſt fort foible, parce que l'homme n'eſt pas capable de luy-meſme, & eſtant conſideré dans ſes forces & qualitez naturelles, de receuoir l'infuſion de la grace & des habitudes ſur-naturelles, ſi ce n'eſt d'vne capacité fort eloignée, & comme on parle dans l'échole, obedientielle. Ie dis bien dauantage, que l'homme n'a pas vne plus grande capacité d'auoir la grace ſurnaturelle, que l'humanité de IESVS-CHRIST en a eu de receuoir l'vnion hypoſta-tique auec le Verbe, ou plus clairement, que l'homme n'a pas eu dans le premier moment de ſon eſtre vne plus grande capacité d'auoir la grace ſurnaturelle, que l'humanité de IESVS-CHRIST en a eu, d'eſtre vnie hypoſtatiquement auec le Verbe.

I'ay donné en l'explication de l'Epiſtre aux Ro-mains vne comparaiſon qui fait toucher au doigt comment cette capacité eloignée n'a point de fonde-ment ſuffiſant pour établir la neceſſité abſoluë de la creation de l'homme en eſtat de grace. Ie ſuppoſe que le Roy void vn gueux qui a vn eſprit vif & perçant, vn iugement excellent, & vn naturel fort propre pour les choſes les plus releuées. Il le pourroit faire eleuer

aux eſtudes , & en ſuite luy donner vne charge de
Conſeiller d'Eſtat , dont il s'acquiteroit bien auec le
temps. Neantmoins il ſe contente de luy donner l'aumône aſſez modique , & de le renuoyer auec quelque
peu d'argent. Peut-on dire que le Roy eſtoit obligé
d'éleuer ce gueux aux études , parce qu'il en eſt capable? Nenny.   Parce qu'il eſt auſſi capable d'vne choſe
moindre.   Il ſe doit contenter de l'aumône qu'on luy
donne , & le Roy luy fait meſme vne grace aſſez grande de la luy donner.   Il eſt vray que l'homme dans l'I-
dée de Dieu peut eſtre eleué à la beatitude ſurnaturelle ; mais n'y ayant aucune obligation en Dieu d'eleuer
l'homme à vne grace ſi releuée, il eût peu ſe contenter
de luy donner ce qui eſt neceſſaire pour le rendre heureux dans l'eſtat & dans la condition de ſa nature,
eſtant ſous ſa protection , ſous ſa conduite, & dans les
ordres de ſa Prouidence generale , il l'eût pû meſme
laiſſer dans l'aſſujettiſſement à l'ignorance , à la concupiſcence , aux maladies , & à la mort meſme , qui
euſſent eſté dans cette hypotheſe des defauts naturels , & non des peines ou des reſtes d'aucun peché.

Que l'on ne m'allegue point que la gloire eternelle
eſt la fin derniere de l'homme ; car elle n'eſt qu'vne fin
ſurnaturelle qui n'eſt nullement deuë à l'homme, puis
que, *ſurnaturel*, veut dire ce qui ſurpaſſe , & qui eſt au
deſſus des forces , & de tout ce que peut exiger la nature. Par conſequent Dieu a pû deſtiner l'homme à
la jouïſſance d'vne beatitude purement naturelle , qui
n'eſt autre que luy-meſme , comme Auteur de la nature. Et encore que cet eſtat ne ſoit pas incompatible auec quelques defauts purement naturels , & qui
ſont attachez en quelque façon au compoſé , qui eſt
corruptible de luy-meſme , nous pouuons toutefois
juger probablement que cet eſtat n'eut point toûjours
duré pendant la vie de l'homme , mais qu'il eut eſté
                                        ſeulement

ſeulement pour quelque temps, apres lequel l'homme
eut eſté eleué de la felicité temporelle à la iouyſſance
de l'eternelle, ſuppoſé qu'il eut obey à la grace qui luy
auroit eſté accordée. D'où l'on void que la raiſon tirée de la fin derniere, ne fait rien contre noſtre ſentiment, puiſque nous eſtimons que probablement
l'homme n'eut pas eſté fruſtré de la beatitude eternelle, mais qu'il eut paſſé par la temporelle, comme par
vn chemin pour arriuer à ce ●rme.

Au reſte il y a lieu de s'étonner que ces Meſſieurs
établiſſent l'impoſſibilité de cet eſtat ſur vn fondement chymerique, ſçauoir que Dieu eſtoit obligé de
donner au premier homme dans le moment de ſa
creation la grace originelle, comme eſtant conforme
à ſa nature, c'eſt à dire en vn mot, qu'elle eut eſté naturelle,& ſurnaturelle tout enſemble. Propoſition qui
ſe coupe & ſe ruine elle-meſme.

Nous n'ignorons pas que ce qui eſt naturel de luy-
meſme, ne puiſſe eſtre apellé ſurnaturel, ſi on le conſidere dans ſa maniere d'exiſter : & ainſi la veuë que
Iesvs-Christ & les Sainéts ont renduë par miracle
à quantité d'aueugles, eſtoit vne choſe naturelle dans
la continüe de ſon exiſtance actuelle, quoy qu'elle fût
ſurnaturelle ſelon ſa premiere production. Nous
ſçauons auſſi que la grace de l'eſtat d'Innocence qui
eſt en effet ſurnaturelle, peut eſtre toutefois apellée
naturelle par quelque ſorte de figure,& de metapho-
re, parce qu'elle a eſté communiquée à l'Ange & à
l'homme dés le premier moment de leur creation, &
dés le commancement de leur nature. Et c'eſt ce que
nous aprenons de ſainét Auguſtin au Liure premier
de ſes Retraétations, au Chapitre ix. Mais que la grace, ou quelle autre choſe que ce ſoit, puiſſe eſtre apellée naturelle & ſurnaturelle en elle-meſme, dans vn

Tranſlato verbo
vtimur vt naturam
dicamus,etiam qua-
lis naſcitur homo,
ſecundùm quam lo-
cutionem Eph. ɪ.di-
cit Apoſt. Fuimus

enim & nos aliquã-
do natura filij iræ.
August. 1. Retractat.
cap. x.

sens propre & sans figure, c'est ce que nous ne trouuerons iamais, ni dans sainct Augustin, ni dans aucun
bon Auteur.   Il n'y a que Ianfenius & ses disciples qui
ayent l'estomac assez fort pour digerer cette contradiction.

Il faut recueillir de tout le discours que ie viens
de faire, que ce n'est pas sans raison qu'en trait-
tant de la grace, on est obligé de parler de la possibilité
de la pure nature, & de la validité de ce pacte, qui sert
beaucoup à faire voir que le Peché originel ne consiste
pas precisement dans la Concupiscence, ni dans l'ignorance, mais en ce que nous n'auons pas en naissant la
grace sanctifiante, laquelle nous eussions euë si Adam
n'eut pas peché, non que nous eussions eu aucun droit,
en vertu duquel Dieu eut esté obligé de nous dóner sa
grace, mais seulement parce qu'il l'auoit promise par
vne faueur toute pure à Adá, & à ses décendans, à condition qu'il ne mangeroit pas du morseau defendu, ce
qui a esté cause que nous auons perdu en naissant la
grace qui nous eut esté accordée sans doute, si nôtre
premier Pere eut gardé le pacte & l'alliance dont nous
auons parlé.   Et la perte de cette grace est la source
funeste de plusieurs autres maux qui nous accablent,
& qui sont de moindre importance, sçauoir la concupiscence, l'ignorance, les maladies du corps & de l'esprit, & la mort mesme.

Ie supplie de tout mon cœur le Pere de Misericorde,
& de Bonté infinie, de répandre ses graces & ses lumieres sur tous ceux de l'vn & de l'autre party, afin que
les vns & les autres, ne se deschirent plus desormais
par des termes d'aigreur, mais qu'ils se souuiennent
que l'on ne peut choquer plus viuement Sainct Augustin qu'en rompant l'vnité de l'Eglise, dont il a
l'honneur d'estre vne partie considerable, & que s'il

eftoit aftheure parmy nous, il feroit gloire de n'auoir
point d'autre fentiment que celuy que les Papes nous
ont declaré depuis peu.

J'auois refolu de mettre fin à ces Oppofitions formelles, n'ayant fait que parcourir quelques pages de
la feconde Lettre de Monfieur Arnauld ; mais l'ayant
depuis confiderée plus à loifir, i'ay crû qu'il eftoit à
propos d'adjoûter à la fin de ce Liure d'autres Oppofitions formelles entre la penitence que Monfieur Arnauld a inuentée, & celle qui eft enfeignée par fainct
Auguftin, afin que ceux qui fe vantent d'eftre les difciples de ce Pere, le deuiennent en effet, rejettant
leurs nouuelles erreurs, & embraffant fa veritable
Doctrine.

Mais Monfieur Arnauld me permettra que i'efface
auparauant la fauffe impreffion que l'on a donnée à
quelques Efprits trop faciles, fçauoir que les Cinq
Propofitions cenfurées par le Pape Innocent X.
ne font pas contenuës dans le gros Liure de Ianfenius.

LES CINQ

PROPOSITIONS

CONDAMNEES PAR LE PAPE

INNOCENT X.

CONTENVES FORMELLEMENT
dans IANSENIVS.

OVTE la France sçait qu'incontinent aprés la publication de la Bulle du Pape INNOCENT X. Les Disciples de Iansenius semoient des bruits par tout pour surprendre les simples que ces cinq Propositions condamnées n'estoient pas dans Iansenius, & qu'elles auoient esté forgées par Monsieur Cornet, qui estoit alors Syndic de la Faculté de Theologie. Quelques hommes sçauans ont repoussé viuement cette calomnie, & ont montré clairement que ce n'estoit qu'vne inuention toute pure, afin de couurir pendant quelque temps ces nouuelles erreurs de quelque pretexte specieux, & pour ne paroître pas Schismatique & dés-obeïssant au sainct Siege. Mais parce que ces Messieurs continuent de dire & d'écrire toûjours la mesme chose, & de soûtenir que ces Cinq Propositions ne se peuuent point lire dans le gros Liure de Iansenius, ie leur veux montrer par charité qu'ils ont eu faute de memoire.

*

Premiere Proposition condamnée.

Il y a quelques Commandemens de Dieu impossibles aux justes qui veulent & tâchent de les garder auec les forces qu'ils ont, & ils n'ont pas aussi la Grace par laquelle ils leur soient rendus possibles.

Paroles expresses de Iansenius.

On tire clairement de cette doctrine indubitable quelques points qui ne sont pas de petite importance. Le premier est qu'il y a des commandemens qui sont impossibles à l'homme, selon l'estat & les forces qu'il a. Iansenius au Liure 3. *De Gratia Christi*, au Chapitre XIII. page 135. col. 1. c. d. §. *Ex hac indubitata.* De l'impression de Roüen chez Iean Berthelin 1643. Ie ne me sers point d'autre Edition dans tout ce petit Recueil.

Le Second est que la grace par laquelle nous pouuons garder ces Commandemens, n'est pas toûjours presente. Iansenius au mesme endroit.

Le Troisiéme, que cette impuissance se rencontre non seulement dans les aueuglez, endurcis, & infidelles ..... mais encore dans les Fideles, & dans les Iustes qui ont la Foy de IESVS-CHRIST, & la Charité de la Iustice. Iansenius au mesme endroit.

Le Quatriéme, que cette impuissance se rencontre dans les fideles, non seulement lors qu'ils ne veulent point garder les Commandemens, mais encore, lors qu'ils les veulent accomplir. Iansenius au mesme lieu.

D'où il s'ensuit que Sainct Augustin parlant plus d'une fois de Sainct Pierre, qui auoit la volonté de bien faire, lors qu'il renioit IESVS-CHRIST, dit qu'il auoit ses forces foibles & abbatuës, & qu'il n'auoit pû mesme mourir pour IESVS-CHRIST, encore qu'il le voulut, & qu'il creut en auoir la puissance. Iansenius au mesme endroit, page 130. col. 1. A. B. §. *Hinc ergo fit.*

Toutes ces choses nous demontrent fort clairement qu'il n'y a rien de mieux fondé en la doctrine de sainct Augustin, que de dire qu'il y a des commandemens impossibles aux hommes; non seulement aux infideles, aux aueugles, & aux endurcis, mais encore aux fideles & aux iustes, qui veulent & qui tâchent de les garder auec les forces qu'ils ont, & que la grace, qui rend ces commandemens possibles, manque, & que cela est manifeste par l'exemple de Sainct Pierre & de plusieurs autres, qui sont tentez par dessus leurs forces. Iansenius au mesme endroit, page 138. col. 2. E. §. *Hæc igitur omnia.*

Seconde Proposition condamnée.

On ne resiste iamais à la grace interieure en l'estat de la Nature corrompuë.

Paroles expresses de Iansenius.

Quelqu'vn qui aura fueilleté dauantage les écrits des Scholastiques que sainct Augustin, me répondra peut-estre que tout ce que nous venons de produire, touchant l'obeissance que l'on rend infailliblement à la grace, doit estre entendu, selon le sens de ce Pere, de la grace qui est seulement efficace, & que cela n'empéche pas qu'il n'y ait d'autres graces qui sont renduës sans effet par la volonté de l'homme.

Ie répons que l'on ne peut rien dire de plus vray, qu'en disant que tout ce que nous venons d'alleguer de sainct

Hinc ergo fit vt non semel de Sancto Petro etiam volente dicat, *Augustinus scilicet*, cum Christum negaret, inualidas infirmasque fuisse vires eius, imò non potuisse mortem ferre pro Christo, quamuis & hoc vellet & se posse iudicaret. ibid.

Hęc igitur omnia plenissime planissimeq; demonstrant nihil esse in Sancti Augustini doctrina certius ac fundatius quàm esse precepta quędam, quę hominibus, non tantùm infidelibus, excœcatis, obduratis, sed fidelibus quoq; & iustis volentibus, conantibus secundùm presentes quas habent vires, sunt impossibilia, deesse quoq; gratiam qua fiant possibilia: hoc enim Sancti Petri exemplo aliisque multis quotidie manifestum esse qui tentâtur vltra quam possint sustinere, ib.

2. Propositio.

Interiori gratię in statu naurę lapsę nunquam resistitur. Respondebit fortassis aliquis magis in Scholasticorū scriptis quam Augustini reuoluendis exercitat⁹ hęc omnia quę produximus, eum de gratia tantùm efficaci tradidisse, nihil verò impedite quin aliæ nonnullæ gratiæ, per hominis voluntatem effectu careant.

Respondeo nihil verius dici posse quà quod omnia, quæ hactenus protulimus, de gratia efficaci Augustinus dixerit atque intellexerit. Cuius rei causa est, quod nullam agnouit aliá actualé Christi gratiam, nec agnoscere potuerit, nisi regulas omnes fundamentales quibus innixus naturá gratiæ medicinalis tradidit & explicuit, vellet interimeret. Ianf. l. 2. de gratia Chr. c.xxvii. Velle & nolle, stare & cadere, perseuerare & non perseuerare popter vires integræ voluntatis in libero relinquebatur arbitrio. Isti inquam gratiæ ostendimus directè repugnare gratiá Christi, tanquam quæ non relinquit voluntatem in isto æquilibrio, sed illud auferat & efficiat vt velit. Ideo quippe tribuitur vt duritia, SEv RESISTENTIA cordis primitùs auferatur. Ianf. c.18. lib. 2. de grat. Chr.

3. Propositio.
Ad merendum &

Augustin doit estre entendu de la grace efficace. Et la raison de cela est, parce qu'il n'en a point reconnu, ni n'en a pû retõnoître d'autre actuelle, à moins qu'il n'ait renuersé toutes les regles fondamentales sur lesquelles il s'est appuyé en expliquant la nature de la grace medicinale. Ianf. au Liure second de la Grace de IESVS-CHRIST, au Chap. xxvii. pag. 87. col. 1. D.

Le vouloir, & le non vouloir, estre ferme & tomber, perseuerer & ne point perseuerer, estoit laissé au pouoir du Libre Arbitre à cause des forces de la nature innocente. Nous auons, dis-je, montré que la Grace de IESVS-CHRIST est opposée directement à cette grace icy, parce qu'elle ne laisse point la volonté dans cet equilibre, mais qu'elle l'oste & fait vouloir, puis qu'elle est donnée afin que la dureté & la RESISTANCE DV COEVR soit premierement ostée. Iansenius, au Liure second de la Grace de IESVS-CHRIST, au Chapitre xxviii. au §. *Hactenus*, pag. 88. A.B. On pourra voir la mesme chose en plusieurs autres endroits des trois Tomes de Iansenius, mais particulierement au Liure viii. De l'Heresie Pelagienne, au au Chap. vi. pag. 186. col. 1. §. *Hæc autem*. C.D.

Troisiéme Proposition condamnée.

Pour meriter & demeriter en l'état de la Nature corrompuë, il n'est pas necessaire d'auoir vne liberté exempte de necessité, mais il suffit d'auoir la liberté affranchie de la contrainte.

Paroles expresses de Iansenius.

Le sens veritable & naturel de ce passage de la Cité Dieu (au Liure 5. au Chapitre 10.) est que la seule necessité de violance sous laquelle la liberté est pressée & contrainte,

contrainte, ou la necessité de contrainte, repugne à la liberté, & non pas la determination à vne chose. Iansenius au Liure VI. de la Grace du Sauueur, au Chapitre VI. §. *Hanc esse*, pag. 867. col. 1. B.

*Sainct Thomas n'est pas eloigné de ce sentiment tres-commun des anciens, mais il l'a exprimé tres clairement & en diuerses manieres : car il a enseigné..........
Sixiémement qu'vne œuure est meritoire ou demeritoire, digne de loüange ou de blâme, lors qu'elle est volontaire, & sans contrainte, bien qu'elle soit determinée à vne seule chose.* Ianf. l.6. de Grat. Chr. cap.14. pag.293. col.2. c. & pag. 294. col.1. B.C.

Vn homme qui dit que cette Proposition est conforme au sentiment tres-commun des anciens, & qui assure que sainct Thomas ne s'en est pas eloigné, ne la veut-il pas faire passer pour veritable & pour orthodoxe? Ie demeuré d'accord que si Iansenius citoit simplement quelques Autheurs sans les aprouuer, on ne le pourroit pas reprendre iustement, pourucu que sa citation fut legitime & sincere. Mais puisqu'il a bien la hardiesse de soûtenir que les Anciens ont communement enseigné que la seule violance & la contrainte blesse la liberté, & non la necessité antecedante qui determine à vn seul objet, & puis qu'il apuye ce sentiment comme estant tres orthodoxe, il a falu sans doute que l'Oracle de Rome ait découuert le venin qui estoit caché dans cette Proposition, & qu'il ait presenté l'antidote par vne censure publique, afin que les simples n'en pretendissent aucune cause d'ignorance.

Les curieux pourront voir la mesme Proposition de Iansenius au Chapitre XXVI. du mesme Liure sixiéme de la Grace du Sauueur, au §. *Existius CONSTANTIS DOCTRINÆ PRINCIPIIS.* Et le Cha-

demerendum in statu naturę lapsæ non requiritur in homine libertas à necessitate, sed sufficit libertas à coactione. Ianf. l. 6. de grat. Chr.c.vi.§.hanç esse. Hanc esse genuinam verissimamque loci illius de Ciuitate Dei intelligentiam, quod sola videlicet necessitas illa violenta, sub qua arbitrium premitur atque cogitur, seu necessitas coactionis libertati arbitrij aduersetur, non autem determinationem ad vuum.

Sextò opus esse laude vel vituperio dignum, meritoriū vel demeritorium ex hoc quod est voluntarium, spontaneum, non coactū, temetsi sit determinatum ad vuum. *Subaudi hæc verba quæ habet initio capitis.* Nec verò Sanctus Thomas ab illa communissima antiquorum sententia alienus est, sed eā diuersis locis clarissimis verbis multisque modis expressit: nam imprimis docuit,&c.

**

pitre XXVIII. du mesme Liure, au §. *Sextò conformiter, &c.*

Quatriéme Proposition condamnée.

Les Semipelagiens reconnoissoient la necessité de la grace interieure, preuenante, pour toutes les bonnes actions, mesme pour le commancement de la Foy. Et ils estoient heretiques en ce qu'ils disoient que la volonté de l'homme y pouuoit resister, ou obeïr.

Paroles expresses de Iansenius.

Le titre mesme du Chapitre VI. du Liure 8. *De Har. Pel.* en la page 185. col. 1. B. nous veut faire à croire que *la troisiéme grace generale des Prestres de Marseille*, qui estoient Semipelagiens, *est vne grace actuelle*, dit Iansenius, *interieure & suffisante pour croire.*

Les opinions des Semipelagiens & la doctrine de sainct Augustin estant bien pesées, ie tiens qu'il est indubitable que les Prestres de Marseille reconnoissoient outre la predication & la nature, la necessité de la veritable grace interieure, & actuelle, & mesme de la Foy qu'ils soumettoient à la liberté de l'homme. Iansenius au mesme Chapitre, page 185. col. 2. §. *Itaque Massiliensium.* B.

Et au mesme endroit Iansenius auance clairement la Proposition condamnée. *En cela donc consiste PRO-PREMENT L'ERREVR DES SEMIPE-LAGIENS, dit-il, qu'ils croyoient qu'il a demeuré quelque reste de la liberté de l'estat d'innocence, par lequel comme Adam pouuoit perseuerer dans le bien, s'il vouloit, de mesme l'homme pecheur peut croire, s'il veut, & que toutefois l'vn & l'autre a eu besoin d'vne grace interieure, dont le bon ou le mauuais vsage dependit de la liberté d'vn chacun.* Ianfenius au mesme Chapitre VI. page 188. col. 1. B.

Les curieux pourront voir le Liure 2. *De grat. Chr.* de Ianfenius au Chapirre XII. & le Chapitre XV. du mesme Liure, & la fin du Chapitre 3. du Liure 8. de l'Heréfie Pelagienne. *Ex quibus manifestum est.* p.182. col. 2. à la fin de la colomne, & page 183. col. 1. A.

Cinquiéme Proposition condamnée.

C'est vne erreur des Semipelagiens de dire que IESVS-CHRIST est mort, ou qu'il a répandu son sang pour tous les hommes, sans exception de personne.

Paroles expresses de Ianfenius.

On a de coûtume de proposer vn autre Argument pour la grace suffisante presentée à tous, sçauoir que I E S V S-C H R I S T est le Redempteur de Tous,&c. On répond que cet Argument a esté souuent inculqué par les Pelagiens, & principalement par les Prestres de Marseille, qui estoient Semipelagiens. Ianfenius au Liure 3. de la Grace du Sauueur tout au commancement du Chapitre XXI.

Dans le sentiment des anciens IESVS-CHRIST n'a point souffert, ni n'est point mort pour tous les hommes sans exception de personne, & il n'a point aussi répandu son sang si generalement pour tous sans excepter qui que ce soit, puis qu'ils enseignent qu'il faut rejetter cette proposition, comme VNE ERREVR CONTRAIRE A LA FOY CATHOLI-QVE. Ianfenius au mesme Chapitre XXI. du mesme

quod aliquid primæuæ libertatis reliquum putant, quo ficut Adam, fi voluifset, poterat, perfçueranter operari bonum, ita lapfus homo faltem credere posset fi vellet, neuter tamen abfq; interioris gratiç adiutorio, cuius vfus vel abufus relictus efset in vniufcuiufque arbitrio & poteftate. Ianf. ibid.

Vide & lib. 2. de gra.Chr. c. XII. & c. XV. eiufdem libri.

Semipelagianum eft dicere Chriftum pro omnibus omnino hominibus mortuum efse aut fanguinem fudifse.

Sed argumentum pro gratia fufficienti omnium proferri folet, quia Chriftus eft Redemptor omnium, &c. Refpondetur & hoc argumentum .... iam olim ad naufeam vfque à Pelagianis præfertimque Maffilienfibus inculcatum fuit.

Ianf. ibid. Nec .n. iuxta doctrinâAntiquorum pro omnibus omnino Chriftus pafus aut mortuus eft, aut pro omnibus omnino tam generaliter fanguinem fudit, cum hoc potiùsTANQVAM ERRQREM A FIDE CATHO-

Liure 3. de la Grace du Sauueur. En la page 164. col.
2.§. *Ex quibus.* A. & plus bas. E. *per quæ significat.* Aug.
scil. *fieri nullo modo posse vt Christus pro aliquo mortuus sit vt viuat, quin ille vitam assequatur.* C'est à
dire, S. Augustin signifie par ces paroles qu'il est impossible que Iesvs-Christ soit mort pour donner la
vie à quelqu'vn, & que celuy-la n'obtienne la vie.
Quoy que Sainct Augustin parle seulement auec affirmation en ce passage qui est tiré du Liure sixiéme
contre Iulien, au Chapitre quinziéme, disant que ceux
là viuent pour lesquels Iesvs-Christ, qui viuoit,
est mort pour leur donner la vie, mais il n'a point dit
auec exclusion, comme le veut Iansenius, qu'il est impossible que Iesvs-Christ soit mort pour donner
la vie à ceux qui n'ont pas laissé de mourir.

Toutes les personnes de bon sens seront contraintes
d'auoüer que nous auons montré clairement à ceux
qui ne se laissent pas aueugler par la passion, que toutes les cinq Propositions sont formellement contenuës dans le Liure de Iansenius, & qu'elles y sont presque toutes mot pour mot.

Ie dois au Pere Bagot Superieur de la Maison Pro-
fesse de Paris, la gloire de ce petit Recueil des passages de Iansenius, qui prouue manifestement que cet
Euesque est le vray Auteur des cinq Propositions condamnées par le Pape Innocent X. Ie n'ay fait
qu'vne fidele & naïue Traduction de ces passages de
Latin en François, pour la communiquer au public,
& pour dés-abuser les simples qui se laissent surpren-
nre par ces nouueaux Docteurs.

Ie demeure d'accord que Iansenius n'a point debité
ces Propositions absolument, & comme de son crû,
mais qu'il les a étalées pour la plufpart comme des
suites necessaires, & comme des Reflexions importantes, qu'il tire de quelques endroits de S. Augustin

mal

mal expliquez. Mais il eſt conſtant que ce ne ſont que
des Reflexions baſtardes, & des ſuites mauuaiſes, puis
qu'elles ſont ſujetes aux anathemes, & aux cenſures
de l'Egliſe, qui retombent viſiblement ſur la teſte de ce
ce compilateur, puis qu'il a eu la hardieſſe d'attribuér
à l'aigle des Docteurs des hereſies & des erreurs intolerables touchant la grace.

Si ce que ces Meſſieurs ont inuenté pour nous faire
à croire que les cinq Propoſitions condamnées ne ſe
trouuent point dans le Liure de Ianſenius, eſtoit veritable ; ſçauoir qu'elles n'y ſont pas abſolument, &
comme détachées de l'autorité de ſainct Auguſtin ;
mais qu'elles y ſont ſeulement comme des ſuites &
des explications de quelques paſſages de cePere, ſi cela
dis-je, eſtoit receuable pour mettre Ianſen. à couuert
des foudres du Vatican, il s'enſuiuroit que tout le gros
Liu. du Miniſtre Aubertin, ne meriteroit pas des cenſures, parce qu'il pretend que tout ce qu'il dit contre
la Doctrine de l'Egliſe touchant l'Euchariſtie, eſt tiré
par conſequence des témoignages de quantité de Peres qu'il allegue. Ainſi lors que les Heretiques rai-
ſonnant ſur l'Ecriture ſainte tirent des concluſions
erronées, & qu'ils aſſeurent que c'eſt le vray ſens des
paroles ſacrées, & non le leur particulier ; ils ſeroient à
couuert, au dire de ces Meſſieurs, des anathemes de
l'Egliſe. Qui eſt-ce qui a iamais raiſonné de la ſorte?
Qui eſt-ce qui peut ſoûtenir ce raiſonnement, à moins
qu'il ne s'expoſe à la cenſure de l'Egliſe ? Donc il
ſuffit que Ianſenius ait auancé expreſſement & formellement les propoſitions que nous venons de cot-
ter pour auoir merité la condamnation du ſainct Siege, bien qu'il les ait tirées comme autant de ſuites des
textes de ſainct Auguſtin. Outre que c'eſt vne grande
temerité de rendre le Docteur de la Grace, approuué
de toue l'Egliſe Auteur de certaines Propoſitions,

∗∗∗

Les cinq Propositions condamnées
qui ont esté declarées heretiques, impies, scandaleuses, & blasphematoires, par le saint Siege.

Les personnes iudicieuses ne s'arresteront pas aux
sens que l'on a voulu donner à ces cinq Propositions
censurées, quelque temps apres la censure, puisque
c'est vn remede qui cache le venin & ne le guerit pas,
& qu'il est visible à vn chacun que ce sont les derniers
effors d'vne erreur mourante.

Ie finis ce petit Recueil auertissant le Lecteur que
tous ceux qui ont des yeux, peuuent lire maintenant
sans pretendre aucune excuse, les cinq Propositions
dans le gros Liure de Iansenius, & qu'il ne s'agit plus
de sçauoir si elles y sont, ou si elles ny sont pas contenuës, mais seulement s'il faut obeïr ou dés-obeïr au
sainct Siege qui les a censurées.

QVESTION DE FAIT,

Touchant la page 49. de la seconde Lettre de Monsieur Arnauld, qui iustifie
le dessein que nous auons eu de montrer comme Iansenius a auancé expressement les cinq Propositions condamnées par le Pape Innocent X.

*C*E Seigneur a fort bien iugé que cette épreuue de
l'humilité, & de la moderation de ses amis iusti-
fioit que n'ayant defendu que la pure doctrine de sainct
Augustin, & non des Propositions condamnées, qu'ils
ont toûjours regardées comme FORGEES *par les Parti-*
sans des sentimens contraires à ceux de ce grand Do-
cteur. Monsieur Arnauld.

Page 130. de la mefme feconde Lettre.

*Mais pourquoy donc, difent-ils, a-t'on fait deux
Apologies pour Ianfenius? Parce qu'on a crû qu'il y
auoit de l'intereft de Dieu, & de l'honneur de l'Eglife,
de ne pas fouffrir que fous le nom de Ianfenius, on fift
paffer en pleine chaire les plus conftantes maximes de la
doctrine celefte de fainct Auguftin, pour des impietez
& des herefies: qu'on les combatift par des Anathemes
de faux Conciles, par des ignorances grofiieres dans
l'Hiftoire Ecclefiaftique, par des paffages de l'Efcriture, ou falfifiez dans les paroles, ou corrompus dans le
fens: & qu'on impofaft en plufieurs points des herefies,
& des erreurs à vn Euefque qui a efté tres-éloigné de
les enfeigner.*

Page 149.

*Apres tous ces exemples de l'Hiftoire Ecclefiaftique
fe pourra-t'il trouuer, MONSEIGNEVR, quel-
qu'vn affez déraifonnable, & affez iniufte pour s'imaginer que parce que des perfonnes ayant leu vn Liure
auec foin, & n'y ayant point trouué des Propofitions qui
font attribuées à vn Auteur Catholique apres fa mort,
dans l'expofé de la Conftitution du Pape, ne peuuent
declarer contre leur confcience qu'elles s'y trouuent,
quoy qu'en mefme temps il les condamnent en quelque
Liure qu'elles fe trouuent, ce foit vn pretexte fuffifant
de les traitter d'heretiques, d'excommuniez, & de re-
tranchez de l'vnité de l'Eglife, comme fi vn point de
fait, dont les yeux font juges, pouuoit eftre vn point de
Foy, qui ne peut eftre eftably que fur vne reuelation Diuine, & vne caufe legitime d'accufer d'herefie des
Theologiens Catholiques, qui embraffent tout ce qui*

concerne la Foy dans cette Conſtitution, & qui dans ce point de fait meſme ne ſont point opiniaſtres eſtans preſts de ſe rendre auſſi-toſt qu'on leur aura fait lire ces Propoſitions dans le liure d'où l'on dit qu'elles ont eſté tirées : ce qui doit eſtre la choſe du monde la plus facile, ſi elles en ont eſté veritablement tirées : comme au contraire la plus difficile, & meſme impoſſible, ſi elles n'y furent iamais. Et cependant quand on ſuppoſeroit meſme qu'ils ſe trompent dans ce point de fait, n'eſt-il pas viſible, MONSEIGNEVR, qu'on ne leur pourroit reprocher en aucune ſorte d'eſtre heretiques, ou de bleſſer la foy de l'Egliſe, mais ſeulement de n'auoir pas de ſi bons yeux, ou de n'entendre pas ſi bien le Latin que ceux qui ſoûtiendroient le contraire?

Page 152.

Auec quelle iuſtice pourroit-on pretendre que le doute, ou l'humble ſilence, & la retenuë d'un Catholique à declarer que des Propoſitions qui ſont attribuées dans la Conſtitution d'un Pape à un Prelat de l'Egliſe apres ſa mort, ſoient veritablement de luy, n'ayant pû les y trouuer, ſoit un legitime pretexte de le traiter d'heretique, lors meſme que ſe contentant de ne pas agir contre ſa conſcience, & contre le témoignage de ſes yeux en un point de fait, il eſt reſolu de s'abſtenir de toute conteſtation ſur ce fait meſme, & d'y garder un ſilence reſpectueux, &c.

Queſtion de Droit, page 116.

Cette grande verité établie par l'Euangile, &c. qui nous montre un iuſte en la perſonne de S. Pierre, à qui la Grace, ſans laquelle on ne peut rien, a manqué dans une occaſion, où l'on ne peut pas dire qu'il n'ait point peché, eſt deuenuë tout d'un coup l'hereſie de Caluin, ſi nous en croyons les Diſciples de Molina.

Fin des Cinq Propoſitions.

OPPOSITIONS
FORMELLES
ENTRE LA PENITENCE
DE Mr. ARNAVLD,
ET CELLE
DE S. AVGVSTIN.

AVERTISSEMENT.

IL ne faut point s'eſtonner ſi aprés de ſi diuers & de ſi gros volumes, que l'on a faits depuis peu ſur le ſujet de la Penitence, ie me ſuis laiſſé perſuader à vn de mes amis d'en dire ma penſée, ou pluſtôt de propoſer celle de S. Auguſtin, & de l'oppoſer à celle de Mr. Arnauld, afin que les Simples, qui pourroient eſtre ſurpris par les artifices de cet homme diſert, ſoient deſabuſez par l'autorité ſainte de l'Aigle des Docteurs. Il ne faut pas dis-je s'en eſtonner, puiſque la multitude & la groſſeur de tant de volumes, fait que pluſieurs ne prennent pas garde à l'importance de cette matiere, comme ils le pourroient faire dans vn petit racourcy, tel qu'eſt celuy que ie donne au public.

I'écris donc apres pluſieurs grands Perſonnages,

A

pour la commodité de ceux qui n'ont pas le moyen de
recueillir, ni aſſez de loiſir de lire tout ce qui a eſté
écrit ſur la penitence publique. Ie ſçay de ſcience certaine que pluſieurs bonnes ames ont eſté ſurpriſes par
les raiſons apparentes de Monſieur Arnauld, & qu'elles ont meſme à preſent de la peine à ſe ſoûmettre au
ſentiment de toute l'Egliſe, qui condamne aſſez le
deſſein de cet Auteur par ſa pratique vniuerſelle. Et il
y a lieu de s'eſtonner qu'vn jeune Preſtre & vn ieune
Docteur, tel qu'il eſtoit lors qu'il fit ſon Liure, ſe ſoit
meſlé de donner des inſtructions pour la conduite des
ames à vn grand nombre de ſages vieillars, qui ont
blanchi dans le Tribunal ſacré de la Penitence, luy
dis-je, qui probablement n'auoit pas encore exercé
cette fonction toute Diuine, qui conſiſte ſans comparaiſon beaucoup plus dans la pratique & dans le diſcernement actuel du fond des conſciences, que dans
toutes les hautes contemplations & dans les riches
penſées du cabinet.

Au reſte ie n'euſſe point entrepris de combatre la
maxime fondamétale du Liure de la Frequente Communion, ſi Monſieur Arnauld ne s'en fût rendu luy
meſme le Panegyriſte dans ſon dernier Liure, qui a
pour titre, *Seconde Lettre de Monſieur Arnauld Do-*
cteur de Sorbonne à vn Duc & Pair de France, quoy
que pluſieurs grands Perſonnages, & nommement le
Pere Annat Ieſuite, euſſent fait voir à toute la France
qu'il y a des erreurs intolerables dans le premier de ſes
Ouurages, qu'il tâche de pallier en cette Lettre par de
belles paroles & par des artifices qui ſont aſſez connus
aux ſçauans. C'eſt pourquoy nous luy repreſentons
icy ſainct Auguſtin, dont il ſe vante d'eſtre le diſciple,
afin que s'il ne veut pas le prendre pour modele dans
ſes Retractations, du moins il le regarde comme ſon
aduerſaire, & comme vn des grands Peres de l'Egliſe,

qui luy est formellement opposé touchant la Doctrine
de la Penitence qui nous dispose à la Communion.

Ie proteste cependant que dans cette refutation
que i'entreprens de quelques Propositions qui sont
couchées dans le Liure de la Frequente Communion,
ie ne pretens en façon quelconque violer le respect ny
la soûmission que ie dois à Messieurs les Euesques, & à
tous les Docteurs, dont on lit des aprobations generales apres la Preface de ce Liure, parce que tout le
monde sçait qu'vne aprobation, qui n'est conceuë
qu'auec de termes generaux, n'empesche point les
defauts qui peuuent estre cachez sous de paroles ambiguës qui auront coulé parmy quelques veritez specieuses, non plus que les Censures generales de quelque Liure assez gros, faites par le Sainct Pere, n'em-
peschent pas que parmy vn si grand nombre de Propositions si diuerses, il n'y en ait quelqu'vne d'Orthodoxe, & qui peut estre interpretée dans vn sens Catholique. Ie pourrois encore alleguer vne chose assez
connuë qu'il y a entre tous ces Approbateurs des personnes d'vne eminente dignité dans l'Eglise, qui ont
enfin reuoqué leurs Panegyriques apres auoir estudié
plus à loisir les maximes dangereuses que Monsieur
Arnauld a establies par de termes equiuoques : mais il
n'est pas necessaire d'en dire dauantage, puisque iusqu'à present nous n'auons point veu de Prelat ni de
Docteur, Aprobateur de ce Liure, qui se soit ressenti
publiquement des Refutations & des Censures que
plusieurs grands Personnages de toutes conditions, en
ont faites aux yeux de toute la France.

I'ay vne telle confiance en la Bonté de Dieu, que Math. xx. 9.
quoy que ie sois venu vn peu tard, & aprés tant d'Auteurs excellens, ie ne seray pas frustré de ma recompense, non plus que ces Ouuriers de l'Euangile, qui
s'estant presentez sur les onze heures, ne laisserent

pas d'auoir leur salaire aussi bien que ceux qui auoient esté plus diligens.

Proposition de Mr Arnauld touchant la Penitence publique.

Monsieur Arnauld au Liure de la Frequente Communion. Par. 2. Chap. 3.

Puisque tous les pechez mortels, soit publics, soit C A C H E Z, *nous font perdre le bien, dont le Baptéme nous a donné la possession;* N'E S T-I L P A S M A N I F E S T E *que cette penitence, qu'il dit en suite,* Il parle d'vn passage de Tertullien, qui luy donne occasion de s'égarer en des paralogismes qui luy sont fort ordinaires, *se* D E V O I R F A I R E *dans le sac & dans la cendre, dans les larmes & dans les soûpirs, dans les veilles & dans les ieusnes, auec toute sorte de soûmissions & de prosternemens, à la face de l'Eglise, regarde* T O V S C E S P E C H E Z, E T Q V'A I N S I C'E S T V N E C H O S E E N T I E R E M E N T E L O I G N E'E D E L A V E R I T E' Q V E L A P E N I T E N C E P V B L I Q V E N E F V S T Q V E P O V R L E S C R I M E S P V B L I C S? Monsieur Arnauld, au Liure de la Frequente Communion. Par. 2. Chap. 3.

Et vn'peu plus bas. *Ie vous soûtiens formellement* Q V E T O V S L E S P E R E S O N T C R Û Q V E G E- N E R A L E M E N T P O V R T O V S L E S P E C H E Z M O R T E L S I L F A L L O I T E S T R E P L V S I E V R S J O V R S A F A I R E P E N I T E N C E A V A N T Q V E D E C O M M V N I E R, *qui est-ce que vous ne pouuez souffrir,* A P E L L E Z O V N'A P P E L L E Z P A S C E T T E P E N I T E N C E P V B L I Q V E. Voyla l'estat de la Question proposé clairement, & tiré des propres paroles de Monsieur Arnauld, lequel m'excusera si ie luy soûtiens que iamais personne, quelle quelle soit, n'a esté obligée à la Penitence publique pour des pechez cachez. Ie sçay bien que Fabiole & plusieurs

pecheurs

pecheurs secrets, se sont autrefois soûmis volontairement à la Penitence publique ; mais il est hors de son
pouuoir de montrer par le témoignage d'aucun Pere,
dont il fait tant d'ostentation, que l'Eglise ait iamais
obligé les pecheurs secrets à vne Penitence publique.

Si quelqu'vn a de la peine à croire que ce soit-là le
sentiment de Monsieur Arnauld, quoy qu'il soit exprimé assez nettement par le raport que nous faisons
de ses propres paroles, soûs pretexte qu'il dit en son
Auertissement qu'il ne *pretend point obliger à la Penitence publique*, & qu'il allegue quelques autres termes de son Liure de la Frequente Communion, où il
dit que le penitent *fasse en secret ce que les autres faisoient en public*, & où il semble nous fermer la bouche,
puisque raportant luy-mesme les propres termes de
son Liure, il adjoûte, *Voilà, ce que l'on peut legitime-
ment apeller vne prudente moderation de l'ancienne
seuerité. Abreger vne partie du temps que les Conciles ont prescrit, changer selon que la prudence y oblige
la satisfaction publique en particuliere, & se contenter
que l'on fasse aux yeux de Dieu ce que les Peres vouloient que l'on fist aux yeux de toute l'Eglise.* Si l'on a
dis-je de la peine sur ce sujet, ie croy que j'obtiendray
facilement de la prudence du Lecteur de se donner le
loisir de considerer que ie ne m'informe pas maintenant du dessein de cet Auteur, puisqu'il n'y a que Dieu
qui le sçache, ni des paroles qui sont dans cet Auertissement, soit qu'elles contredisent à celles que nous
auons raportées du Chapitre 3. soit qu'elles n'y contredisent pas, puisqu'il ne s'agit pas de cela, ie n'entreprens maintenant que de montrer que l'Eglise n'a
iamais obligé vn homme, qui a peché en secret de faire penitence publique, & que la Proposition de Monsieur Arnauld est fausse, qui soûtient que *c'est vne*

chofe entierement eloignée de la verité *que la Peniten-*
ce publique ne fuft, anciennement, *que pour les crimes*
publics, eftant affez vifible qu'il entend que cette penitence eftoit impofée par obligation, & fans que le
pecheur s'y foûmit volontairement, la demandant à
l'Euefque auec ardeur & empreffement.

Et nous ne pouuons mieux comprendre quel eft le
fens de Monfieur Arnauld, que par luy-mefme, car
immediatement après les paroles que ie viens d'alleguer, il adjoûte, *Mais pour en conuaincre tous les efprits*
equitables, ie les fupplie de confiderer que d'vne infi-
nité de Canons qui condamnent les adulteres, ou les
fornicateurs à plufieurs années de penitence publique, il
ne s'en trouuera pas vn qui ne les y condamne generale-
ment fans aucune diftinction de public & de fecret. Il
ne faut donc pas aller au deuin pour iuger du fentiment de cet Auteur, & pour dire qu'il a tenu que l'on
obligeoit anncienment les perfonnes coupables de
peché mortel, quoy que fecret, à la penitence publique, ce que ie foûtiens *eftre entierement eloigné de la*
verité. Et pour ce qui regarde les Canons qui condamnent les Adulteres à la peniten● publique, il ne
faut pas que Monfieur Arnauld s'en preualle, puis
qu'il eft vifible que ces Canons ne faifans pas de diftinction d'Adultere fecret ou public, ils fuppofent la pratique commune de l'Eglife, laquelle fans doute ils ne
peuuent choquer par vne contrarieté manifefte, ny
s'oppofer vifiblement à quantité d'autres Canons qui
defendent expreffement que l'on impofe la penitence
publique à ceux qui ont peché en fecret, comme le
Pere Sirmond l'a prouué fi manifeftement dans fon
Hiftoire de la Penitence publique, au Chapitre i v.
qu'il n'eft befoin que d'vn peu de fens commun pour
en iuger fainement.

Voyons maintenant entre les autres Peres quel a

esté le veritable sentiment de sainct Augustin, puisque
Monsieur Arnauld se soûmet plus volontiers à son iugement qu'à celuy de tous les autres.

Opposition de S. Augustin.

Sainct Augustin au Liure de la Correction & de la
Grace, au Chapitre 16. expliquant ce passage de la
premiere Epistre de sainct Paul à Timothée, au Chapitre v. Verset 20. *Repren les pecheurs en la presence de tous, afin que les autres en ayent de la crainte,*
dit que *ces paroles doiuent estre entenduës* DES PECHEZ
QVI NE SONT PAS CACHEZ, DE PEVR QVE
L'ON NE PENSE QVE L'APÔTRE CONTREDISE
A NÔTRE SEIGNEVR QVI A DIT, SI TON
FRERE PECHE CONTRE TOY, REPREN LE
SEVL A SEVL. Math. XVIII. 15.

Raisonnement tiré de ces paroles de Sainct Augustin.

*Celuy qui est obligé par le Superieur Ecclesiastique,
ou par le Confesseur à faire penitence publique, est repris
& châtié publiquement.*

*Or il n'est point permis de reprendre, ni de châtier
publiquement ceux qui n'ont que des pechez cachez,
quelques mortels qu'ils soient.*

*Il n'est donc point permis à vn Superieur Ecclesiastique ni à vn Confesseur, d'obliger à faire penitence publique ceux qui n'ont que des pechez cachez, quelques
mortels qu'ils soient.*

Tous ceux qui sçauent l'art de raisonner, & qui feront tant-soit-peu de reflexion sur toutes les parties
de ce raisonnement, le trouueront sans doute conuainquant; car la premiere Proposition est si claire,

que ce feroit choquer le fens commun, que de la vouloir nier, puifque le châtiment eft vne reprehenfion
ou vne reprimende reele, comme la reprimende eft
vn châtiment de parole ; & fi elle eft publique, elle eft
fans doute vne obligation & vn affujetiffement à la
Penitence publique. Notez que Sainct Auguftin ne
fe contente pas feulement de blâmer la Confeffion
publique d'vn peché caché, qui eft le feul échapatoire
de Monfieur Arnauld, mais encore la reprehenfion
publique, car cette-cy n'appartient qu'au Prelat ; tel
qu'eftoit Timothée à qui fainct Paul donnoit cet auis,
& celle-là eftoit l'action mefme du penitent. L'vne &
l'autre eft blamable au fens de Sainct Auguftin, lors
qu'elle n'eft point volontaire, ni demandée auec in-
ftance par le penitent, & fur tout lors qu'elle ne fe fait
point pour le bien de l'Eglife, comme nous le dirons
plus bas.

La feconde Propofition ne peut eftre conteftée par
le Sieur Arnauld, puis qu'elle eft formellement de
faint Auguftin au Liure de la Correction & de la Grace, dans le Chapitre , & dans les termes que nous
auons citez, où ce Sainct nous enfeigne que fi on reprend publiquement celuy qui n'a peché qu'en fecret,
on contredit à Nôtre Seigneur, qui dit, *Si ton Frere
peche contre toy* , c'eft à dire qu'il n'y ait perfonne que
toy qui le fçache, *Repren-le* , & fay-luy la correction
feul à feul , c'eft à dire en fecret, & non en public,

L'induction qu'on tire dans ce raifonnement eft plus
claire que le iour, puis qu'elle eft felon les regles de
l'art de raifonner. Il faut donc affeurer l'vn des deux,
ou que fainct Auguftin s'eft trompé, ou que Monfieur
Arnauld s'eft abufé.

Autre

Autre Opposition de S. Augustin, qui ruine entierement le Liure de la Penitence publique de Mr Arnauld.

Sainct Augustin en l'Homilie 50. ou bien selon Possidius, au Liure de l'Vtilité de la Penitence, au Chapitre III. IV. & aux autres suiuans. *Vous sçauez & reconnoissez auec moy, dit-il, qu'il y a trois sortes de penitence, puis qu'elles sont dans l'vsage ordinaire de l'Eglise, & qu'elles sont connuës, à ceux qui y prennent garde. La premiere est celle qui renouuelle l'homme iusqu'à receuoir l'absolution entiere de ses pechez par le Baptéme. Car ceux qui ont le Libre Arbitre & qui s'aprochent des Sacremens de l'Eglise, ne peuuent point entreprendre vne nouuelle vie, s'ils ne font penitence de leurs vieux pechez. Il n'y a personne qui soit exemt de cette Penitence que les petis enfans, parce qu'ils n'ont pas encore l'vsage du Libre Arbitre. Mais tout le reste des hommes ne passe point à IESVS-CHRIST, & ne commance point d'estre ce qu'il n'étoit pas, s'il ne se repent d'auoir esté ce qu'il estoit. Cette premiere penitence est commandée aux Iuifs, comme le dit Sainct Pierre l'Apôtre.* Faites penitence, & qu'vn chacun de vous soit baptizé au nom de Nôtre Seigneur Iesvs-Christ.

La seconde sorte de Penitence est celle qui est pratiquée pendant toute la vie par des prieres tres-humbles & continuelles. D'où vient que nous disons ce que nous deuons dire toûjours pendant toute cette vie, Remettez-nous nos offenses, comme nous les remettons à ceux qui nous ont offensé. *Car nous ne prions pas qu'on nous pardonne les pechez qui nous ont esté desia pardonnez au Baptéme, & si nous ne croyons*

C

Aug. Homil. 50.
vel iuxta Possidium,
Lib. de Vtilitate agē.
dæ pœnit. c. 3. 4. &c.

Tres sunt actiones pœnitentiæ quas mecum vestra eruditio recognoscit : sunt enim vsitatæ in Ecclesia Dei, & diligenter attendentibus notæ. Vna est quæ nouum hominem parturit donec per baptismum salutare omnium præteritorum fiat abolitio peccatorū, &c. Omnis enim qui cū arbitrio voluntatis suæ constitutus est, cum accedit ad sacramenta fidelium, nisi eum pœniteat vitæ veteris, nouam non potest inchoare. Ab hac pœnitentia cum baptizantur soli paruuli sunt immunes; nondum enim vti possunt libero arbitrio, &c. Ceterorū hominum nullus transit ad Christum vt incipiat esse quod non erat, nisi eum pœniteat fuisse quod erat. Hæc prima pœnitentia præcipitur Iudæis dicente. Apostolo Peto, *Pœ-*

*nitentiam agite &
baptizetur vnufquif-
que veftrum in nomi-
ne Dom ni noftri Iefu
Chrifti, &c. Altera
verò pœnitentia eft,
cuius actio per to-
tam iftam vitam qua
in carne mortali de-
gim°, perpetuæ fup-
plicationis humili-
tate fubeūda eft,&c.
Vnde etiam orantes
dicimus quod in tò-
ta ifta vita oportet
dicamus, Dimitte
nobis debita noftra,
ficut & nos dimitti-
mus debitoribus no-
ftris. Non enim ea
dimitti precamur
quæ iam in baptif-
mo dimiffa funt, &
nifi dimiffa effe cre-
dimus, de ipfa fide
dubitamus. Sed vti-
que de quotidianis
non lethalibus fcil.
peccatis hoc dici-
mus, pro quib° etiã
facrificia eleemofy-
narum,ieiuniorum,
& ipfarum orationũ
& fupplicationum
quifque pro fuis vi-
ribus offerre non
ceffat, &c. Tertia
actio eft pœniten-
tiæ quæ pro illis
peccatis fubeunda
eft quæ legis Deca-
logus continet, &
de quibus Apoftolus
ait,quoniam qui ta-
lia agunt regnum
Dei non poffidebūt.
In hac ergo pœni-
tentia maiorē quif-
que in fe feueritate
debet exercere vt à*

point qu'ils le foient, nous doutons mefme de la Foy.
Nous ne difons pas cecy des pechez mortels, mais feulement des iournaliers,pour lefquels nous ne ceffons d'offrir, chacun felon noftre pouuoir, le facrifice de nos prieres & de nos ieufnes,&c.

*La troifiéme forte de penitence eft celle que l'on doit
fubir pour les pechez qui font defendus par le Decalogue, & ce font ceux qui felon le dire de l'Apoftre priuent du Royaume de Dieu ceux qui s'y laiffent emporter.
C'eft en cette penitence que chacun doit eftre fort feuere
contre foy-mefme, afin que s'eftant condamné, il ne foit
pas condamné du Seigneur,comme le dit encore le mefme Apôtre,*que fi nous nous iugions nous-mefmes, dit-
il, nous ne ferions pas iugez par le Seigneur. *Et partant que l'homme monte au tribunal de fa confcience,
s'il aprehende ce que l'Efcriture dit,* Qu'il nous faut
comparoître deuant le tribunal de IESVS-CHRIST,
afin que chacun reçoiue ce qu'il a fait durant fa vie,
foit bien, foit mal. *Qu'il fe prefente deuant fa propre
face, de peur que la mefme chofe ne luy arriue en vne
autre rencontre ; car Dieu menace le pecheur difant.*
Ie te reprendray & te mettray deuant ta propre face.
*Ayant donc gardé en ton efprit cette forme de iugement,
que la penfée comparoiffe en qualité d'accufateur, la
confcience en qualité de témoin, & que la crainte faffe
l'executeur de la haute Iuftice. Il faut en fuite que le
fang des larmes coule des yeux par la Confeffion, &
qu'enfin l'homme prononce cette fentence, qu'il eft indi-
gne de la participation du corps & du fang du Seigneur,
& qu'il foit cependant feparé du facrement du pain celefte, de peur qu'il ne foit exclus & feparé du Royaume
des Cieux, par la fentence du Iuge Souuerain,&c.*

Monfieur Arnauld, qui n'eft que trop ingenieux
pour les fimples, ne manque point de prendre ces paroles de S. Auguftin à fon auantage, & de remarquer

aprés ce que ce Sainct a dit, *que la troisiéme sorte de penitence est celle que l'on doit faire pour les pechez qui sont contre le Decalogue,* qu'il ne pouuoit marquer plus expressément TOVTE SORTE DE PECHEZ MORTELS. En quoy il fait vn tour de souplesse, & flattât trop son génie, il s'imagine que tous ceux qui doiuent lire son Liure s'en fieront à sa parole & à la reputation qu'il a parmy ceux de son party. Mais le monde est trop eclairé, & on a remarqué déja en d'autres occasions qu'il deuoit estre vn peu plus ingenu & fidele à raporter le sens & les paroles de sainct Augustin, qu'il a tirées de cette Homilie, puis qu'il a bien pris la peine d'en remplir les deux & les trois pages entieres, & ceux qui ayment la verité, l'eussent aperçeuë sans doute à découuert en la suite de ce long discours.

Car saint Augustin dit au Chapitre XI. de cette Homelie, *que le pecheur apaés auoir prononcé contre soy-mesme cette sentence seuere & medicinale garde l'ordre qui est estably en l'Eglise; & qu'il s'adresse comme vn fils de ses entrailles, AVX PRELATS, qui ont l'vsage des clefs, & qu'il reçoiue de leur bouche la mesure de la satisfaction connenable pour faire auec deuotion & humilité vne espece de sacrifice d'vn cœur contrit, qui luy profite non seulement pour son salut particulier, mais encore pour l'exemple de plusieurs autres. Que si LE PRELAT iuge que son pehé a esté non seulement enorme à l'egard de celuy qui l'a commis, mais qu'il a esté encore fort SCANDALEVX à l'egard des autres, ET QV'IL SOIT EXPEDIENT A L'EGLISE de le publier à plusieurs, & mesme à tout le peuple, qu'il ne refuse pas de faire penitence, de peur qu'il n'adiouîte l'enflure de la superbe à sa playe mortelle, ce qui ne tourneroit qu'à sa confusion.*

Mes freres, que personne ne pense mépriser LE CONSEIL de cette penitence salutaire voyant

per quos illi in Ecclesia claues ministrantur, & tanquam bonus incipiens iam esse filius maternorum membrorum, ordine custodito à præpositis sacramentorum accipiat satisfactionis suæ modum, vt in offerendo sacrificio cordis contribulati deuotus & supplex id tamen agat quod non solùm ipsi profit ad recipiendam salutem, sed etiam cæteris ad exemplũ, vt si peccatum eius non solùm in graui eius malo sed etiã in scandalo (aliàs tanto) est aliorum, atque hoc expedire vtilitati Ecclesiæ videatur *Antistiti*, in notitia multorum, vel etiam totius plebis, agere pœnitentiá non recuset, non resistat, ne lethali & mortiferæ plagæ per pudorem addat tumorem &c.

Nemo arbitretur fratres propterea se consilium salutiferę huius debere pœnitentiæ contemnere, quia multos fo:tè aduertit & nouit ad sacra altaria accedere quorum talia crimina non ignorat. Multi enim corriguntur vt Petrus, multi tolerantur vt Iudas, multi nesciũ-

que plusieurs s'aprochent des Autels, encore qu'ils soient coupables des mesmes crimes. Car plusieurs sont corrigez comme sainct Pierre, plusieurs sont tolerez comme Iudas, & plusieurs sont cachez iusqu'à ce que le Seigneur vienne. Et en effet le Iuge ne les doit pas croire facilement, bien qu'ils soient veritables, si on ne les confirme par de preuues conuainquantes. Pour nostre égard NOVS NE POVVONS RETRANCHER LA COMMVNION A PERSONNE, *bien que ce retranchement ne soit pas mortel, mais seulement medicinal, si ce n'est à* CEVX QVI S'Y SOVMETTENT VOLONTAIREMENT, OV BIEN A CEVX QVI ONT ESTÉ CITEZ ET CONVAINCVS PAR QVELQVE IVGEMENT ECCLESIASTIQVE OV SECVLIER.

Reflexions sur ces paroles de Sainct Augustin.

Il est presque superflu d'adjoûter quelque chose à ces belles paroles de Sainct Augustin, neantmoins puisque i'écris pour les doctes & pour les ignorans, & qu'il y a encore des personnes de l'vn & de l'autre sexe qui adorent les sentimens de Monsieur Arnauld sans les auoir examinez, ie les prieray de remarquer premierement qu'il n'apartient pas à tous les Prestres indifferemment, d'ordonner du temps & des rigueurs de la Penitence publique, quelle quelle soit, mais seulement aux PRELATS ET AVX EVESQVES, où bien à ceux qui sont deleguez & commis par leur ordre exprés. Ce qui doit auertir nos Penitentiers à la mode, qui entreprennent sur la jurisdiction Episcopale, de se tenir dans le rang de simples Prestres, où Dieu les a mis, & de se souuenir de ces paroles de l'Ecriture. *Nec quisquam sumit sibi honorem, sed qui*
vocatur

vocatur à Deo tanquam Aaron. Perſonne ne ſe donne
cet honneur, à moins qu'il ne ſoit apellé comme Aaron.   Nous ſçauons des exemples de cette entrepriſe,
qui peut paſſer pour vn attentat, mais parce qu'ils ne
ſont que trop publics, il n'eſt pas neceſſaire que ie
me mette en peine de les raconter icy.

Ie remarque en ſecond lieu que l'Eueſque ne doit
ſoûmettre à la penitence publique, que les crimes
Scandalevx, in tanto scandalo, dit
ſainct Auguſtin, *non ſolùm in graui eius malo.* Il ne
ſuffit pas que le crime ſoit grand, & enorme, il faut
qu'il paſſe iuſqu'au ſcandale, pour retrancher la Communion.   On a donc tort de la refuſer à ceux qui
n'ont que des pechez mortels ſecrets & cachez : car
il n'eſt pas iuſte que la peine excede la coulpe, &
que ce qui eſt caché, deuienne en quelque façon
public. Il n'y a que Dieu ſeul qui ait le pouuoir de
faire voir à tout le monde au iour du iugement ce
qui a eſté caché en cette vie : parce qu'il a vn pouuoir
abſolu ſur les hommes, qu'il n'a point communiqué à
ſon Egliſe. Ie ſçay la differance que Monſieur Arnauld met entre la Confeſſion publique & la penitence publique, mais ie ſçay auſſi que l'vne & l'autre a
vne grande diſproportion en qualité de peine auec les
pechez ſecrets, ſi ce n'eſt que ceux qui les ont commis
s'y ſoûmettent volontairement, & que le Prelat iuge
qu'il ſoit expedient à la paix de l'Egliſe, d'y ſoûmettre
quelqu'vn qui a offenſé Dieu ſans auoir ſcandalizé le
prochain. Ie ne parle pas icy de ces pecheurs ſecrets
qui ne veulent point quitter l'occaſion prochaine qui
les engage par vne neceſſité ineuitable au meſme crime qu'ils auoient déja commis, tels que ſont ceux qui
ont chez eux des concubines, & quelques autres ſemblables pecheurs : parce que la pratique vniuerſelle de
l'Egliſe, a toûjours eſté de refuſer l'abſolution à cette

D

forte de pecheurs , puis qu'ils ont vne difpofition toute contraire à receuoir la grace par l'vfage des clefs , &
par le miniftere des Preftres ; mais ie parle feulement
de ceux qui ont bonne volonté de s'amender , & qui
veulent efficacement quitter l'occafion d'vne recheute criminelle , encore qu'ils foient tombez en quelque
peché tres enorme , mais qui eft caché , & ie foûtiens
qu'on ne leur peut raifonnablement dénier la grace
de l'abfolution facramentale, ni les obliger à fe retrancher plufieurs mois ou plufieurs iours , de l'vfage tres
falutaire de la Communion , fi cela vient à paroiftre à
quelques autres , à moins que le Prelat ne le iuge neceffaire pour le bien de toute l'Eglife , fuppofé mefme
que le pecheur faffe de grandes inftances pour fe foû-
mettre à cette penitence publique.

  Et c'eft ce qui me fait adioûter cette troifiéme Reflexion , que le bien & la paix de l'Eglife eftant la fin
que le Prelat fe doit propofer lors qu'il impofe vne
penitence publique , il ne peut ni ne doit fe feruir de
ce moyen quand il va à la ruine totale de la fin propo-
fée.   Ie veux que le Sieur Arnauld foit Euefque , ou
qu'il en ait l'autorité deleguée. Ie veux qu'il ait encore plus de pouuoir , fi vous voulez ; neantmoins pendant que l'experience, qui n'eft que trop vifible , nous
fait connoître manifeftement , que toutes ces excom-
munications nouuelles caufent du trouble dans les
confciences , non feulement des libertins , mais encore
de quantité de bonnes ames , qui n'ont pû fuporter
auec patience ce changement fi foudain , & fi peu cha-
ritable, puis qu'il a efté introduit pour choquer la pratique de plufieurs grands Perfonnages d'vne eminente fainteté , ces chofes , dis-je , eftant ainfi fuppofées,
ie foûtiens qu'il ne peut établir en l'Eglife vn changement fi notable & fi dangereux , fans violer toutes les
Lois de la prudence Chreftienne , puis qu'il détruit la

fin qui est le bien & la paix de l'Eglise, pour introduire
vn moyen qui n'est pas necessaire, quand mesme nous
ne sçaurions pas d'ailleurs qu'il est contraire à la pratique ancienne & moderne de toute l'Eglise.

Il faut bien peser en quatriéme lieu ces belles paroles de sainct Augustin, *que personne ne pense mépriser
le Conseil de cette penitence salutaire.* Pour nous apprendre qu'il ne falloit pas tant faire de bruit pour introduire vne chose que sainct Augustin auouë n'estre
que de conseil ; & partant que l'Eglise a eu droit d'en
faire cesser l'vsage pour des raisons tres legitimes, ce
qui fait gronder les Heretiques, & quelques-vns de
mesme de ses enfans qui ne paroissent point assez soûmis à ses ordres & à ses pratiques vniuerselles ; mais
ils se doiuent souuenir que ce n'est pas aux enfans de
faire la Loy à leur Mere, & que ceux qui ne reconnois-
sent point l'Eglise pour leur Mere, n'auront iamais
Dieu pour Pere, comme nous l'aprend S. Cyprien.

Ie remarque en cinquiéme lieu que Monsieur Arnauld s'est seruy en alleguant cet excellent passage de
sainct Augustin, de la finesse des mauuais Auocats,
qui suppriment les pieces qui font contr'eux : car au
Chapitre v i. de la seconde partie de la Frequente
Communion, il a coupé adroitement ces belles paroles de S. Augustin, *Veniat ad ANTISTITES,*
que le Pecheur se presente deuant les Prelats, & les autres qui suiuent & ruinent entierement son dessein,
puisque ce pere parle là expressément des pechez scandaleux, & de la conuiction qu'on en a faite en plein
parquet, ou bien d'vne confession libre & volontaire.
De sorte qu'il ne sert de rien de nous opposer que S.
Augustin expliquant la troisiéme sorte de penitence,
marque expressément toute sorte de pechez mortels.
Car Monsieur Arnauld deuoit adioûter ce que ce
Pere n'a pas oublié, sçauoir *les pechez* SCANDALEVX,

*Mr Arnauld a cou-
pé ce beau passage, &
n'a mis ces paroles,
veniat ad Antistites,
qu'en vn autre Cha-
pitre, afin qu'on n'en
vid point la force &
la liaison. Voyez le
Chapitre VII.*

pour lefquels on a efté obligé de comparoître en iugement, où l'on a efté condamné par fentence publique.
Voyla comme l'on impofe au public, & comme l'on
attrape les duppes & les ames fimples en vn fuiet de fi
grande importance.

Ie remarque pour fixiéme Reflexion qu'il s'agit icy
d'vn iugement où il faut des témoins & des preuues
conuainquantes pour fufpendre la Communion, puis
que fainct Auguftin affeure qu'il ne faut point croire
legerement, & que le juge ne fe doit apuyer que fur
des preuues tres certaines. Il ne faut donc pas étendre
les regles de la penitence publique, qu'il donne en cette Homilie pour les pecheurs fcandaleux, à la pratique de la Confeffion facramentale, qui n'a que faire
d'autres témoins, ni d'autres preuues, que de la fimple accufation du Penitent. Vn homme auffi eloquent
que Monfieur Arnauld, ne laifferoit pas échaper vne
occafion, comme celle qu'il nous prefente en cette rencontre, pour faire quelque mouuement de Rhetorique, & pour remplir des pages entieres d'amplifica-
tions & d'inuectiues : mais i'ay apris de l'Euangile &
des Saincts Peres, qu'il ne faut s'échauffer que contre
les vices, contre les Heretiques, & les impies.

I'accorde à Monfieur Arnauld pour feptiéme remarque, qu'il eft au choix de ceux qui ont commis des
pechez legers ou des mortels fecrets de fe foumettre à
la penitence publique, lors qu'elle eft en vfage : puifque fainct Auguftin dit, *fponte confeffum :* mais ie foûtiens qu'vn Prelat ne peut obliger ni contraindre vn
fidele qui n'a commis que de cette forte de pechez à
cette penitence laborieufe & publique, ni à vne fufpenfion de l'Euchariftie, qui eft vne peine vifible &
publique, & vne peine attroce & grieue, puifque c'eft
vne excommunication toute pure, & vn foudre de
l'Eglife, qui ne doit fraper que des fcelerats & des
pecheurs

pecheurs publics, ou ceux qui ne veulent pas quitter les occasions dangereuses & criminelles.

Sainct Augustin est en parfaite intelligence auec sainct Ambroise, lequel au Liure premier de la Penitence, au Chapitre vi. dit que *si quelqu'vn se sentant coupable de pechez mortels & secrets, en fait TOVTE-FOIS penitence AVEC ARDEVR, pour l'amour de I E S V S-C H R I S T, comment en reçoit-il la recompense, si on ne luy rend pas la Communion? Ie veux que le coupable espere le pardon de ses pechez, qu'il le demande auec des larmes, qu'il le demande auec des gemissemens, qu'il le demande auec les pleurs de tout le peuple, & quand on luy aura differé deux ou trois fois la Communion, qu'il croye que ce retardement vient de ce que ses prieres ont esté trop lâches,* &c.

Monsieur Arnauld à voulu dés-vnir le Maistre d'auec le disciple, c'est à dire sainct Ambroise d'auec saint Augustin, mais nous montrerons qu'ils sont en vn parfait accord, en découurant l'artifice dont s'est serui cet Auteur François, supprimant finement la particule, TAMEN, TOVTEFOIS, qu'il n'a point exprimée en sa Traduction Françoise, que si nous la remettons en son lieu, & si nous la joignons auec le mot, STVDIOSE, qui signifie, *volontairement* ou *affectueusement*, Le Lecteur sage & auisé iugera incontinent que ces deux mots rendent le sens de sainct Ambroise, tres conforme à celuy de sainct Augustin, lorsqu'il dit, SPONTE CONFESSVM, & qu'ils asseurent tous deux que l'on peut retrancher la Communion à celuy qui se soûmet volontairement à ce retranchement par vne confession libre, sans attendre que le Iuge Ecclesiastique ou seculier l'y oblige. I'ay déja demeuré d'accord que quelques pecheurs secrets se sont autrefois soûmis à la penitence publique auec la permission du Prelat, & c'est ce que ces deux mots,

E

Si quis occulta crimina habens, propter Christum TAMEN STVDIOSE pœnitentiam egerit, quomodo isthic recipit si ei communio refunditur? Volo veniam reus speret, petat eam lacrymis, petat gemitib⁹, petat populi totius fletibus, vt ignoscatur obsecret, & cum secundò & tertiò fuerit dilata eius cōmunio, credat remissiùs se supplicasse, fletus augeat, miserabilior postea reuertatur. Teneat pedes brachiis, osculetur osculis, lauet fletibus, nec dimittat, vt de ipso dicat Dominus IESVS, dimissa sunt peccata eius multa, quoniā dilexit multū. Amb. l. 1. de pœnit. c. xvi.

T A M E N , & S T V D I O S E , nous font connoître.
Comme si S. Ambroise disoit ; [Si quelqu'vn a commis des crimes cachez , il n'est pas obligé de faire penitence publique. T O V T E F O I S, s'il s'y soûmet auec
affection , & auec ardeur, & s'il la demande auec des
larmes ; on luy peut octroyer cette grace , afin qu'il
reçoiue le pardon auec plus de merite.] Voyla comment il faut citer les Peres auec la candeur & la fidelité que demande la qualité de Docteur en Theologie.
Que si quelqu'vn de ceux qui sont dans les communs
sentimens de l'Eglise , & qui s'opposent viuement à
ces nouuelles opinions, auoit oublié vn petit mot, dont
l'ommission pût changer tout le sens & toute l'harmonie d'vn passage , il n'y auroit point de termes assez aigres & assez flétrissans, pour exaggerer cette faute.
Ceux qui ont leu la moindre page de ce Liure , qui a
fait tant de bruit, sçauent que les injures & les raille-
ries sont les fleurs de cette Rhetorique nouuelle, que
l'on ne trouue point dans l'Euangile de IESVS-CHRIST,
qui n'a iamais répondu injure pour injure. *Qui cum*
malediceretur, non maledicebat. 1. Petr. II. 23.

Il faut encore remarquer que ce mot *Volo* de sainct
Ambroise, ne signifie pas la chose qu'il vouloit effectiuement , mais la chose qu'il permettoit. De plus le
mesme mot ne se rapporte pas à ceux qui ont des pechez secrets ; dont il auoit parlé vn peu auparauant,
mais ie puis dire apres le Pere Sirmond que ce Sainct
reprend icy vertement les Heretiques Nouatiens de
deux choses. La premiere, de ce qu'ils estoient si durs
qu'ils ne vouloient pas accorder le temps de faire penitence aux pauures pecheurs qui auoient commis de
gros pechez secrets, & c'est de ceux-là que s'entendent les premiers mots de ce Canon, *Si quis.* La seconde , de ce qu'ils n'estoient point touchez de compassion pour ces pauures penitens qui se prosternoient

Briéve Paraphrase
ou explication du pas-
sage de sainct Am-
broise.

Iac. Sirm. hist. pœ-
nit. publ. c 3.

publiquement aux pieds des fideles , & qui témoi-
gnoient par leurs larmes & gemiſſemens le regret de
leurs fautes , & vne parfaite contrition. Et tout cela
ne fait rien contre la pratique de l'Egliſe , qui donne
l'abſolution ſacramentale incontinent apres la confeſſion.

Diriez-vous pas à ne voir que dans le Liure de Monſieur Arnauld la citation de ſainct Baſile à Amphilo-
chius , que ce Sainct eſt formellement oppoſé à
noſtre ſentiment, & à celuy de toute l'Egliſe? Car
voicy comme Monſieur Arnauld parle d'vne femme
[tombée ſecretement en quelque adultere , laquelle
touchée depuis du repentir de ſon crime,ſe venoit elle
meſme confeſſer au Preſtre, & parce que l'on pouuoit
craindre, *dit-il* , qu'en la mettant publiquement au
nombre des penitens , cela ne fit iuger de ſa faute , &
donner en ſuite occaſion au mary de l'outrager, ou
meſme de la faire mourir, Sainct Baſile témoigne que
les Ordonnances de l'Egliſe, qui ſont toûjours accompagnées de diſcretion , portoient qu'elle accompliroit
ſa penitence en ſecret, & que durant le temps porté
par les ſaincts Canons contre les adulteres , (c'eſt à dire durant pluſieurs années) elle demeureroit ſeparée
de l'Euchariſtie. D'où nous aprennons , *dit Mon-*
ſieur Arnauld, pluſieurs choſes de grande importance
touchant la ſeparation de l'Euchariſtie. 1. Qu'elle ne
s'ordonnoit pas ſeulement pour les pechez publics,
mais auſſi pour les ſecrets. 2. Que ſa fin n'eſtoit pas
la ſeule edification du peuple , mais principalement le
ſalut de celuy que l'on ſeparoit. 3. Que quoy que
pour l'ordinaire elle fût jointe à la penitence publique , elle ne luy eſtoit pas neanmoins tellement attachée, que pour quelques occaſions elle ne puſt, & ne
duſt ſe pratiquer ſans elle , comme eſtant vtile à la ſo-
lide gueriſon des ames malades,lors qu'elle eſt ſeparée

Ep.1. Can.34,

Freq. Com. 1.part,
cap. x.

E ij

de l'autre, aussi-bien que lors qu'elle y est iointe.
4. Que la penitence ne se pratiquant parmy nous, il ne s'enfuit pas que pour des pechez mortels l'on ne puisse, & l'on NE DOIVE souuent separer les penitens de la Communion, principalement lors qu'ils embrassent volontairement cette sainte pratique. Enfin nous aprenons que pour ne pouuoir pas demeurer tout à fait dans la vigueur des premieres loix, & de la premiere discipline.......il ne faut pas neantmoins en effacer toutes les traces.........comme ces saincts Peres ne laissoient pas de soûmettre ces femmes à la penitence, & de les separer du sainct Autel, quoy qu'ils ne le pussent faire selon toutes les loix, & toutes les conditions que l'Eglise auoit accoûtumé d'obseruer en ces rencontres.]

Voyla de belles paroles, mais i'espere que sainct Basile venant à parler luy-mesme, il arrestera en peu de mots tout ce flus de langue : Voicy donc comme ce Pere fait son ordonnance.

Nos peres, dit-il, ont à la verité defendu de publier le peché des femmes tombées en adultere, qui se confessent pour s'exercer en la Pieté, O V Q V I S O N T C O N V A I N C V E S E N Q V E L Q V E M A N I E R E Q V E C E S O I T. De peur que nous ne soyons point la cause de la mort de ces C O N V A I N C V E S. Mais ils ont ordonné qu'elles demeurassent sans communier, iusqu'à ce que le temps de la penitence fût accomply.

Si Monsieur Arnauld auoit esté aussi fidele à traduire, qu'il a esté soigneux de bien dire, & s'il auoit raporté toûjours les textes entiers, lors qu'ils sont precisément necessaires, comme il les a citez lors qu'ils sont inutiles, ie ne croy pas qu'il eut eu tant d'aprobateurs

teurs

τὰς μοιχευ-
θείσας γυναῖ-
κας καὶ ἐξα-
γορεύσας δι'
εὐλάβειαν, ἢ
ὁπωσοῦν ἐλεγ-
χομένας δημο-
σιεύειν οὐκ ἐκέ-
λευσαν οἱ πα-
τέρες ἡμῶν
ἵνα μὴ θανάτου
αἰτίαν παράσ-
χωμεν ἐλεγ-
χθείσας· ἵστα-
σθαι δὲ αὐτὰς
ἄνευ κοινωνίας
προσέταξεν,
μέχρι τοῦ συμ-
πληροῦσθαι τ͂
χρόνον τῆς
μετανοίας.
Basil. Ep. 1. ad Am-
phil. can. 34.

teurs , comme il en a mis au commancement de son
Liure. Car n'est-ce pas des femmes conuaincuës d'a-
dultere que saint Basile parle ? s'agist-il icy de la Confession sacramentelle, où bien d'vn iugement & d'vne
sentence iuridique ? Il ne sert de rien d'alleguer que S.
Basile parle aussi de celles qui se confessent elles-mesmes ; parce que ces mots, δι᾽ ευλαβειαν, c'est à dire *pour
s'exercer en la pieté*, ou *par exercice de Pieté*, n'em-
peschent pas que ces femmes se voyant conuaincuës,
ou aprehendant de l'estre, à cause des témoins, ou
mesme sans estre portées d'aucun respect humain, ne
pussent estre touchées d'vn veritable repentir : car
Dieu se pouuoit seruir de diuers moyens, soit de l'a-
prehension d'vne confusion publique, soit de quelques
autres qui sont dans les tresors de sa Prouidence, pour
exciter vne ame coupable de quelque peché honteux,
à courir vitement au tribunal sacré, pour demander à
faire penitence publique ou secrette selon la volonté
du Prelat.   Et partant ces mots, εξαγορευ᾽ ας δι᾽ ευλαβειαν, ont le mesme sens que ceux de S. Augustin,
sponte confessum, & le mot, *studiose*, de S. Ambroise.
On n'a qu'à voir les Reflexions que nous auons déja
faites sur ces paroles, sans qu'il soit besoin de les repeter icy. L'Histoire de Geronce raportée par Sosomene
& alleguée par Monsieur Arnauld , ne fait rien contre
la pratique de l'Eglise touchant les absolutions sacramentelles, non plus que quantité d'autres que ce Docteur allegue.

Freq. comm. part 1.
chap. XL. & part. 2.
c. x.

Le passage de sainct Leon, dont Monsieur Arnauld
triomphe mal à propos , ne fait rien pour luy , comme
la tres-bien remarqué le Pere Bagot en son Liure de
la Penitence. Au contraire ce sainct Pape parlant de
ceux qui auoient assisté au banquet des Gentils, & qui
auoient mangé des viandes immolées aux Idoles, dit
qu'ils peuuent estre purgez par les ieusnes , & par

2. par. de la Fr. Com.
c. viii. P. Bag. Dis-
sert. 2. de pœnit. c.
7. sect. 3.

Qui conuiuio solo
Gentilium & escis

L'IMPOSITION DES MAINS, afin que *d'or-en-auant s'abftenant de cette forte de viandes ils puiffent participer aux Sacremens.* Mais *S'ILS ONT ADORE' LES IDOLES,* ou s'ils ont *commis des meurtres, ou des fornications,* qui ont paru au public, car les Canons defendent que l'on impofe vne penitence publique aux pechez qui font fecrets) *on ne les peut receuoir à la Communion, qu'apres auoir fait la penitence publique.* D'où l'on void la difference que fainct Leon met entre les pechez de ceux qui ont mangé des viandes immolées, & de ceux qui ont commis des adulteres, des homicides, & l'idolatrie : car les premiers font purgez, dit-il, par l'impofition des mains, c'eft à dire par l'abfolution fecrete du Preftre, & par quelque penitence particuliere, telle qu'eft le ieufne : mais les derniers font obligez à faire vne penitence publique. Lors que ces Meffieurs, qui ont impofé fans l'aueu des Euefques la penitence publique à toute forte de pechez mortels, auront bien medité la penfée de fainct Leon, & des Conciles de l'Eglife, raportez par le Pere Sirmond, qui defendent que l'on impofe des penitences publiques aux pecheurs qui font cachez, ie ne doute point qu'ils ne fe foumettent eux-mefmes à vne penitence, & à vne retractation publique ; puifque leur faute l'a efté, & qu'ils ont voulu introduire par des Liures & par des effects, fans autorité legitime, ce qui n'apartient qu'aux Superieurs & aux Prelats. Ie pourrois alleguer d'autres paffages de diuers Peres, pour confirmer ce que ie viens de dire : mais ie me fuis borné principalement à ces deux paffages de fainct Auguftin, puifque Monfieur Arnauld & fes adherans, ozent bien fe glorifier d'en eftre les difciples, quoy qu'ils combattent fa doctrine & fa pratique en tous les chefs que nous auons fpecifiez.

En effet ie voudrois supplier Monsieur Arnauld de me dire s'il a pris la peine de lire toute l'Homilie cinquantiéme de S. Augustin, dont il a cité quelques endroits en son Liure de la Frequente Communion auec si peu de succez? S'est-il donné le loisir de bien mediter ces belles paroles qui sont au Chapitre XIV? *Si tu deseseres de ta santé,* dit-il, *& que tu adioûtes pechez sur pechez, comme il est écrit, le Pecheur estant monté au comble de ses crimes, il méprisera. Ne méprise point. Ne te desespere point, crie mesme du profond de ton cœur au Seigneur, & di luy. Seigneur, i'ay crié du profond de mon cœur,&c. Pren donc l'essor & t'éleue droit par l'esperance, au lieu qui t'est promis apres la fin du siecle: Car c'est là que sa main te conduira. En effet, Quelque peché,* Et QVELQVE CRIME QVE TV AYES COMMIS, TV ES ENCORE EN CETTE VIE, LAQVELLE DIEV TE RAVIROIT, S'IL N'AVOIT POINT LA VOLONTÉ DE TE GVERIR.

Voila certainement des paroles toutes diuines, qui sont capables d'amollir vn cœur de bronze & d'acier, & de luy faire entreprendre vne penitence vrayment Chrétienne, puisque Dieu a vne volonté sincere de guerir les pecheurs, quelques obstinez qu'ils soient, & que (notez Monsieur Arnauld, Notez bien cette raison, elle est de sainct Augustin) si Dieu n'auoit vne volonté tres sincere de guerir les plus enormes pecheurs, il ne les laisseroit pas si long-temps en cette vie, mais puis qu'il les y laisse, il s'ensuit dans la pensée de sainct Augustin, qu'il leur donne le temps & le moyen de faire penitence, c'est à dire la grace, à laquelle la pluspart des hommes resistent, & par consequent elle n'est que SVFFISANTE.

Ie finis ces Reflexions en remarquant que les deux passages de sainct Augustin, que nous auons citez en

Si iam de sanitate desperans addis peccata peccatis, sicut scriptum est, Peccator cum in profundo venerit contemnet. Noli contemnere, Noli desperare, clama etiam de profundo ad Dominū, & dic ei, de profundis clamaui ad te Domine, & c. Recipe ergo pennas tuas in directum, & habita in spe in extremo huius seculi, etenim illuc manus sua deducet te, & perducet te dextera sua. Quidquid enim feceris, quæcumque peccaueris, adhuc in hac vita es, vnde te Deus, si sanare nollet, auferret. August. Homil. 50. cap. XIV.

faueur de la pratique ordinaire de l'Eglife touchant la
penitence, effacent d'vn trait de plume le gros Liure
de la *Frequente Communion*, & tous les autres petis
écrits qui ont efté compofez en fuite pour la defenfe
de cet Ouurage, qui n'a point produit ce que ce beau
titre femble promettre, mais qui a deferté les Autels,
& les Eglifes, & a mis la diuifion parmy les fideles, au
lieu de la Communion & de la paix dont elle ioüyffoit
auparauant.

Examen de quelques autres Propofitions de Mon-
fieur Arnauld, touchant les difpofitions pour
bien communier, & la realité du S. Sacre-
ment, à l'occafion de fa 2. Lettre.

IL ne faut pas que ie paffe fous filence quelques
points fort confiderables, que Monfieur Arnauld
a traittez en fa feconde Lettre, pour la defenfe de fon
Liure de la Frequente Communion, fans m'arrefter à
toutes ces Queftions de Fait, qu'il agite fur le fujet
de cette Hiftoire qui s'eft paffée dans vne Parroiffe des
plus celebres de Paris, & ie ne puis deuiner par quelle
regle de Prudence ce Docteur folitaire fe fent piqué
luy feul de réueiller vne chofe qui eftoit déja affoupie
depuis plufieurs mois, & dont on ne parloit plus dans
la croyance qu'on auoit qu'vn amiable COMPOSITEVR
auoit terminé ce different, luy dis-je, qui deuoit goû-
ter à loifir le repos de la folitude, où il fait femblant de
fe plaire, & garder le filence auquel il s'eftoit obligé,
comme il l'auoit déja témoigné en fa premiere Lettre.
Certes il femble que la prouidence ait permis par
quelque deffein fecret, qu'elle a fur fa perfonne, & fur
celle de fes adherans, qu'il fe foit oublié en ce point, &
                                        qu'eftant

qu'estant la partie la plus foible en toutes choses, &
sur tout en la bonté de la cause, il soit rétourné à la
charge, pour nous faire connoitre que sa plume ne
pouuoit estre plus long-temps sans remuer, non plus
que l'épée de ces esprits entreprenans qui ne peuuent
se tenir en repos, & que si son corps est hors du tumulte
& de l'embaras de Paris, son esprit ne demande qu'à
penetrer les cabinets des Ducs & Pairs, & des Dames
de Condition.

La premiere chose que ie remarque brieuement,
est que le Pere Annat l'ayant auerty charitablement
de l'erreur qu'il auoit inserée en son liure de la Fre-
quante Communion, au lieu de confesser ingenu-
ment sa faute, & de la reparer par quelque acte d'humilité, il fait tous ses efforts pour la couurir, & pour
la rendre plus grieue. Ie poseray premierement le
suiet debatu, puis ie mettray en auant ses defaites &
& ses couuertures friuoles. Apres auoir cité en son
liure de la Frequente Communion ce beau passage de
Saint Augustin. *Que personne n'aproche dignement*   3. *Part. Chap.* VII.
des sacrez Mysteres que celuy qui est pur & du nombre de
ceux dont il est dit, Bien-heureux ceux qui ont le cœur
pur & net, par ce qu'ils verront Dieu, il adioute en
suite ces mots. D'où nous aprennons que comme l'Eucha
ristie est la mesme viande que celle qui se mange dans
le Ciel, IL FAVT NECESSAIREMET *que la pureté*
de fidelles ait de la conuenance & de la proportion auec
celle des Bien-heureux. ET QV'IL N'Y AIT AVTRE
DIFFERENCE QV'AVTANT QV'IL Y EN A ENTRE
LA FOY ET LA CLAIRE VISION DE DIEV,
DE LA QELLE SEVLE DEPEND LA DIFFERAN-
TE MANIERE DONT ON LA MANGE DANS LA
TERRE ET DANS LE CIEL.

G

Premier Point.

Difpofitions moralement impoffibles à la Communion.

ILy a dans ce peu de paroles deux propofitions ex-
trémement ambigues & equiuoques. La 1. eft touchant la pureté des Fdeles qui veulent communier, &
la 2. touchant la maniere de communier. Ie demeure d'acord qu'il faudroit s'il eftoit poffible auoir vne
pureté Angelique pour s'aprocher dignement de ce
facré Myftere qui merite de lui méme toute l'etenduë
de nos affections & de nos adorations, mais il me femble qu'il eftoit fuperflu de mettre le mot, *neceffaire-
ment* , fans y rien adjoûter, puis qu'il ne fert quà cau-
fer des fcrupules horribles dans les confciences timi-
des, & à ietter dans le defefpoir le commun des Chre-
ftiens, qui ne reffentent pas en eux mefmes des preuues affez claires d'vne difpofition fi extraodinaire. A
peine y a t'il jamais eu que la Vierge Sacrée & quelques Grands Saints qui ayent eu cette pureté fi ele-
uée qu'il n'y ait eu autre differance entre celle des
bien-heureux & la leur, qu'autant qu'il y en a entre
la Foy & la claire Vifion de Dieu. Monfieur Arnauld
prandra s'il luy plaift la peine de confiderer fi ce motif,
qu'il donne en fon premier ouurage, & qu'il n'a point
retracté dans fon dernier, n'eft pas capable de deferter
les Autels & les Eglifes & de changer le titre de fon
liure , en y adjoûtant la negation qui fignifie tout le
contraire de ce qu'il doit pretendre, de forte qu'il me-
ritera deformais d'eftre intitulé , *le liure de l'Infre-
quante Communion.* Car qui eft ce qui ofera fe promettre d'auoir vne pureté fi excellente qu'elle n'ait

point d'autre differance d'auec celle des Anges, qu'autant qu'il y en a entre la Foy & la claire Vision de Dieu ? Ie ne doute point que Mr. Arnauld mesme n'ait assez d'humilité pour auoüer franchement, qu'il en est bien eloigné. Que si neantmoins cette diposition est *necessaire & immuable*, comme il le dit en la Preface de la Frequente Communion, page 15. de la 7. Edition, qui est-ce qui osera s'apocher d'vn Mystere si releué vne seule fois mesme pendant toute sa vie, sans auoir ce qui est *necessaire & immuable ?* Cette proposition meritoit bien l'esponge où du moins quelque adoucissement & vne explication populaire, puis qu'onl'exposoit à tout le monde, & que quantité d'ignorans en pouuoient abuser.

II. Point.

Proposition equiuoque, & qui semble ruiner la realité du Saint Sacrement.

LA seconde proposition qui touche la maniere de Communier est encore plus ambigüe, & plus dangereuse que la premiere, car apres auoir dit qu'il ne deuoit y auoir autre differance entre la pureté des fideles & celle des bien-heureux qu'autant qu'il y en a entre la Foy & la claire Vision de Dieu, il poursuit toûjours en equiuoquant de la sorte. *De la quelle* S E V L E *depend la differante maniere, dont on la mange dans la terre & dans le Ciel.* Il seroit à souhaiter qu'il se fût expliqué sur l'equiuoque de ce mot, *de la quelle,* par ce qu'on est bien empesché de le raporter *à la pureté des fideles,* qui est à deux ou trois lignes plus haut, y ayant trois ou quatre autres termes entre-deux ausquels il se peut aussi bien raporter, qu'à ceux qui tou-

chent la pureté des fideles.   En effet le sens naturel &
commun dictera d'abord que Monsieur Arnauld a
voulu dire que *la differante maniere dont on mange
cette viande celeste dans la terre & dans le Ciel, depend
S E V L E M E N T de la differance qu'il y a entre la Foy &
la claire Vision de Dieu.*

La Reflexion qu'il fait dans sa 2. lettre, page 238.
en suite du Passage de Sainct Cyprien ou d'vn ancien Auteur, ne nous permet point de douter de
ce qu'il a voulu dire par ces mots, *De laquelle seule,*
car il s'explique assez clairement disant, *N'est-ce
pas enseigner en termes clairs que la differante maniere
dont on mange le pain des Anges sous le Sacrement &
sans Sacrement, dans la terre & dans le Ciel, sous des
voiles & sans voiles, depend de la D I F F E R A N C E,
qui'est entre la Foy & la claire vision de Dieu?* Il n'y a
donc plus de lieu de douter que ce mot relatif ne se
raporte à la *differente maniere,* puisque Monsieur Arnauld nous en donne toute l'ouuerture imaginable.
Iugez neantmoins de sa sincerité par l'ommission volontaire de la particule exclusiue qui fait tout le sujet
de la dispute, & qui rend la Proposition toute Caluiniste, & neantmoins il se trouuera du monde assez
simple qui loüera cette Lettre, comme si c'estoit l'A-
pologetique de Tertulien? I'apelle donc la conscience
de tous ceux qui n'ont leu cette Lettre qu'en courant,
& ie les supplie de tout mon cœur de la relire encore
vne fois : car s'ils considerent la force de cette exclusiue, *seulement, ou seule,* ie m'asseure qu'ils iugeront
infailliblement eux-mesmes, qu'elle a vn sens entierement conforme ou du moins fort aprochant de l'article XXVI. de la Confession de Foy des Ministres Pretendus Reformez. *Nous croyons,* disent-ils, *que par
la vertu secrete de son esprit, il nous nourrit & viuifie
de la substance de son Corps & de son Sang.* Ne voila pas
vne

vne propofition qui eft toute Catholique en áparen-
ce? Mais voyez comme ils font couler en fuite leur
venin. *Bref pour ce que ce myftere eft celefte, il ne peut
eftre aprehendé QVE PAR FOY.* Les Miniftres
difent, *parce que c'eft vn Myftere celefte*, & Mr Arnauld, *comme l'Euchariftie eft la mefme viande que
celle qui fe mange dans le Ciel.* Les Miniftres adioû-
tent, *il ne peut eftre aprehendé que par Foy*, & Monfieur Arnauld ne dit-il pas que *de la SEVLE differance qui eft entre la Foy & la claire vifion de Dieu depend la differante maniere, dont on mange cette viande dans la terre & dans le Ciel?* Ceux qui fçauent la
force des Propofitions exclufiues, & qui parlent François vn peu mieux que les Allemands, ne feront pas
difficulté de dire qu'il y a autant de venin dans la Propofition de Monfieur Arnauld que dans celle des Caluiniftes, à les confiderer toutes deux dans la rigueur
des termes. Elles donnent toutes deux le mefme motif, fçauoir que cette viande ou ce myftere eft celefte.
Elles declarent toutes deux qu'il n'y a point d'autre
maniere *d'aprehender* ou de *manger* cette viande dans
la terre, que par la *feule Foy.* En quoy donc fera la
differance? Ie tire de ce difcours cette confequence
indubitable & demonftratiue, que fi la Propofition de
Monfieur Arnauld eft Catholique dans le fens naturel des paroles, celle des Miniftres l'eft auffi, & que fi
celle des Miniftres eft Heretique, comme on n'en peut
point douter, ie laiffe à iuger de la confequence qui
s'enfuit.

En effet n'eft-ce pas fe moquer du fage Lecteur de
s'excufer fur ce que chante l'Eglife dans fa Profe, &
fur ce que l'Auteur du Traité de la Cene du Seigneur
a dit parlant de ce Myftere, puifque ni l'Eglife, ni cet
Autheur ne fe feruent en façon quelconque de la particule exclufiue, *Seule*, en laquelle confifte tout le

H

venin? *Car ces paroles*, dit Monsieur Arnauld, *marquent elles autre chose que ce que chante l'Eglise, lors qu'estant toute occupée à adorer la presence reele de* IESVS-CHRIST *dans l'Eucharistie, elle dit pour montrer la grandeur de ce Mystere, que le pain des Anges est deuenu le pain des hommes qui sont encore voyageurs dans la terre, & qu'elle demande à Dieu qu'il nous rassasie de la iouissance eternelle de sa Diuinité, dont la reception temporelle de son Corps & de son Sang est le gage & la figure, & qu'aprés nous auoir fait asseoir à sa table dans l'Eglise, il nous fasse encore asseoir dans le Ciel?* Ie ne voy point dans cette Prose aucune marque exclusiue, comme elle est couchée dans la Proposition de Monsieur Arnauld. Il ne faut qu'auoir des yeux pour en iuger.

Voyons ce qu'en dit cet Autheur celebre du Traicté de la Cene du Seigneur. *Nous mangeons en terre*, dit-il, *le pain des Anges sous le Sacrement, mais nous le mangeons dans les Cieux d'vne maniere plus manifeste sans Sacrement, & alors nous ne retournerons pas à ce pain celeste par vn ministere corporel, & des actions reiterées, mais aprés la consommation de nostre Sacerdoce, nous iouïrons d'vne perpetuelle & immuable plenitude de toute forte de biens dont nous serons remplis & rassasiez, lors que la presence de nôtre souuerain Sacrificateur se decouurira manifestement à vous, & se rendra visible sans aucun voile.*

Les paroles de ce sainct Pere sont excellentes, mais elles sont hors de propos, puisqu'elles ne prouuent rien de ce que Monsieur Arnauld doit pretendre, sçauoir que la differente maniere dont on mange cette viande celeste dans la terre & dans le Ciel, depend de la seule differance qu'il y a entre la Foy & la claire vision de Dieu.

Ie sçay bien que l'on pourroit subtiliser sur le terme,

Mr Arnauld en sa 2. Lettre, page 137. Ecce panis Angelorum, factus cibus viatorum. Fac nos diuinitatis tuæ sempiterna fruitione repleri, quam pretiosi corporis & sanguinis tui temporalis perceptio præfigurat. Qui nos pascis hic mortales. Tuos ibi commensales, cohæredes & sodales fac sanctorum ciuium.

Panem Angelorum sub Sacramento manducamus in terris, eundem sine Sacramento manifestiùs edemus in cœlis, non ministerio corporali sæpe repetitis actionibus ad eundem reuertétes, sed consummato Sacerdocio nostro erit & permanebit perpetua & stabilis implens & reficiens nos sufficientia, qua proferet se palam absque vllis integumentis omnib'conspicabilis summi præsentia Sacerdotis. De cœna Domini. cap.1.

depend, dont s'est seruy Monsieur Arnauld, mais ie
sçay aussi qu'il est trop habile pour vouloir que ce soit
vne dependance reele & effectiue, ou bien vne dependance essentiele d'vne partie à son tout essentiel,
ou quelque autre dependance reele, quelle qu'elle
soit, pour des raisons que ie n'ay que faire de mettre
en auant, parce qu'elles sont trop subtiles, & qu'elles
ne luy sont pas inconnuës, & ie ne doute nullement
qu'il n'entende ce terme d'vne dependance figurée &
Metaphorique, comme lors qu'on dit, *la differante
maniere de traitter la Theologie, dont se seruent les
Peres & les Scholastiques, depend de la seule differance qui est entre la methode plus precise d'enseigner, &
celle qui est plus étenduë*; il est visible qu'on veut dire
que la differance *consiste*, seulement en cette diuerse
methode.

Ie sçay aussi que le mot de, *seule*, qui est exclusif,
comprend vne affirmation & vne negation toute ensemble. Ainsi lors que sainct Augustin reprend les
Pelagiens au Liure de la Grace, & du Libre Arbitre,
au Chapitre XIII. de ce qu'ils disoient *Gratiam fidei
quæ data est per fidem IESV CHRISTI, quæ neque lex est, neq; natura, ad hoc TANTVM valere vt
præterita peccata dimittantur*, que la Grace de IESVS
CHRIST sert seulement à remettre les pechez
passez, lors, dis-je, que ce Sainct reprend ces Heretiques, il ne les blâme pas d'auoir creu cette affirmatiue, *que la Foy de IESVS-CHRIST sert à la remission des pechez*; puis qu'en effet la Foy sert beaucoup à cela, mais il les blâme auec raison, d'auoir ad-
joûté l'exclusiue, voulans dire que la Foy né sert point
du tout à autre chose. En vn mot il ne blâme pas ce
qu'il y a d'affirmatif en cette Proposition, mais ce
qu'elle nie, & ce qu'elle retranche. D'où nous apre-

nons que ce mot, SEVLE, & les autres semblables comprennent vne affirmation & vne negation tout ensemble.

Le vray sens de la Proposition de monsieur Arnauld.

Il n'est donc pas mal-aisé de recueillir de tout ce discours le sens naturel & veritable de la Proposition de Monsieur Arnauld, aprés auoir fait la dissection & l'anatomie de toutes ses parties, sçauoir *Que la differante maniere de manger le pain des Anges dans la terre & dans le Ciel CONSISTE eu la differance qui est entre la Foy & la vision de Dieu, & qu'elle ne consiste point en aucune autre chose.* I'ay dit que c'est le veritable sens de cette Proposition, quoy que ie n'auouë point que ce sens soit en effet veritable. Ie veux dire que c'est le sens des paroles, ou qui doit étre appliqué à ces paroles, bien qu'il ne soit pas conforme à la raison, ni à la regle de la Foy. Car quel est le Catholique si peu eclairé, qui ne voye que la maniere dont les fideles communient, est bien differante de la maniere dont les bien-heureux mangent cette viande toute celeste? Dira-t'on que ces esprits, qui voyent Dieu, ont vne bouche, des dents, vne langue & vn estomac, pour aualer le Corps de IESVS-CHRIST? Dira-t'on que les hommes mortels sont des purs esprits détachez de la matiere, & que tout ce qu'ils font dans la participation des mysteres, n'a rien de commun auec les choses sensibles? Dira-t'on que la decence & les ceremonies exterieures accompagnées d'vne humilité interieure, ne seruent de rien à l'Eglise, parce qu'elles ne sont pas en vsage dans le Ciel? Il s'ensuit donc par vne consequence plus claire que les rayons du Soleil que la maniere, dont les Bien heureux & les Fideles communient, n'est pas seulement differante en ce que les vns voyent, & que les autres croyent, mais encore en quelques autres choses.

ſes. Et partant la Propoſition qui exclud ces choſes
qui ſont neceſſairement compriſes dans l'vne & dans
l'autre maniere de cette manducation eſt fauſſe &
non receuable.

Que ſi Monſieur Arnauld n'a pas eu d'autre deſſein,
comme il adjoûte dans la ſuite de ſa Lettre , *que de
repreſenter* en ſon Liure de la Frequente Communion, *la pureté qui eſt neceſſaire pour receuoir l'Euchariſtie ,* il ne falloit pas ſe ſeruir de termes qui ſignifient
plus expreſſement la maniere meſme de communier
que la preparation à la Communion, & ſi l'equiuoque
n'eſtoit pas tres-dangereuſe d'elle-meſme , on pourroit excuſer auec autant de probabilité l'article de la
confeſſion des Miniſtres , que la propoſition de Monſieur Arnauld , parce qu'il ſeroit ſuportable , s'ils ne
l'entendoient que de la diſpoſition requiſe à bien
communier. Et ainſi ces paroles de leur confeſſion de
Foy , *Pour ce que ce Myſtere eſt celeſte , il ne peut eſtre
aprehendé que par Foy ,* peuuent auoir vn ſens Catholique , ſi on les interprete de la diſpoſition à la communion : parce qu'en effet on ne s'en peut aprocher
que par le moyen d'vne Foy viue & operante par
charité.

Mais il faut auouër que la charité , qui eſt ingenieu-
ſe à couurir pluſtôt les defauts de ceux qui ſont dans
l'Egliſe , que les erreurs de ceux qui en ſont ſortis , me
preſſe & me ſollicite de ſupplier inſtamment Monſieur Arnauld de faire s'il luy plaiſt encore vne troiſiéme Lettre pour imiter de plus prés ſainct Auguſtin,
dont il fait gloire d'eſtre le diſciple, & d'adioûter quelque bon correctif, à l'vne & à l'autre de ces Propoſitions , qui meritent certes vne retractation publique,
puiſque le public en eſt ſcandaliſé. Qu'il conſidere
cependant que la premiere ne deuoit pas eſtre conceuë en de termes ſi crûs qu'elle eſt en effet , mais

*Interprétation chari-
table des deux Propo-
ſitions equiuoques de
Monſieur Arnauld,*

qu'il la pouuoit ainfi exprimer. *Il faut que la pureté des fideles ait, autant qu'il fera poſsible moralement, de la conuenance, & de la proportion auec celle des Bien-heureux, & qu'il n'y ait autre differance qu'autant qu'il y en-a entre la Foy, qui eſt le plus fouuent meſlée d'im-perfection, & la claire viſion de Dieu, qui eſt toufiours tres-parfaite.* Et pour le regard de la feconde qui a fait tant de bruit, parce qu'elle eſt tres-dangereuſe, vn petit mot luy feruiroit peut-eſtre de correctif, ſi on difoit, *la differante maniere dont on mange D I G N E-M E N T la chair de I E S V S - C H R I S T dans la terre & dans le Ciel, dépend de la feule differance qui eſt entre la Foy & la claire viſion de Dieu.* Que ſi on prenoit cette Propofition fans eſtre limitée par ce ter-me, ou par quelque autre, qui ait plus de force, il eſt impoſſible qu'elle ne choque, ie ne diray pas feule-ment les Critiques & les Cenſeurs les plus auſteres, mais encore tous les bons Catholiques qui ont quel-que peu d'intelligence; car ils ont apris du Concile de

Conc. Trid. Seſſ. vi cap. 8.

Trente, qu'il y a deux manieres differantes de man-ger dignement la chair de Iesvs-Christ, l'vne fous les voiles & fous les efpeces du Sacrement, & l'autre fpirituellement feulement, fans prendre les fymboles du pain ni du vin; mais ils fçauent auſſi qu'il y peut auoir des impies deguifez, qui ne font qu'en vn trop grand nombre dans ce fiecle peruers, qui n'ayant pas la Foy ne laiſſent pas d'auoir l'impudence d'aprocher de la fainte Table, & de communier auec les Fideles.

Sumunt boni, Su-munt mali, Sorte ta-men inæquali, vitæ vel interitus. *Chan-te l'Egliſe.*

Qui doute que ces perfonnes abominables ne man-gent reéllement & effectiuement, quoy que tres in-dignement, la chair de I e s v s-Christ? C'eſt pour-quoy ſi on confidere abfolument la Propofition de Monfieur Arnauld, il n'eſt pas vray que *la differante maniere dont on mange la chair de I e s v s-Christ, dans la terre & dans le Ciel, depende de la feule diffe-*

rance qui *eft entre la Foy & la claire vifion de Dieu;*
parce qu'vn impie ne laiffe pas de manger effectiuement & reéllement la chair de I e s v s-C h r i s t,quoy
qu'il n'ait point la Foy, puifqu'il fe moque dans fon
cœur de ce facré Myftere, & qu'il ne iouiffe point de
la claire vifion de Dieu, puifque bien loin d'eftre du
nombre des Bien-heureux, il eft le plus mal-heureux
de tous les hommes, adjoûtant l'hypocrifie & le facri-
lege à fon execrable infidelité. Ie prendray donc la
liberté de fupplier de rechef Monfieur Arnauld de
corriger luy-mefme fa faute par vn acte d'humilité,
qui fera mille fois plus agreable aux Anges, & plus
profitable aux hommes, que toutes ces belles periodes
qui furprennent les ignorans, mais qui ne conten-
tent pas les fçauans.

Ie preuoy en attendant cette fatisfaction publique
que quelqu'vn aura fuiet de croire qu'il ne fuffit pas
d'auoir adioûté le terme, Dignement, pour faire que
cette Propofition ne foit plus dangereufe. C'eft pourquoy on la pourra limiter de la forte, & empefcher
que ceux de Charenton n'en prennent de l'auantage.
La differante maniere, dont on mange fpirituellement
feulement, le pain des Anges en la terre & dans le
Ciel, depend de la feule differance qui eft entre la Foy
& la vifion de Dieu. Parce qu'en effet la Communion facramentelle d'vn faint homme,qui mange dignement l'Euchariftie icy bas fur la terre, n'eft pas feulement differante de celle des Bien-heureux, en ce
que celuy-là a la Foy, & ceux-cy iouïffent de la vifion
de Dieu; mais encore en ce que le fainct homme reçoit cette viande celefte effectiuement en fa bouche,
& l'auale reéllement & de fait dans fon eftomac; au
lieu que les Bien-heureux ne communient pas de la
forte, ce que les plus groffiers d'entre les fideles n'i-
gnorent pas. Mais adioûtant, comme i'ay fait, ces

deux mots, *spirituelement seulement*, ie ferme la
porte à tous les scrupules que l'on pourroit auoir sur
ce sujet : car il est constant que l'on peut communier
spirituelement seulement en la terre & dans le Ciel,
ce qui se fait en la terre, sans les voiles du saint Sacrement, par vne Foy viue & ardente ; & dans le Ciel,
par la claire vision de Dieu & de IESVS-CHRIST.
Que si on ne parle que de manger cette viande celeste
sans aucune restriction ou limitation, ie ne voy pas
comment on pourra euiter le scandale que produira
infailliblement vne proposition étrange & inoüye iusqu'à present dans l'Eglise Catholique.

Ie laisse maintenant toute la liberté possible à mon
sage Lecteur, d'examiner sans passion la proposition
entiere de Monsieur Arnauld, & ie ne doute point
qu'il ne la fasse passer pour tres-dangereuse, & qu'il
n'auoüe auec moy, qu'il falloit que celuy qui l'a auancée se seruit de termes vn peu plus clairs, ou qu'il la
retractast pour le moins en suite par quelque explication plus sincere, pour oster tout le venin qu'elle ca-
choit dans toutes les equiuoques & ambiguitez que
nous venons de deduire.

Et afin que ceux, qui se laissent ébloüir si souuent
par des paroles toutes dorées, ne m'accusent pas mal
mal à propos de ce que ie m'arreste sur ce petit mot,
SEVLE, comme s'il estoit de peu de consequence, ie
les supplieray de considerer qu'il n'en faut pas d'auantage pour faire des Heresies. Par exemple ie suis bon
Catholique, disant que IESVS-CHRIST est homme;
mais ne serois-je pas coupable des anathemes de l'E-
glise, si i'asseurois qu'il est *seulement* homme? Ie ne
seray point dans l'erreur de Caluin, lors que ie diray
qu'il y a des predestinez dans l'Eglise ; mais i'y suis
bien auant enfonsé, si ie soûtiens auec opiniâtreté
qu'il n'y a que des predestinez, ou qu'il y a *seulement*

des

des predeſtinez. En fin ſi ie dis que l'Euchariſtie eſt le ſigne ou la figure du Corps de IESVS-CHRIST, ie n'aprehende point la cenſure de Rome, ni les foudres dn Vatican, puiſque Tertullien, ſainct Auguſtin, & Facundus ont dit la meſme choſe, mais ſi ie ſuis aſſez inſolent pour auancer qu'elle eſt *ſeulement* la figure ou le ſigne du Corps de IESVS-CHRIST, ie merite d'eſtre puny comme vn Sacramentaire.

Ce qui doit auertir ceux qui pourroient ſe laiſſer abuſer par de ſemblables illuſions, que ces petis mots qui alterent les propoſitions entieres, peuuent bien exciter des troubles & des factions en toute l'Egliſe, auſſi facilement pour le moins, qu'vne ſimple lettre de l'Alphabet qui a jetté autrefois vne confuſion étrã-ge dans tout le Chriſtianiſme. Ces deux mots ſi celebres ΟΜΟΟΥΣΙΟΣ, c'eſt à dire, conſubſtantiel, qui eſtoit toûjours en la bouche des Catholiques, & ΟΜΟΙΟΥΣΙΟΣ qui eſtoit familier aux Ariens, & qui ſignifioit par le changement d'vne petite lettre que IESVS-CHRIST auoit vne nature ſemblable, & non la meſme que ſon Pere, ne ſont que trop connus pour nous y arreſter. Et le ſeul ſouuenir nous fait aſ-ſez de peine, ſans qu'il ſoit beſoin de racomter toutes les circonſtances de cette Hiſtoire lamentable.

Aprés auoir écrit toutes ces choſes i'ay rencontré en fueilletant le Liure de la Frequente Communion, vne autre Propoſition de Monſieur Arnauld qui ca-che encore ſous de termes fort equiuoques & ambi-gus, le meſme venin que celle que nous venons d'exa-miner : Mais il eſt bon de citer les paroles meſmes de cet Auteur, afin qu'il n'ait point ſujet de ſe plaindre, & peut-eſtre que nous y trouuerons en paſſant d'au-tres choſes qui meritoient bien d'eſtre reueuës dans les Editions poſterieures de ce Liure, qui a donné de l'e-xercice à tous les ſçauans & zelez Catholiques. Au

K

Molina Inſtruction des Preſtres.

Chapitre xi. de la troiſiéme Partie, Molina le Chartreux ayant dit auec l'aprobation de toute l'Europe,
qui a receu ſon Liure auec grand applaudiſſement, &
qui l'a traduit en preſque autant d'idiomes qu'il y a de
Prouinces & de Royaumes differens, que *I E S V S-
C H R I S T reçoit vn grand honneur & contentement
qu'on frequente le Tres-ſainct Sacrement*, & que *cela
ſe prouue aiſement*, parce que *la Communion eſt vn
acte de latrie & d'adoration Diuine, des plus excellentes & genereuſes qu'vn Chreſtien ſçauroit faire, qu'on
y exerce quantité d'actes de Vertu, de Foy, d'Eſperance,
de Charité, d'Humilité,&c. & que c'eſt auſsi ſon contentement. Voyla pourquoy il s'eſt laiſſé ſous ces eſpeces
d'aliment, afin que la neceſsité du manger nous apriſt
celle que nous auons de cette celeſte nourriture, & nôtre
profit nous oblige à le manger ſouuent. Qu'en l'Eſcri-
ture il eſt dit que ſes delices ſont d'eſtre auec les enfans
des hommes,&c.* Il s'eſt trouué neantmoins vn ieune
Docteur qui n'a pas aprouué ces paroles toutes diuines, mais qui les a cenſurées ; & voicy comment.

Monſieur Arnauld en la Partie III. au Chapitre xi. de la Frequente Commu-nion.

*Si au iugement de tous les hommes ce ſeroit traitter
iniurieuſement les Rois de la terre, que de dire qu'ils
reçoiuent vn grand honneur de ce que leurs ſujets mangent ſouuent à leur table : Eſt-ce parler dignement du
Roy du Ciel que de dire, cousme vous faites.* Monſieur Arnauld croyoit parler à vn Ieſuite, & il parle
ſans y penſer à vn Chartreux, *qu'il reçoit vn grand
honneur de ce que de miſerables creatures prennent ſouuent place à ſa table pour ſe nourrir de ſon propre corps.
C'eſt vn honneur infiny qu'il nous a fait, de nous ad-
mettre dans le temps à la participation de la meſme
viande dont iouïſſent les Eleus dans l'Eternité, SANS
QV'IL Y AIT AVTRE DIFFERANCE
SI NON QV'ICY IL NOVS EN OSTE
LA VEVE ET LE GOVST SENSIELE,*

NOVS PRESERVANT L'VN ET L'AVRE
POVR L'ETERNITE'.

I'auoüé sincerement que i'ay eu de la peine à croire à mes propres yeux, ne pouuant pas m'imaginer qu'vn Docteur de Sorbonne qui a tant fait de bruit, & qui en effet a des qualitez si rares & si remarquables, se soit emporté à cet excez, qui ne seroit pas mesme pardonnable à vn simple Chrestien. Permettez Monsieur que ie vous interroge à mon tour, puisque vous interrogez l'Autheur des lignes que vous censurez? Mais il y a cette differance que ie croy parler à vn homme viuant & non à vn homme mort comme vous faites, si ce n'est peut-estre que la conjecture de quelques-vns soit veritable, sçauoir que celuy qui a dressé cette censure est en l'autre monde aussi bien que ce Chartreux? Mais puisque vous souffrez que ce Liure passe sous vostre nom, pourquoy ne pourray-je pas vous témoigner mon étonnement, lors que ie lis, que *ce n'est pas parler dignement du Roy du Ciel, que de dire qu'il reçoit vn grand honneur de ce que des creatures* qui se font presentées, comme l'on suppose, au Sacrement de Penitence, & que vous apellez *miserables, prennent souuent place à sa table pour se nourrir de son propre Corps?* Ne croyez-vous pas que l'Eucharistie soit vn sacrifice de loüange agreable à Dieu? Est-ce qu'il ne reçoit pas cet honneur, parce qu'il est rendu par vne creature? Pourquoy est-ce qu'il dit luy-mesme dans l'Ecriture que *le sacrifice de loüange m'honnorera*, s'il ne reçoit point vn grand honneur lors qu'on le presente à la face de toute l'Eglise? Pourquoy est-ce qu'il nous commande de l'honnorer & de le loüier, s'il ne reçoit pas cet honneur, & si cette loüange luy déplaist? Mais qu'auez-vous à dire à ces veillards de l'Apocalypse, qui faisant de l'honneur à celuy qui estoit assis sur le trône, se prosternoient auec humili-

Sacrificium laudis honorificabit me, Psal. XLIX. 23.

Dignus es Domine Deus noster accipere gloriam & honorem Apoc. IV. 11.

K ij

té & difoient que Dieu eft digne *de receuoir la gloire
& l'honneur* ? Nous fçauons que Sainct Iean parle là
de ce qui deuoit arriuer en l'Eglife militante, afin que
vous ne nous donniez point le change fur le fujet de ce
paffage. Mais quoy qu'il en foit. Croyez-vous que
l'honneur que font à Dieu tant de bonnes ames, qui
prennent place à fa table facrée, luy eft dés-agreable?
Que deuiendra donc le facrifice adorable de nos Autels? Que deuiendront tant de faintes Communions?
Si Dieu ne reçoit pas vn grand honneur par tous ces
actes de latrie, que deuiendra enfin la Religion Catholique? Eft-ce qu'il faudra reduire toute la loüange, & tout l'honneur de Dieu à vn facrifice interieur
& purement fpirituel ? Eft-ce que l'Herefie infame
des illuminez doit auoir le deffus, & qu'il faut abolir
tout le culte exterieur de la Diuinité, puis qu'elle ne
reçoit point d'honneur *de ce que des creatures miferables prennent place à fa table?*

Ie ne veux pas croire que Monfieur Arnauld ait
formé vn deffein fi execrable, mais il deuoit au moins
en la feconde ou troifiéme Edition de fon Liure, re-
former cette façon de parler qui eft vn peu trop am-
biguë.

Au refte la comparaifon, qui eft prife des Rois de la
terre, qui permettent que leurs fujets mangent fouuent à leur table, eft vne pure illufion qui ne furprend
que les fimples : parce que ceux qui fçauent vn peu
raifonner, ne manqueront pas de repartir à ce Docteur que les fujets ne contribuent que fort peu ou
point du tout à l'honneur des Rois de la terre par l'a-
ction du boire & du manger qu'ils font à leur table,
s'il n'y a d'ailleurs d'autres circonftances qui rendent
cette action confiderable, comme nous lifons du banquet d'Affuëre. Au contraire l'honneur des Rois de
la terre femble auoir plus d'éclat, lors qu'ils mangent

Efther. cap.1.

tous

tous seuls, que lors qu'ils font asseoir à leur table quelques-vns de leurs sujets, principalement si c'est *S O V-VENT*, comme le dit Monsieur Arnauld, parce qu'il semble qu'ils partagent, & qu'ils diuisent trop leur pompe & leur gloire, où que mesme ils s'abbaissent vn peu trop par cette grande familiarité Au lieu que Dieu ne peut être honnoré dauantage en ce monde, que par la manducation réele & reïterée de l'Eucharistie, soit que nous la considerions en qualité de Sacrifice, soit que nous la considerions en qualité de Sacrement.

Car 1. Le Sacrifice estant, comme l'enseigne sainct Thomas, vne chose que l'on fait à l'honneur de Dieu seul pour l'appaiser, il s'ensuit que la notion mesme, & l'idée que nous auons du sainct Sacrifice de la Messe nous conuainc qu'on ne peut rendre vn honneur plus agreable à Dieu que de luy presenter souuent selon l'ordre de l'Eglise le propre Corps & le Sang de son fils. 2. Nous honnorons Dieu dauantage lors que nous faisons l'action la plus solemnelle que nous puissions faire, en representant ce Sang precieux qui crie misericorde pour tous les pecheurs en general & en particulier. 3. Nous rendons à Dieu le plus grand honneur que nous luy puissions rendre, parce que nous loüons tres-generalement tous ses attributs, & toutes ses perfections Diuines. Dans les autres actions de Pieté nous recommandons tantôt sa Misericorde, comme lors que nous faisons l'aumône à des miserables; tantôt sa Iustice, comme lors que les Prelats & les Iuges rendent de iugemens equitables; tantôt sa Sagesse, comme lors que nous defendons les Mysteres Diuins contre ceux qui les attaquent, & ainsi des autres. Mais dans le Tres-sainct Sacrifice de la Messe nous faisons par cette seule action éclater auec eminence, & tout ensemble la Sagesse, la Iustice, la Mise-

L

Sacrificium propriè dicitur aliquid factum in honorem propriè Deo debitum ad eum placandum. D. Th. 2. 2. q. XLVIII. Art. 3. in corp.

ricorde, la Bonté, & toutes les autres perfections Diuines. La Sagesse; parce qu'il contient en abregé toutes merueilles de Dieu; la Iustice, parce qu'il est satisfactoire, la Misericorde; parce qu'il est propitiatoire pour les viuans & pour les morts, & qu'il est institué pour soûlager ces *miserables creatures*, dont parle Mr Arnauld; la Bonté, parce que c'est le canal par où découlent la plusfpart de ses graces Diuines.

Les Laïques, qui ne sacrifient pas à proprement parler, ne laissent pas d'honnorer Dieu, lors qu'ils sont assis à la table sacrée, & qu'ils mangent le Corps & le Sang de I E S V S-C H R I S T au saint Sacrement de l'Eucharistie, parce que, comme l'a tres-bien remarqué Molina, ils font plusieurs actes de latrie ou d'adoration supreme, qui n'est deuë qu'à Dieu, & qui ne luy peut estre que tres-agreable, & *qu'ils exercent quantité d'actes de Foy, d'Esperance, de Charité, d'Humilité, &c.* Donc *ce n'est pas tromper les ames*, comme le dit Monsieur Arnauld déguisant les termes de Molina, *que de leur persuader qu'il faut communier souuent pour exercer souuent ces actes.* Et nous ne disons pas *qu'ils accompagnent necessairement toutes les communions*, puisque nous sçauons qu'il n'y en a que trop de negligentes, de froides, & mesme de sacrileges; mais nous assurons constâmment & sans craindre d'être Pelagiens, qu'ils accompagnent toûjours les communions ausquelles on s'est disposé par des confessions, par des contritions, ou bien par des attritions qui ont esté releuées & sanctifiées par l'absolution du Prestre. Et encore que les penitens ne sentent pas les mouuemens extraordinaires des plus parfaits, ni la feruuer mesme qui est assez ordinaire aux personnes vertueuses; toutefois nous croyons qu'il suffit qu'ils ayent vne forte resolution de quitter le peché, & qu'ils s'excitent par la grace presente, qui ne manque

Monsieur Arnauld en ce mesme Chapitre XI. 3 partie. 2. page.

iamais dans cette circonstance, comme nous l'auons
apris de sainct Augustin en nôtre premiere Partie, à
faire des actes d'Humilité, de Reconnoissance, d'A-
mour de Dieu, & d'autres semblables, que Dieu
leur inspire.

La Proposition qui suit dans ce mesme Chapitre
me surprend dauantage, puis qu'elle donne lieu de
soupçonner que Monsieur Arnauld couure sous de
paroles ambiguës ie ne sçay quel sentiment ; car que
veulent dire cés paroles *que Dieu nous admet dans le
temps à la participation de la méme viande dont iouïssent ses Eleus dans l'Eternité, sans qu'il y ait autre
differante, sinon qu'icy il nous en oste la veuë & le goust
sensible, nous reseruant l'vn & l'autre pour le Ciel?*
S'il n'y a point d'autre differance dans la participation
de cette viande celeste, dont iouïssent les Bien-heureux dans l'Eternité, & les mortels dans le temps, si
non la veuë & le goût sensible qu'on nous oste icy bas,
& qu'on nous donne dans le Ciel, ie ne voy pas qu'on
puisse expliquer cette participation autrement qu'à
la Caluiniste ; Puis qu'il est tres constant que les Bien-
heureux ne participent point à cette viande Celeste
par des actions corporelles comme nous, la receuant
réellement & de fait en leur bouche, & en leur estomac, & qu'il n'y a point d'autre goût ni d'autre veuë
sensible dans le Ciel, que celle que l'esprit forme dans
la douceur de la veuë de Dieu. Par consequent si la
participation de cette viande est toute la mesme à
l'exclusion de ce goût & de cette veuë sensible, & s'il
n'y a que cette sensibilité spirituelle, qui fasse la differance entre nous & les Bien-heureux, nous communions de l'esprit seulement, excepté que nous n'auons
pas la douceur de la veuë, & du goust de cette viande,
que sentent les Bien-heureux. Si cette proposition

*Chapitre xi. 3. part-
de la FrequenteCom-
munion.*

L ij

eſtoit preſentée à vn Synode de Miniſtres, ie ne croy pas qu'il s'en trouuaſt vn ſeul qui ne la ſignât volontiers.

III. POINT.

Des vieilles habitudes.

LA ſeconde choſe que i'ay à remarquer, & qui n'eſt pas de moindre importance que la premiere, quoy qu'elle ne ſoit pas ſi criminelle, eſt que Monſieur Arnauld fait vne eſpece de feu de joye, parce qu'vn Abbé répondant à ſa premiere Lettre luy auoit écrit. *Qu'ils ont toûjours tenu cette doctrine pour tres-veritable, qu'il eſt vtile, & ſouuent meſme neceſſaire de differer l'abſolution en certain cas, comme eſt celuy de rencontrer des perſonnes qui ſont vieillies dans les habitudes des crimes.* Et Monſieur Arnauld reçoit, dit-il, *cette declaration non ſeulement ſans peine, mais auec joye, & il rend graces à Dieu de ce que ces Eccleſiaſtiques reconnoiſſent la fauſſeté*, il ſe ſert de ces termes, de cette maxime, pernicieuſe du Pere Bauny, qu'il eſt faux qu'on doiue refuſer l'abſolution à vn homme qui retombe ſouuent dans les meſmes pechez mortels, car *c'eſt de ceux-là qu'il parle*, dit-il, *& en qui aprés pluſieurs abſolutions on ne reconnoit point d'amendement, & que la ſeule veritable opinion ſur ce ſuiet eſt qu'on ne la luy doit point refuſer.*

Pour commancer par la citation du paſſage du Pere Bauny, ie m'étonne que Monſieur Arnauld s'en prenne à ce Pere pluſtôt qu'à tous les Auteurs qu'il cite en ſa faueur, tel qu'eſt Viualdus & les autres, qui montrent bien qu'il n'eſt point particulier en ſon opinion.

Mais

En ſa ſeconde Lettre page 45.

Bauny Theol. morale. q. 15. pag. 95. An ſit abſoluendus qui ſæpe eandē culpam iterat ; abſolui poſſe negant hi Auctores, Nauarrus, &c. Maximè, inquiunt, ſi poſt multas abſolutiones nulla appareat emēdatio. Sententiam oppoſitam, quæ ſola vera eſt, tuentur Viualdus, &c. Aſſertio vnica. Abſolutio ei negari non debet.

Mais ie ne pretens pas defendre icy le Pere Bauny,
puis qu'il cite des Docteurs qui apuyent son sentiment, ni ce que cet Abbé a auancé touchant les vieilles habitudes au peché, puisqu'il a bien le moyen de
soûtenir sa doctrine. Ie me contente de mettre en
auant la pratique de toute l'Eglise qui condamne
Monsieur Arnauld en d'autres sujets par autant de
bouches qu'il y a de Tribunaux sacrez & secrets de
la penitence dans toutes les Eglises de la terre habita-
ble. Et pour le regard de ces habitudes, il est constant que ç'a esté toûjours la pratique inuiolable de
tous les Penitenciers & Confesseurs, de differer quelquefois l'absolution à ceux qui sont enfonsez depuis
long-temps dans le bourbier de leurs pechez, & qui
ne témoignent point assez de regret pour le passé, ni
de resolution pour en sortir à l'auenir. Mr Arnauld
a donc grand tort de s'imaginer que l'on se soit bandé
contre luy, lors qu'il a écrit y a douze ans qu'il falloit
differer ou refuser l'absolution dans les cas qu'il ne
propose qu'en general en sa seconde Lettre, & sans
specifier les circonstances qui rendent ce refus legitime, ni celles qui le font criminel. Mais c'est pour
d'autres Propositions scandaleuses qu'on a fait du
bruit auec raison, & parce que sous pretexte de regles generales & specieuses du delay de l'absolution, il
couuoit vne pratique nouuelle de penitence inconnuë
à l'antiquité, comme l'experience a bien fait voir depuis en quelques Eglises de Paris, & en plusieurs autres de la campagne.

En sa seconde Lettre page 43. 44.

Pour ce qui regarde les vieilles habitudes d'vn penitent, c'est à la prudence des Confesseurs de voir s'il
a déja fait quelques effors, & quelque violance sur
ses propres inclinations, s'il a gemi deuant Dieu, &
frapé sa poitrine apres auoir commis le crime dont il
s'accuse, s'il a frequenté les Sacremens, non par vne

ceremonie exterieure,simplement,ou pour faire comme les autres; mais par vne veritable confusion de
foy-mesme & par vn desir tres sincere de s'amender.
Supofons, si vous voulez , qu'il s'emporte souuent
dans les mesmes excez; mais c'est auec quelque re-
mors & quelque Synderese qui le rapelle incontinent au dedans de foy:car il ne s'est pas si-tôt precipité
dans le peché mortel, que le voylà, qu'il court auec
des larmes au Medecin Spirituel, aux pieds duquel il
se prosterne auec humilité pour receuoir la guerison.
Il est fragile ; mais il est aussi dans la connoissance tres
sincere de sa fragilité. Il est dans l'habitude ; mais
elle est desarmée par de frequentes contritions , & par
des confessions reïterées, qui n'ostent pas à la verité la
pente & l'inclination qu'entretiennent les frequentes
recheutes dans la partie inferieure de l'ame de ce pauure Lazare déja mort depuis quatre iours , & déja
puant, si vous voulez, à cause de la multitude de ses
pechez passez, & dans l'estat miserable, où il est maintenant : mais il a osté presque tout le venin à cette
habitude enracinée par le desir ardent qu'il a d'estre
guery, & par le témoignage qu'il en donne par ses
frequentes confessions & communions. Il se recon-
noît comme ce Naaman le Syrien , vn pauure Lepreux, dont la chair s'en va toute en pieces, & dont
le pauure cœur est cruellement tyrannisé par diuers
objets qui le déchirent en l'attirant chacun à foy auec
de grandes violances. Il se presente par l'ordre du
Prophete aux eaux de Siloë. Il ne demande qu'à se
jetter dans les eaux de la penitence, & vous ne voulez pas qu'il y entre? Autrefois le Seigneur n'ordon-
na point d'autre satisfaction à vn autre Lepreux, que
de se presenter au Prestre, & de luy offrir la petite of-
frande que la Loy commandoit, & vous voulez que
le Prestre le chasse bien loin de soy , comme estant in-

digne du benefice de l'absolution ? Ie ne parle pas icy
de ces crimes enormes & publics qui demandent vne
peine publique, ie parle seulement des pechez secrets
& cachez, qui ne meritent qu'vne satisfaction de
mesme nature.

I'auoüe neantmoins que si l'habitude estoit si inueterée qu'elle n'eut point esté interrompuë depuis le
temps qu'elle est formée, & qu'elle s'est emparée &
renduë la maîtresse du cœur, tout ainsi que ce fort armé de l'Euangile, on doit, suiuant la pensée de ce Docteur qui auoit aussi écrit à Monsieur Arnauld, differer quelque temps l'absolution à ce vieux pecheur,
quoy que peut-estre il la demande auec assez d'em-
pressement, si d'ailleurs il n'y auoit point de cause notable pour la luy accorder, comme feroit le scandale
que le refus ou le retardement pourroit causer, ou le
peril d'vne mort presente & ineuitable, ou bien le
danger d'vne recheute plus funeste, & ainsi des autres
occasions semblables, lesquelles cessant, on deuroit
sans hesiter aucunement luy faire connoître doucement le grand besoin qu'il a de se mettre en estat de se
preparer à la grace de l'absolution sacramentelle, afin
de rompre pendant quelque temps raisonnable, les
liens & les chaines de cette habitude criminelle, & de
se presenter auec plus de disposition au sacrement de
Penitence.

Ce n'est pas neantmoins que ie veüille faire passer
mon sentiment pour vne Loy vniuerselle. Ie me sou-
mets en ce point, & en toute autre chose, aux auis
des plus sages, & ie ne fais simplement que dire ma
pensée sur ce que plusieurs bones ames m'ont souuent
proposé, me fondant sur ce que i'ay tousiours veu pratiquer en l'Eglise en de semblables rencontres. En
effet la coûtume de l'Eglise est l'vnique regle de nos
conduites, c'est l'idée vniuerselle de toutes nos actions,

& le modele souuerain de toutes nos pratiques. Il ne faut point que des particuliers, quelques doctes qu'ils soient, se meslent de changer les coûtumes vniuersel- de l'Eglise, de peur de passer au sentiment de sainct Augustin, pour des fols & pour des insensez. *Si toute l'Eglise*, dit ce Sainct, *pratique quelque chose par tout le monde, c'est vne pure folie & mesme vne insolence manifeste de mettre en dispute s'il la faut faire de la sorte.* Notez que sainct Augustin parle icy de la Frequente Communion & des regles qu'il faut gar- der pour la faire comme il faut, & il n'en trouue point de meilleure que de suiure la pratique vniuerselle de l'Eglise. Faisons donc que les Etrangers & ceux qui viendront apres nous, n'ayent point de sujet de nous reprocher iustement que nous auons disputé contre vne pratique vniuersellement, & puissamment éta- blie dans l'Eglise auant nôtre naissance, & n'exposons pas nos mœurs & nos pratiques, non plus que nostre Foy, à la risée des Heretiques qui viuent parmy nous.

Ie ne parle pas icy de ces ieunes muguets ni de ces coquetes du siecle, qui apres auoir fait vne confession telle quelle, ont encore l'impudence de cajoler par vne habitude inueterée pendant toute la Messe à la face des Autels, auec vn scandale horrible, & qui apres quelque legere priere se presentent insolemment à la sainte Communion, sans auoir eu derechef l'abso- lution de ce nouueau peché : car ie ne puis croire qu'il y ait des Confesseurs assez lâches pour permettre à ces scandaleux la participation du pain des Anges, & il est visible que non seulement ces personnes ne sont pas dans les dispositions necessaires pour bien communier, mais qu'elles mettent encore de nou- ueau vn empeschement à la grace de ce Sacrement adorable. Que s'il se trouuoit quelqu'vn qui apres auoir commis cette sorte d'excez eut osé s'aprocher de

la

la table sacrée, sans l'auoir expié auparauant par vne
bonne confession, & par l'absolution sacramentelle, ie
croy qu'il le faut obliger à reparer ce scandale public,
par vne modestie publique, ou par quelque autre satisfaction conuenable auant que de luy permettre
vne seconde communion. Et ce que ie viens de dire
dans ce cas particulier, pourra aisément estre appliqué
à d'autres cas semblables, & à de crimes publics, &
scandaleux, qu'il faut guerir par vn remede, & par
vne satisfaction publique, lors qu'il est expedient pour
le bien de l'Eglise, & que les Prelats n'y repugnent
pas, ou mesme lors qu'ils l'approuuent tacitement ou
expressement, comme nous l'auons déja dit, & lors
que le salut du pénitent demande cette sorte de remede.

Ie ramasse en peu de mots le long discours que ie
viens de faire touchant les vieilles habitudes, & soûtiens qu'il n'est pas mal-aisé à vn Directeur dés-inte-
ressé qui a plus apris la maniere de conduire les ames
au pied du Crucifix, & dans le sein de l'Eglise, que
dans la chaleur des disputes, de mettre d'accord l'opinion du Pere Bauny, & de ces Ecclesiastiques, sans
que Monsieur Arnauld en puisse pretendre aucun sujet de triomphe, parce que le Pere Bauny n'a point
entendu que ces gros pecheurs jouyssent du Benefice
de l'Absolution, à moins qu'ils n'ayent fait quelque
effort pour briser les fers & pour secouër le joug insu-
portable de ce cruel tyran. Et ces Ecclesiastiques n'ont
point aussi voulu dire qu'on puisse differer ou refuser
l'absolution vniuersellement à tous ceux qui ont esté
dans les vieilles habitudes du peché, si ce n'est *en cer-*
tain cas, ce sont les termes dont ils se seruent, & il est
à croire que leur sentiment est mesme limité à de certaines circonstances qui touchent l'habitude, car il
n'est pas probable que ces Messieurs veüillent qu'on

differe l'abfolution à tous les pecheurs qui font tombez à caufe de l'habitude, quelque effort qu'ils ayent
fait contre leur propre inclination. Il faut fuppofer
qu'ils modifient fans doute ce retardement à l'égard
de ceux qui fe font plongez dans le vice, & qui n'ont
pouffé aucun foûpir vers le Ciel pour le miferable
eftat où il font, & ne fe font fait aucune violance, ou fi
peu, qu'elle n'eft pas confiderable pendant tout le
temps que le peché a regné en leur corps terreftre, &
mortel, pour me feruir des termes de l'Apôtre. Voyla
ee que l'efprit de paix m'a fuggeré pour accorder ces
deux fentimens qui ne font contraires que dans les
apparences.

Ie fupplie de tout mon cœur le Dieu de Paix, & le
Pere de Mifericorde, de faire s'il luy plaift, ceffer toutes ces conteftations & difputes, non pas fimplement
par vne ceffation ou fufpenfion d'armes Theologi-
ques, qui font les Liures & les Conferances, puifque
ce n'eft qu'vn moyen qui couure le mal & ne le guerit
pas, mais par vne veritable & entiere foûmiffion d'efprit aux ordres de l'Eglife, & à fes pratiques vniuer-
felles, dont faint Auguftin s'eft autrefois feruy fi heu-
reufement en diuerfes rencontres, & principalement
au fujet du Baptéme des petis enfans pour établir la
doctrine du peché originel contre les Pelagiens.

Non regnet pec-
catũ in veftro mor-
tali corpore. Rom.
VI. 12.

F I N.

Fautes ſuruenuës en l'Impreſſion.

PAge 3. Prop. 2. ligne 4. *peché*, liſez pecher. Ibid. *ſiuit*, liſ. ſinit, à la marge. p. 4. l. 19. *de libertés*, liſ. la liberté. p. 13. l. 19. *Sament*, liſez Sacrement. p. 14. Oppoſ. l. 2. *& a habité*, liſ. & qu'il a habité. p. 21. l. 6. *plaidre*, liſ. plaindre. ibid. l. 23. *corruption*, liſ. corruption. p. 24. l. 13. *ils les interpretent*, liſ. ils l'interpretent. p. 27. l. 5. *& n'eſt pas*, liſ. & il n'agit pas. p. 39. l. 1. *AVRE*, liſ. AVTRE. ibid. l. 33. *veillard*, liſ. vieillard. p. 41. Prop. 16. l. 6. *Arbre*, liſ. Arbitre. p. 42. l. 15. *conſequence*, liſ. la conſequence. p. 43. à la marge, *facie*, liſ. facite. ibid. l. 17. *ceux*, liſ. à ceux. p. 44. l. penult. *qu'il n'y point*, liſ. qu'il n'y a point. p. 58. l. 27. *c'eſt à dire puis qu'ils eſtoient tous*, liſ. c'eſt à dire la Synagogue, puis qu'elle eſtoit toute. p. 64. l. 15. *volunté*, liſ. volonté. p. 78. à la marge, *net*, liſ. nec. & *donec*, liſ. donet. p. 98. au chap. IX. il y a mal 78. à la marge, *in homine libertas à coactione*, liſ. non requiritur in homine libertas à neceſſitate, ſed ſufficit libertas, &c. p. 93. La Réflexion ne doit pas eſtre en lettre Italique. p. 94. l. 16. *les raiſonnables*, liſ. tres raiſonnables. *polytique*, ibid. liſ. politique. p. 95. l. 10. *faites*, liſ. euës. p. 106. *inſlences*, liſ. influences. p. 118. à la marge, *niſi ante*, liſ. niſi per. p. 119. l. 31. *il ne veut pas*, adioutez; du moins ſelon la partie inferieure, p. 132. l. 4. apres l'Oppoſ. *dit-il qu'en*, liſ. dit qu'en. p. 145. l. derniere, *ils peuuent*, liſ. ils les peuuent. p. 147. l. 3. *excitance*; liſ. excitante. p. 150. l. 19 *Romais*, liſ. Romains. p. 160. l. 6. *S. Auguſtin*, adioutez, ou S. Proſper ſon diſciple. p. 167. au Latin. 1. *Tim*. liſ. 2. Tim. 11. 23. p. 172. l. 19. *toutes ſortes*, liſ. toute ſorte. p. 183. l. 2. *retirée*, liſ. retiré. p. 186. l. 17. *à étably*, liſ. à établir. p. 187. au Latin. l. 19. *non ſecundùm communem*, liſ. non ſecundùm vitæ ſuæ proprietatem, ſed ſecundùm communem.

Fautes dans les Oppoſitions entre S. Aug. & M. Arn.

Page 3 ligne 24. *par de termes*, liſez par des termes. p. 30. à la marge, *maniſeſtius*, liſ. manifeſtiùs. ibid. *mangeons*, liſ. mangerons.